읽으면 저절로 외워지는
기적의 암기공식

중국어
한자
암기
박사 2

심화학습

SD에듀
(주)시대고시기획

읽으면 거절로 외워지는 기적의 암기 공식!
〈중국어 한자암기박사〉가 새롭게 태어났습니다.

복잡하고 어려운 한자를 어떻게 하면 쉽고 재미있게 익혀
자유자재로 사용하게 할까를 연구 주제로 삼아 오랜 세월 노력하고 있습니다.

이제 중국어 한자 학습도
'한자 3박자 연상 학습법'의 정도가 되었습니다.

중국 교육부에서 새로운 기준이 적용된 HSK 3.0을 발표하면서 1권에는 1~5급 한자와
어휘를, 2권에는 6~9급 한자와 어휘를 제가 개발한 '한자 3박자 연상 학습법'으로 풀어
내어, 어려운 한자 이제는! 더욱! 쉽고 완벽하게 익힐 수 있습니다.

사전도 필요 없이 스스로 학습할 수 있도록 구성했습니다.

❶ 중국 한자(간체자)와 다른 번체자(한국 한자), 동자, 참고자 등으로 관련된 모든 한
자들까지 생생하고 간단명료하게 어원 풀이를 했고, ❷ 각 한자가 들어가는 어휘 풀
이에 동의어, 유의어, 반의어도 추가하였고, ❸ 어원 풀이에 쓰인 한자까지 모두 설명
하였으며, 완전 학습이 되도록 복습용 유튜브 영상도 추가하였습니다.

이 책의 목적은 중국 한자 몇 자, 어휘 몇 개 익히는 차원이 아닙니다.
가벼운 마음으로 재미있게 익히다보면, 한자에 담긴 만고불변의 진리와 한자 3박자
연상 학습법까지 익혀져, 어떠한 한자나 어휘라도 자신 있게 분석하여 뜻을 생각해
볼 수 있으며, 중국 한자(간체자)를 자유자재로 활용하는 능력도 기르자는 것입니다.

'한자 3박자 연상 학습법'으로 더욱 정교하게 다듬었습니다.

'한자 3박자 연상 학습법'은 한자는 물론 중국 한자(간체자)도 비교적 어원이 분명하고 공통 부분으로 된 한자가 많은 점을 이용하여 ❶ 실감나는 생생한 어원으로, ❷ 동시에 관련된 한자들도 익히면서, ❸ 그 한자가 쓰인 HSK 어휘들까지 생각해 보는 것이지요.

'한자 3박자 연상 학습법'으로 중국 한자(간체자)를 익히면 이런 효과가 있습니다.

억지로 외는 시간에 그 한자가 만들어진 어원을 생각하며 이해하는 구조니, 중국 한자(간체자) 몇 자 익히는 데 그치지 않고 '한자 3박자 연상 학습법'이 완전히 몸에 혀져 어떤 중국 한자(간체자)라도 자신 있게 분석해 보고 뜻을 생각해 볼 수 있는 안목도 길러집니다.

이 책을 읽으면서 "오! 이 한자가 바로 이렇게 되었구나! 아! 그래서 이 한자에 이런 뜻이 생겼구나! 어? 이 한자가 이런 말에도 쓰이네!"라는 탄성이 저절로 나오며 짜릿한 희열마저 느끼게 될 것입니다

이해가 바탕이 된 분명한 한자 실력으로 정확하고 풍부한 어휘력이 길러져 자유로운 언어생활은 물론, 한자의 어원에 담긴 진리와 번뜩이는 아이디어까지 익혀져 일상생활 속에서 100배, 1000배 활용할 수 있습니다.

어느덧 중국어를 정복하고 일본어까지 쉽게 정복하여 세계의 중심이 된 한자문화권의 당당한 주역으로 우뚝 설 여러분의 모습이 눈에 선합니다.
부디 이 책으로 큰 꿈 이루세요.

여러분을 사랑하는 저자 **박원길, 박정서** 올림

중국어에 대하여

◉ 중국어의 표준어(普通话)

중국어(中国语)라고 하는 것은 중국의 언어를 뜻하며, 중국에서는 자신들의 언어를 '汉语(Hànyǔ 한위)'라고 합니다. 중국 56개 민족 중에서 92% 이상을 차지하고 있는 민족이 바로 '汉族(Hànzú)'이기 때문에 '汉语'가 중국어를 포괄적으로 지칭하는 명칭이 되었습니다.

중국의 표준어는 '普通话(Pǔtōnghuà 푸퉁화)라고 합니다. 보통화는 북경(北京 Běijīng)음을 표준음으로 하고, 7대 방언 중에서 북방방언을 기초로 삼았으며, 현대의 '백화문(白话文: 입말을 바탕으로 쓴 글을 의미)'으로 쓴 문학 작품의 문장을 문법의 규범으로 삼고 있습니다.

◉ 간체자(简体字)

중화인민공화국 수립 후, 중국 정부는 문맹률을 낮추기 위한 정책의 일환으로 1955년부터 1964년에 걸쳐 자주 사용하는 2,236자의 한자 획수를 줄여서 간단한 모양인 간체자(简体字 jiǎntǐzì)로 바꿨습니다. 그러나 중국의 모든 지역이 간체자만 사용하는 것은 아니며, 홍콩, 대만, 마카오는 물론, 이들 나라와 왕래가 많은 중국 광동 지역에서는 여전히 원래의 한자인 번체자를 사용하고 있습니다.

◉ 한어병음(汉语拼音)

한어병음(汉语拼音 hànyǔpīnyīn)은 중국어 한자의 발음 표기 방식을 말합니다. 우리말이나 영어처럼 글자가 소리를 나타내는 표음 문자(表音文字)와는 달리 중국어의 한자는 뜻을 나타내는 표의 문자(表意文字)를 사용하기 때문에, 한자를 보고 발음하는 방법을 알기 위해 중국어 발음법을 나타내는 로마자 표기인 '병음(拼音 pīnyīn)'이 만들어졌습니다. 한어병음으로 표시된 음절에서 첫소리를 '성모(声母 shēngmǔ)'라고 하고, 나머지를 '운모(韵母 yùnmǔ)'라고 하며, 높낮이를 '성조(声调 shēngdiào)'라고 합니다.

◉ 성조(声调)

중국어는 글자마다 고유의 음을 가지고 있는데, 이것을 '성조(声调 shēngdiào)'라고 합니다. 성모와 운모가 결합한 병음에 성조를 표시해야만이 비로소 의미를 가진 중국어 단어가 완성이 됩니다. 그래서 중국어에서는 병음이 같아도 성조가 다르면 전혀 다른 의미의 단어가 됩니다. 성조에는 1성, 2성, 3성, 4성, 경성 이렇게 5개의 성조가 있으며, 성조는 운모 위에 표시합니다.

한자 3박자 연상 학습법

◎ 한자 3박자 연상 학습법이란?

한자암기박사 시리즈에 적용한 학습법은 '한자 3박자 연상 학습법'입니다. 이 책은 중국 한자(간체자)를 익히는 책이지만, 각 페이지에 적용한 학습법을 보다 쉽게 이해하여 학습의 능력을 높여 드리기 위해서 한국 한자(번체자)로 쉽게 설명하였습니다. 한국 한자나 일본 한자나 중국 한자나 학습법은 모두 똑같습니다.

한자 3박자 연상 학습법(LAM: Learning for Associative Memories)은 어렵고 복잡한 한자를 무조건 통째로 익히지 않고 부수나 독립된 한자로 나누어 ❶ 머리에 쏙쏙 들어오는 생생한 어원으로, ❷ 동시에 관련된 한자들도 익히면서, ❸ 그 한자가 쓰인 단어들까지 생각해 보는 방법입니다.

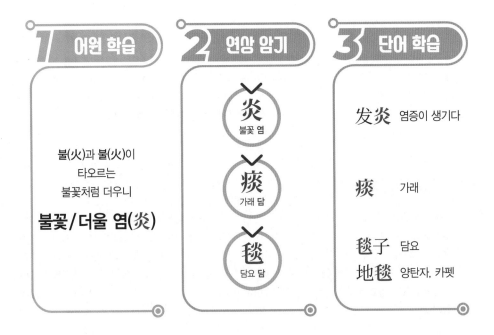

1 어원 학습	2 연상 암기	3 단어 학습
불(火)과 불(火)이 타오르는 불꽃처럼 더우니 **불꽃/더울 염(炎)**	炎 불꽃 염 / 痰 가래 담 / 毯 담요 담	发炎 염증이 생기다 / 痰 가래 / 毯子 담요 / 地毯 양탄자, 카펫

이런 방법으로 된 책의 내용을 좀 더 체계적으로 익히기 위해서 ❶ 제목을 중심 삼아 외고, ❷ 그 제목을 보면서 각 한자들은 어떤 공통점과 차이점으로 이루어진 한자들인지 구조와 어원으로 떠올려 보고, ❸ 각 한자들이 쓰인 단어들은 무엇인지 생각해 보세요. 그래서 어떤 한자를 보면 그 한자와 관련된 한자로 이루어진 제목이 떠오르고, 그 제목에서 각 한자들의 어원과 단어들까지 떠올릴 수 있다면 이미 그 한자는 완전히 익히신 것입니다.

그럼, 한자 3박자 연상 학습법의 바탕이 된 7가지 학습법을 살펴봅시다.

◉ 학습법의 바탕이 된 7가지 학습법

(1) 어원(語源)으로 풀어 보기

중국 한자(간체자)에도 비교적 분명한 어원이 있는데 어원을 모른 채 한자와 뜻만을 억지로 익히니 잘 익혀지지 않고 어렵기만 하지요.

한자의 어원을 생각하는 방법은 아주 간단합니다. 한자가 부수나 독립된 한자로 나눠지지 않으면 그 한자만으로 왜 이런 모양에 이런 뜻의 한자가 나왔는지 생각해 보고, 부수나 독립된 한자로 나눠지면 나눠서 나눠진 한자들의 뜻을 합쳐 보면 되거든요. 그래도 어원이 생각나지 않을 때는 상상력을 동원하여 나눠진 한자의 앞뒤나 가운데에 말을 넣어 보면 되고요.

작사(炸诈) ➡ 乍로 된 한자
폭탄에 불(火) 붙인 듯 잠깐(乍) 사이에 터지니 터질 작(炸 zhà)
또 터지도록 튀기니 튀길 작(炸 zhá)
말(讠)을 잠깐(乍) 사이에 꾸며대며 속이니 속일 사(诈 zhá)

(2) 공통 부분으로 익히기

중국 한자에도 여러 한자가 합쳐져 만들어진 한자가 많고, 부수 말고도 많은 한자에 공통 부분이 있으니 이 공통 부분에 여러 부수를 붙여보는 방법도 유익합니다.

사시치(寺侍峙) ➡ 寺로 된 한자
일정한 땅(土)에 법도(寸)를 지키며 수도하거나 일하도록 지은 절이나 관청이니 절 사, 관청 시(寺 sì)
사람(亻)이 절(寺)에서 부처님을 모시듯 모시니 모실 시(侍 shì)
산(山)을 절(寺)에서 보면 우뚝 솟은 모양의 언덕이니 우뚝 솟을 치, 언덕 치(峙 zhì)

이 한자들을 찾으려면 절 사, 관청 시(寺)는 마디 촌, 법도 촌(寸) 부에서, 모실 시(侍)는 사람 인 변(亻) 부에서, 우뚝 솟을 치, 언덕 치(峙)는 산 산(山) 부에서 찾아야 하고, 서로 연관 없이 따로따로 익혀야 하니 어렵고 비효율적이지요. 그러나 부수가 아니더라도 여러 한자의 공통인 절 사, 관청 시(寺)를 고정해 놓고, 절 사, 관청 시(寺)에 사람 인 변(亻)이면 모실 시(侍), 산 산(山)이면 우뚝 솟을 치, 언덕 치(峙)의 방식으로 이해하면 한 번에 여러 한자를 쉽고도 재미있게 익힐 수 있지요.

한자 3박자 연상 학습법

(3) 연결 고리로 익히기

한자에는 앞 글자에 조금씩만 붙이면 새로운 뜻의 글자가 계속 만들어져 여러 글자를 연결 고리로 익힐 수 있는 경우도 많습니다.

>
> **도인인(刀刃忍)**
> 칼 모양을 본떠서 칼 도(刀 dāo)
> 칼 도(刀)의 날(丿) 부분에 점(丶)을 찍어서 칼날 인(刃 rèn)
> 칼날(刃)로 마음(心)을 위협하면 두려워 참으니 참을 인(忍 rěn)

칼 모양을 본떠서 칼 도(刀), 칼 도(刀)에 점 주(丶)면 칼날 인(刃), 칼날 인(刃)에 마음 심(心)이면 참을 인(忍), 참을 인(忍)이 되지요.

(4) 비슷한 한자 어원으로 구별하기

한자에는 비슷한 한자가 많아서 혼동되는 경우가 많은데 이것도 어원으로 구별하면 쉽고도 분명하게 구별되어 오래도록 잊히지 않습니다.

>
> **분분(粉紛)**
> 쌀(米) 같은 곡식을 나눈(分) 가루니 가루 분(粉 fěn)
> 실(糹)을 나누어(分) 놓은 듯 헝클어져 어지러우니 어지러울 분(紛 fēn)
>
> **여노서노(如奴恕怒)**
> 여자(女)의 말(口)은 대부분 부모나 남편의 말과 같으니 같을 여(如 rú)
> 여자(女)의 손(又)처럼 힘들게 일하는 종이니 종 노(奴 nú)
> 예전과 같은(如) 마음(心)으로 용서하니 용서할 서(恕 shù)
> 일이 힘든 종(奴)의 마음(心)처럼 성내니 성낼 노(怒 nù)

(5) 그림으로 생각해 보기

한자가 부수나 독립된 한자로 나눠지지 않으면 이 한자는 무엇을 본떠서 만들었는지 생각해서 본뜬 물건이 나오면 상형(象形)이고, 본뜬 물건이 나오지 않으면 보이지 않는 무슨 일을 추상하여 만든 경우로 지사(指事)지요.

> **상형(象形)으로 된 한자**
> 가지 달린 나무를 본떠서 나무 목(木 mù)
> 높고 낮은 산의 모습을 본떠서 산 산(山 shān)
>
> **지사(指事)로 된 한자**
> 일정한 기준(一)보다 위로 오르는 모양을 생각하여 위 상, 오를 상(上 shǎng)
> 일정한 기준(一)보다 아래로 내리는 모양을 생각하여 아래 하, 내릴 하(下 xià)

(6) 하나의 한자에 여러 뜻이 있으면 그 이유를 생각해서 익히기

한자도 처음 만들어질 때는 하나의 한자에 하나의 뜻이었지만 생각이 커지고 문화가 발달할수록 더 많은 한자가 필요하게 되었어요. 그럴 때마다 새로운 한자를 만든다면 너무 복잡해지니 이미 있던 한자에 다른 뜻을 붙여 쓰게 되었지요. 그러나 아무렇게 붙여 쓰는 것이 아니고 그런 뜻이 붙게 된 이유가 분명히 있으니 무조건 외는 시간에 "이 한자는 왜 이런 뜻으로도 쓰일까?"를 생각하여 "아~하! 그래서 이 한자에 이런 뜻이 붙었구나!"를 스스로 터득하면서 익히면 훨씬 효과적입니다.

(7) 한자마다 반드시 예(例)까지 알아두기

한자를 익히면 반드시 그 한자가 쓰인 예(例)까지, 자주 쓰이는 어휘나 성어 중에서 적절한 예(例)를 골라 익히는 습관을 길들여 보세요. 그러면 "어? 이 한자가 이런 말에도 쓰이네!" 하면서 그 한자를 더 분명히 알 수 있을뿐더러 그 한자가 쓰인 어휘들까지도 정확히 알 수 있으니, 정확하고 풍부한 어휘력(语汇力)을 기를 수 있는 지름길이죠.

어휘 풀이도 무조건 의역(意译)으로 된 사전식으로 알지 마시고, 먼저 아는 한자를 이용하여 직역(直译)해 보고 다음에 의역해 보는 습관을 들이세요. 그래야 한자 실력도 쑥쑥 늘어나고 어휘의 뜻도 분명히 알 수 있거든요.

◉ 기대되는 효과

이상 7가지 방법을 종합하여 '한자 3박자 연상 학습법'이 만들어졌습니다.

'한자 3박자 연상 학습법'으로 한자를 익히면 복잡하고 어려운 한자에 대하여 자신감을 넘어 큰 재미를 느낄 것이며, 한자 3박자 연상 학습법이 저절로 익혀져 한자 몇 자 아는 데 그치지 않고 어떤 한자를 보아도 자신 있게 분석해 보고 뜻을 생각해 볼 수 있는 안목도 생길 거예요.

또 일상생활에서 만나는 어려운 어휘의 뜻을 막연히 껍데기로만 알지 않고 분명하게 아는 습관이 길러져, 정확하고 풍부한 어휘력이 길러질 것이고, 정확하고 풍부한 어휘력을 바탕으로 자신 있게 중국 한자(간체자)를 구사하게 될 것입니다.

이 책의 구성과 특징

GUIDE

○ 책의 구성

본 교재는 HSK 6급~9급에 해당하는 총 1,500자의 중국 한자(간체자)를 공통점이 있는 한자들끼리 묶어 총 450개의 그룹으로 나눈 뒤(001번~450번) '한자 3박자 연상 학습법'에 따라 공부할 수 있도록 구성하였습니다.

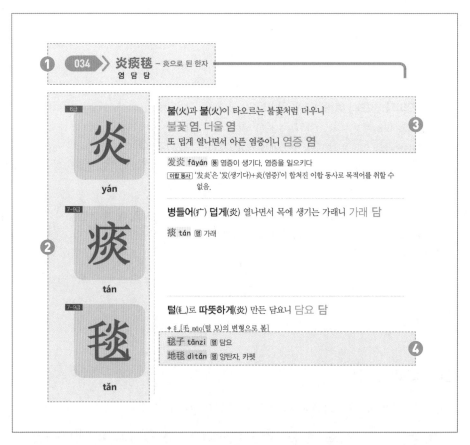

1 034 ▶ 炎痰毯 - 炎으로 된 한자
염 담 담

6급

炎
yán

7~9급

痰
tán

7~9급

毯
tǎn

3 불(火)과 불(火)이 타오르는 불꽃처럼 더우니
불꽃 염, 더울 염
또 덥게 열나면서 아픈 염증이니 염증 염

发炎 fāyán 图 염증이 생기다, 염증을 일으키다

이합동사 '发炎'은 '发(생기다)+炎(염증)'이 합쳐진 이합 동사로 목적어를 취할 수 없음.

병들어(疒) 덥게(炎) 열나면서 목에 생기는 가래니 가래 담

痰 tán 图 가래

털(毛)로 따뜻하게(炎) 만든 담요니 담요 담

毛 [毛 máo(털 모)의 변형으로 봄]

毯子 tǎnzi 图 담요
地毯 dìtǎn 图 양탄자, 카펫

4

❶ 제목 ┃ '같은 어원으로 된 한자들, 연결 고리로 된 한자들, 비슷하여 혼동되는 한자들'과 같이 서로 관련된 한자들을 한데 묶은 그룹의 제목입니다.

❷ 급수/병음 ┃ 각 한자들의 급수와 병음을 함께 수록하였으며, 한자와 병음을 익힌 후, 훈음을 익히는 방식으로 학습할 수 있습니다.

❸ 어원 풀이 ┃ 각 한자의 어원을 철저히 분석하여 원래의 어원에 충실하면서도 가장 쉽게 이해되도록 간단명료하게 풀었습니다. 이 어원을 그대로만 외지 마시고 이를 참고해 더 나은 어원도 생각해 보며 한자를 익히면 보다 분명하게 익혀질 것입니다.

❹ 활용 어휘 ┃ 개편된 HSK 3.0 6급~9급에 해당하는 어휘들이며, 파란색은 6급 어휘, 보라색은 7~9급 어휘입니다.

◉ 한자 3박자 연상 학습법에 따른 학습법

▸ 1박자 학습

첫 번째로 나온 한자는 아래에 나온 한자들의 기준이 되는 '기준 한자'이며, 1박자 학습 시엔 기준 한자부터 우측에 설명되어 있는 생생한 어원과 함께 익힙니다. (급수/병음이 표시되어 있으니 참고하며 익히십시오.)

6급

炎
yán

불(火)과 불(火)이 타오르는 불꽃처럼 더우니
불꽃 염, 더울 염
또 덥게 열나면서 아픈 염증이니 염증 염

发炎 fāyán 图 염증이 생기다. 염증을 일으키다
이합동사 '发炎'은 '发(생기다)+炎(염증)'이 합쳐진 이합 동사로 목적어를 취할 수 없음.

▸ 2박자 학습

기준 한자를 중심으로 파생된 다른 한자들(첫 번째 한자 아래에 나온 한자들)을 우측의 생생한 어원과 함께 자연스럽게 연상하며 익히도록 합니다.

7-9급

痰
tán

병들어(疒) 덥게(炎) 열나면서 목에 생기는 가래니 가래 담

痰 tán 图 가래

7-9급

毯
tǎn

털(毛)로 따뜻하게(炎) 만든 담요니 담요 담

+毛[毛 máo(털 모)의 변형으로 봄]

毯子 tǎnzi 图 담요
地毯 dìtǎn 图 양탄자, 카펫

▸ 3박자 학습

어원을 중심으로 한자들을 자연스럽게 연상하며 익히는 것과 함께, 각 한자들의 중국 한자(간체자)와 병음+훈·음을 파악하고, 더불어 번체자도 함께 익히며, HSK 출제 어휘들을 익히도록 합니다.

이 책의 **구성과 특징**

🔘 학습 효과를 2배로 올리는 부가 콘텐츠 - 암기 훈련 유튜브

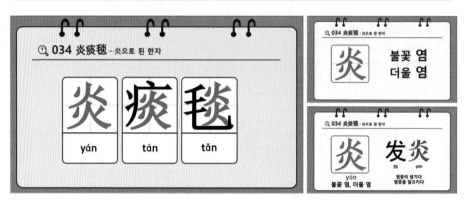

 [어원+발음+어휘설명]을 직접 읽어 주는 음성이 삽입된 '한자 암기 훈련 유튜브 영상'을 교재와 함께 학습하실 수 있습니다. 영상에서는 기준 한자를 바탕으로 다른 한자들이 어떻게 형성되는지 '시각적으로 보여 주며 설명'하기 때문에 보다 쉽고 빠른 연상 암기가 가능합니다. (좌측의 QR코드 스캔하거나 유튜브에서 '한자암기박사'를 검색하면 훈련 채널로 이동 / 훈련 영상은 001번부터 순차적으로 업로드 될 예정)

🔘 중국어의 품사 정리

품사는 어휘의 뜻과 문법적 기능에 따라 분류한 것을 말하며, 어휘는 각각의 역할에 따라 서로 다른 품사로 분류되기 때문에 품사를 알아두면 문장의 구성을 쉽게 파악할 수 있습니다.

명사	명	사람이나 사물에 붙여진 이름을 나타냄
대사	대	이름이나 행동 상태를 대신해서 나타냄
수사	수	'하나, 둘, 셋…' 등의 숫자나 '첫 번째, 두 번째…'와 같은 순서 등을 나타냄
양사	양	사물의 수량을 세거나, 동작의 횟수를 셀 때 나타냄
동사	동	사람이 하는 행동이나 심리를 나타냄
조동사	조	동사 앞에 쓰여 능력 · 소망 · 추측 등의 의미를 더하여 나타내며, '능원동사'라고도 함
형용사	형	사람이나 사물의 모습이나 성질을 나타내거나, 동작의 행위의 상태를 나타냄
부사	부	동사나 형용사 수식하며, 시간 · 정도 · 범위 · 빈도 · 장소 · 상태 · 부정 등을 구체적으로 나타냄
개사	개	대명사나 명사(구) 앞에 쓰여 개사구를 구성하며, 시간 · 장소 · 대상 · 원인 등을 나타내며, '전치사'라고도 함
조사	조	단독으로 사용할 수 없으며, 단어 · 구 · 문장 뒤에서 어법적 의미를 나타내거나, 문장 끝에서 어기를 나타냄
접속사	접	어휘와 어휘 또는 문장과 문장을 이어줄 때 사용함

中国语汉字

중국어 한자 암기 박사 2

심화학습

7-9급

昧

mèi

해(日)가 **아직(未)** 뜨지 않아 어두우니 어두울 매
또 사리에 어두워 무지하니 무지할 매

➕ 未 wèi(아닐 미, 아직 ~ 않을 미, 여덟째 지지 미)

冒昧 màomèi 혱 주제넘다, 경솔하다, 분별이 없다, 당돌하다

7-9급

旬

xún

날(日)을 열흘씩 묶어 **싼(勹)** 단위니 열흘 순

上旬 shàngxún 몡 상순[≒ 初旬 chūxún 몡 초순(매월 1일~10일까지의 동안)]
中旬 zhōngxún 몡 중순
下旬 xiàxún 몡 하순

7-9급

捏

niē

손(扌)으로 **햇살(日)**이 **흙(土)**에 비치듯이 잡아 반죽하니
잡을 날, 반죽할 날

捏 niē 통 (손가락으로) 집다

6급

宴

yàn

편안하게(安) 좋은 **날(日)**을 맞아 여는 잔치니 잔치 연

➕ 安 ān(편안할 안)

宴会 yànhuì 몡 연회, 파티

7-9급

伯

bó

사람(亻) 중 머리가 **희도록**(白) 나이든 맏이니 맏 백
또 아버지 형제 중 맏이인 큰아버지나 큰아버지 같은 아저씨니
큰아버지 백, 아저씨 백

+ 白 bái(흰 백, 밝을 백, 깨끗할 백, 아뢸 백)
伯伯 bóbo 圐 백부, 어르신, 아저씨
伯父 bófù 圐 백부, 큰아버지
伯母 bómǔ 圐 큰어머니, 백모, 아주머니
阿拉伯语 Ālābóyǔ 圐 아랍어

7-9급

柏

bǎi

나무(木) 껍질이나 잎에 **흰**(白)빛이 도는
잣나무, 측백나무, 동백나무니
잣나무 백, 측백나무 백, 동백나무 백

+ 잣나무나 측백나무, 동백나무는 줄기나 잎에 흰빛이 있지요.
柏树 bǎishù 圐 측백나무

7-9급

泊

bó/pō

물(氵)이 **하얗게**(白) 보이도록 배들이 항구에 정박하고 묵으니
정박할 박, 묵을 박(bó)
또 **물**(氵)에 **깨끗이**(白) 씻은 듯 마음도 산뜻하니 산뜻할 박(bó)
또 **물**(氵)이 **깨끗한**(白) 호수니 호수 박(pō)

+ 옛날 배는 돛을 달았고 돛은 대부분 흰색이었으니, 물이 하얗게 보임은 배
   들이 정박하고 묵는 것이지요.
+ 묵다 - 일정한 곳에서 나그네로 머무르다.
停泊 tíngbó 圐 정박하다. (배가 부두에) 머물다.
湖泊 húpō 圐 호수

7-9급

皂

zào

흰(白) 거품이 **나는**(七) 비누니 비누 조

+ 七 qī('일곱 칠'이지만 여기서는 거품이 나는 모양으로 봄)
肥皂 féizào 圐 비누

mèng

méng

풀(艹)씨에서 밝은(明) 쪽으로 돋아나는 싹이니 싹 맹

+ 明 míng(밝을 명)

萌发 méngfā 통 (종자·포자의) 싹이 트다, 움이 돋다, (사물이) 발생하다

萌芽 méngyá 통 (식물이) 싹트다. (사물이) 막 발생하다 명 [비유] 시작, 맹아

이합 동사 '萌芽'는 '萌(싹트다) + 芽(싹)'가 합쳐진 이합 동사로 목적어를 취할
수 없음.

분명히(明) 그릇(皿)에 물 떠놓고 맹세하며 동맹하니

맹세할 맹, 동맹할 맹

+ 옛날에는 그릇에 물 떠놓고 천지신명께 빌거나 맹세했지요.

+ 皿 mǐn(그릇 명)

加盟 jiāméng 통 단체나 조직에 가입하다. (운동선수가) 입단하다 명 가맹

联盟 liánméng 명 연맹

7-9급

燦

càn

불(火)꽃이 산(山)처럼 높이 타올라 빛나고 찬란하니

빛날 찬, 찬란할 찬

[번체] 燦 – 불(火)꽃이 선명하게(粲) 빛나니 '빛날 찬'
+ 粲 càn – 점(卜)치듯 가려 저녁(夕)마다 또(又) 쌀(米)을 찧으니 '찧을 찬'
　　　　또 방금 찧은 듯 색이 선명하니 '선명할 찬'

灿烂 cànlàn 휑 찬란하다. 눈부시다

꿀TIP 灿烂은 문화유산이나 역사가 찬란하다는 의미이고, 제목번호 054의 辉煌
huīhuáng(찬란하다)은 빛이나 성과가 눈부시다는 의미입니다.

7-9급

仙

xiān

사람(亻)이 산(山)처럼 높은 것에만 신경 쓰고 살면 신선이니

신선 선

神仙 shénxiān 몡 신선, 선인[↔ 凡人 fánrén 몡 보통 사람]
仙女 xiānnǚ 몡 선녀

7-9급

嶼

yǔ

산(山)처럼 솟아 바다와 더불어(与) 있는 섬이니 섬 서

[번체] 嶼 – 산(山)처럼 솟아 바다와 더불어(與) 있는 섬이니 '섬 서'
+ 与 yǔ(與: 줄 여, 더불 여, 참여할 여)

岛屿 dǎoyǔ 몡 섬, 도서, 크고 작은 여러 섬들, 열도

7-9급

豈

qǐ

산(山)이 어찌 몸(己) 위에 있겠는가에서 어찌 기

[번체] 豈 – 산(山)에 어찌 콩(豆)을 심을까에서 '어찌 기'
+ 豆 dòu(제기 두, 콩 두)

岂有此理 qǐyǒucǐlǐ 몡 어찌 이럴 수가 있는가?[이치에 맞지 않는 이야기
또는 일에 대하여 불만을 나타내는 말임]

zhuō

(정성 없이) **손(扌)**재주로만 만들어져 **나오면(出)** 못나니
못날 졸

＋ 出 chū(나올 출, 나갈 출)
拙劣 zhuōliè 휑 졸렬하다

qū

몸(尸)이 **나가려고(出)** 낮은 곳에서는 굽히니 **굽힐 굴**

＋ 尸 shī(주검 시, 몸 시) - 제목번호 285 참고
屈服 qūfú 동 굴복하다
委屈 wěiqu 휑 (부당한 지적이나 대우를 받아) 억울하다, 고통스럽다 동 힘들게
하다, 억울하게 하다

jué/juè

사람(亻)이 **굴하지(屈)** 않고 고집 세니 고집 셀 굴(jué)
또 고집 세며 무뚝뚝하니 무뚝뚝할 굴(juè)

倔强 juéjiàng 휑 고집이 세다, 완고하다
倔 juè 휑 퉁명스럽다, 무뚝뚝하다, 말투가 거칠다

jué

손(扌)을 **굽혀(屈)** 파니 **팔 굴**

发掘 fājué 동 발굴하다, 캐내다
挖掘 wājué 동 파다, 캐다, 찾아내다, 발굴하다

jué

산(山)이 몸 **굽히고(屈)** 기어올라야 할 정도로 우뚝 솟으니
우뚝 솟을 굴

崛起 juéqǐ 동 우뚝 솟다, 세차게 일어나다

6

7-9급

구멍(穴)이 **굽어서**(屈) 계속되는 굴이니 **굴 굴**

또 못된 무리들의 근거지인 소굴이니 **소굴 굴**

+ 穴 xué(구멍 혈, 굴 혈)

窟窿 kūlong 몡 구멍, 손실, 허점, 약점

kū

---

006 ⟫ **谷裕浴 欲溶** – 谷으로 된 한자

곡 유 욕 욕 용

6급

양쪽으로 **벌어지고**(ハ、) **벌어져**(人) **구멍**(口)처럼 패인
골짜기니 **골짜기 곡**

또 **곡식 곡**의 간체자로도 쓰여 **곡식 곡**

[번체] 穀 – 껍질(殼) 속에 여물어 차 있는 벼(禾) 같은 곡식이니 '곡식 곡'
+ ハ, 人['人 rén(사람 인)'이지만 여기서는 '八 bā(여덟 팔, 나눌 팔)'의 변형으로 봄]

山谷 shāngǔ 몡 산골짜기

gǔ

7-9급

옷(衤)이 커서 **골짜기**(谷)처럼 주름지게 넉넉하니 **넉넉할 유**

+ 衤 yī(옷 의 변)

富裕 fùyù 혱 부유하다[↔ 穷困 qióngkùn 혱 가난하다, 빈곤하다/贫困
pínkùn 혱 빈곤하다 곤궁하다]

yù

7-9급

물(氵) 흐르는 **골짜기**(谷)에서 목욕하니 **목욕할 욕**

沐浴露 mùyùlù 몡 보디 클렌저, 보디 샴푸
浴室 yùshì 몡 욕실, 샤워실, 목욕탕

yù

6급

yù

골짜기(谷)처럼 크게 **하품(欠)**하여 잠자기를 바라니 바랄 **욕**

+ 欠 qiàn(하품 흠, 모자랄 흠)

食欲 shíyù 〔명〕 식욕

摇摇欲坠 yáoyáoyùzhuì 〔성〕 흔들흔들하는 것이 막 떨어질 듯 하다. 형세가 위태롭거나 기반이 흔들리다

7-9급

róng

물(氵) 모양(容)으로 질펀히 흐르니 질펀히 흐를 **용**
또 **물(氵) 모양(容)**이 되도록 녹이니 녹일 **용**

+ 容 róng(얼굴 용, 받아들일 용, 용서할 용)

溶解 róngjiě 〔명〕 용해 〔동〕 용해되다

---

007 ▶ **壮 杜灶牡** – 壮과 土로 된 한자1
　　　　 장 두 조 모

6급

zhuàng

나무 조각(爿)이라도 들고 **군사(士)**가 싸우는 모습이 굳세고 장하니 굳셀 **장**, 장할 **장**

+ 장하다 – ① 기상이나 인품이 훌륭하다. ② 크고 성대하다.
+ 爿 qiáng(爿: 나무 조각 장, 장수 장 변), 士 shì(선비 사, 군사 사, 칭호나 직업 이름에 붙이는 말 사)

壮观 zhuàngguān 〔명〕 장관
强壮 qiángzhuàng 〔형〕 강건하다, 건장하다

7-9급

dù

나무(木)와 **흙(土)**으로 집을 지어 비바람을 막으니 막을 **두**

+ 土 tǔ(흙 토)

杜绝 dùjué 〔동〕 근절하다, 끊다

7-9급
灶
竈
zào

아궁이에 **불(火)**을 때도록 **흙(土)**으로 만든 부뚜막도 있는
부엌이니 부뚜막 조, 부엌 조

炉灶 lúzào 图 부뚜막

7-9급
牡
mǔ

소(牜)가 **흙(土)**을 힘차게 갈 정도로 힘센 수컷이니 수컷 모

+ 世 牝 pìn(암컷 빈)
+ 牜 niú(소 우 변)
牡丹 mǔdān 图 모란

008 ▶ **堤坛 挫** - 土로 된 한자2
　　　제 단 좌

7-9급
堤
dī

흙(土)으로 물이 **옳게(是)** 흐르도록 쌓은 둑이니 둑 제

+ 是 shì(옳을 시, 이 시, ~이다 시)
堤 dī 图 둑, 제방
堤坝 dībà 图 댐과 둑의 총칭

7-9급
坛
壇
tán

흙(土)으로 **구름(云)**장처럼 넓게 쌓아 만든 제단이나 단이니
제단 단, 단 단

번체 壇 - 흙(土)을 많이(亶) 쌓아 만든 제단이나 단이니 '제단 단, 단 단'
+ 云 yún(말할 운, 雲: 구름 운), 亶 dǎn/dàn(많을 단, 믿음 단) - 제목번호
　167 '擅 shàn' 주 참고
坛 tán 图 제단, 단
论坛 lùntán 图 의견을 논술하는 장소. 논단

7-9급

挫

cuò

손(扌)으로 앉도록(坐) 꺾으니 꺾을 **좌**
또 뜻이 꺾여 좌절하니 좌절할 **좌**

+ 坐 zuò(앉을 좌, 탈 좌, 향할 좌)

挫折 cuòzhé 图 실패하다, 좌절시키다

抑扬顿挫 yìyángdùncuò 图 소리의 높낮이와 곡절이 조화롭고 리드미컬하다

---

009 〉〉 **堡坠堕** – 土로 된 한자3
　　　　 보 추 타

7-9급

堡

bǎo

보호하기(保) 위하여 흙(土)을 쌓아 만든 작은 성이니
작은 성 **보**

+ 保 bǎo(지킬 보, 보호할 보)

堡垒 bǎolěi 图 보루, 요새

7-9급

坠

zhuì

한 무리(队)가 땅(土)으로 떨어지니 떨어질 **추**

+ 队 duì(隊: 무리 대, 군대 대)

坠 zhuì 图 떨어지다, 매달리다, 드리우다

下坠 xiàzhuì 图 추락하다, 떨어지다

摇摇欲坠 yáoyáoyùzhuì 图 흔들흔들하는 것이 막 떨어질 듯 하다, 형세가
위태롭거나 기반이 흔들리다

7-9급

堕

duò

언덕(阝) 아래에 있는(有) 흙(土)으로 떨어지니 떨어질 **타**

[번체] 墮 – 떨어져(隋) 흙(土)에 빠지니 '떨어질 타, 빠질 타'
+ 隋 suí – 언덕(阝)의 낮은 자리(左)로 몸(月)이 떨어지니
　　　　　'떨어질 타, 수나라 수'
+ 수(隋 Suí)나라 – 중국 역사 왕조의 하나로, 581년~618년 분열되어 있던
　중국 대륙을 통일하였으며, 비록 38년이라는 짧은 기간에 멸망하였지만, 시
　험을 통한 관료 선발 제도를 도입하고 경제와 문화, 군사력을 발전시켰음
+ 左 zuǒ(왼쪽 좌, 낮은 자리 좌)

堕落 duòluò 图 (사상·행동이) 타락하다, 부패하다

6급

佳

jiā

사람(亻)이 서옥(圭)처럼 아름다우니 아름다울 가

+ 囲 住 zhù(멈출 주, 살 주, 사는 곳 주)
+ 圭 guī - (천자가 제후를 봉할 때 주는 신표로) 영토를 뜻하는 흙 토(土)를
              두 번 반복하여 '홀 규, 영토 규'
              또 홀을 만드는 서옥이니 '서옥 규'
+ 囲 - 한자 모양이 비슷한 한자

最佳 zuìjiā 혱 최적이다. 가장 적당하다

6급

哇

wā

입(口)으로 서옥(圭)처럼 아름다운 것을 보면서 소리치니
소리칠 와

또 울음소리나 토하는 소리, 떠드는 소리를 나타내는 의성어니
의성어 와

哇 wā 의 앙앙, 왝왝, 엉엉[우는 소리를 나타냄]

7-9급

桂

guì

나무(木) 중 서옥(圭)처럼 귀한 계수나무나 목서나무니
계수나무 계, 목서나무 계

+ 囲 柱 zhù(기둥 주) - 제목번호 263 참고
+ 계수나무 - 녹나무 과의 교목으로 특이한 향이 있어 가지와 껍질(계피)은
  약재·과자·요리·향료의 원료로 쓰임

桂花 guìhuā 몡 물푸레나무, 목서나무, 목서나무의 꽃

7-9급

挂

掛

guà

손(扌)으로 서옥(圭)처럼 아름답게 목걸이를 거니 걸 괘
또 이름을 걸어 등록하니 **등록할 괘**

[번체] 掛 - 손(扌)으로 점괘(卦)를 기록하여 거니 '걸 괘'

挂号 guàhào 동 신청하다, 등록하다, 접수시키다
挂念 guàniàn 동 근심하다, 염려하다
挂失 guàshī 동 분실 신고를 하다
牵挂 qiānguà 동 걱정하다, 근심하다

6급
娃
wá

여자(女)가 **서옥(圭)**처럼 예뻐하는 어린애니 예쁠 **와**, 어린애 **와**

+ 번체자에서는 '예쁠 왜, 예쁠 와'로 사용하지만, 여기서는 중국 한자(간체자)의 병음을 따라서 풀었습니다.
娃娃 wáwa 명 인형, (갓난) 아기, 어린애

7-9급
蛙
wā

벌레(虫) 중 **땅(土)**과 **땅(土)**을 이리저리 뛰어다니는 개구리니 개구리 **와**

+ 虫 chóng(벌레 충)
青蛙 qīngwā 명 (청)개구리

7-9급
闺
guī

문(门)까지 **서옥(圭)**처럼 좋게 꾸민 안방이니 안방 **규**

闺女 guīnü 명 처녀, 딸

7-9급
涯
yá

물(氵)과 맞닿은 **언덕(厓)** 같은 물가니 물가 **애**
또 물가는 땅의 끝이니 끝 **애**

+ 厓 yá – 굴 바위(厂)가 있는 땅(圭)은 언덕이니 '언덕 애'
+ 厂 chǎng(굴 바위 엄, 언덕 엄, 廠: 헛간 창, 공장 창), 圭 guī['홀 규, 영토 규, 서옥 규'지만 土 tǔ(흙 토)를 반복하였으니 여기서는 땅으로 봄]
生涯 shēngyá 명 일생, 생애

7-9급
崖
yá

산(山) 언덕(厓)에 있는 낭떠러지니 낭떠러지 **애**

悬崖 xuányá 명 절벽, 낭떠러지, 벼랑

6급

牲

shēng

소(牛) 중 **산(生)** 채로 제사에 바쳐졌던 희생이니 희생 **생**
또 소(牛)처럼 **살면서(生)** 기르는 가축이니 가축 **생**

+ 옛날에 牛 niú(소)를 生 shēng(산)채로 제사에 바친 데서 유래하여 '희생 생'
  입니다.
+ 牛 niú(소 우 변), 生 shēng(날 생, 살 생, 사람을 부를 때 접사 생)

牺牲 xīshēng 〔동〕 희생하다

7-9급

隆

lóng

언덕(阝)도 **차분히(夂)** 오르며 **하나(一)**같이 잘 **살려고(生)**
노력하는 모양이 높고 성하니 높을 **룽**, 성할 **룽**

+ 阝 fù(언덕 부 변), 夂 zhǐ/zhōng(천천히 걸을 쇠, 뒤쳐올 치)

隆重 lóngzhòng 〔형〕 성대하다, 성대하고 장중하다, 엄숙하다

克隆 kèlóng 〔명〕 클론[clone]

7-9급

窿

lóng

굴(穴)을 **높이(隆)** 파 만든 갱도니 갱도 **룽**
또 갱도처럼 빈 구멍이니 구멍 **룽**

+ 갱도(坑道 kēngdào) - 광산에서, 갱 안에 뚫어 놓은 길
+ 穴 xué(구멍 혈, 굴 혈), 坑 kēng(구덩이 갱, 묻을 갱), 道 dào(길 도, 도리
  도, 말할 도)

窟窿 kūlong 〔명〕 구멍, 손실, 허점, 약점

6급

庄
莊
zhuāng

집(广)에 딸린 넓은 **땅(土)**이 장원이니 장원 **장**
또 장원처럼 넓은 마을이 장엄하니 마을 **장**, 장엄할 **장**

[번체] 莊 – 초목(艹)을 장하게(壯) 가꾼 장원이니 '장원 장'
또 장원처럼 넓은 마을이 장엄하니 '마을 장, 장엄할 장'
+ 广 ān/guǎng(집 엄, 넓을 광, 廣 : 많을 광), 壯(굳셀 장, 장할 장: 壯 zhuàng)

村庄 cūnzhuāng 몡 마을, 촌락
庄稼 zhuāngjia 몡 농작물

7-9급

赃
贓
zāng

재물(贝)을 훔쳐 **집(广)** 아래 **땅(土)**에 감춘 장물이니 장물 **장**
또 장물처럼 몰래 주고받는 뇌물이니 뇌물 **장**

[번체] 贓 – 재물(貝)을 풀(艹)로 숨겨(臧) 감춘 장물이니 '감출 장'
또 장물처럼 몰래 주고받는 뇌물이니 '뇌물 장'
+ 臧 zāng – 나무 조각(爿)이나 창(戈)으로라도 신하(臣)를 착하게 숨겨주니 '착할 장, 숨길 장'
+ 장물(赃物 zāngwù) – 범죄에 의하여 불법으로 가진 타인 소유의 재물
+ 庄 zhuāng(장원 장, 마을 장, 장엄할 장)을 여기서는 广 guǎng/ān(집 엄, 廣: 넓을 광, 많을 광)과 土 tǔ(흙 토)로 나누어 풀었어요.

分赃 fēnzāng 통 훔친 물건이나 돈을 나누다, 부당한 권리나 이득을 나눠 갖다

7-9급

桩
樁
zhuāng

나무(木)로 **집(广)** 둘레 **땅(土)**에 박는 말뚝이니 말뚝 **장**
또 말뚝을 세듯이 사건이나 일을 세는 단위인 가지니 가지 **장**

[번체] 樁 – 나무(木)로 하늘 땅(二) 같이 크게(大) 절구(臼)처럼 둘러 치는 말뚝이니 '말뚝 장'
+ 臼 jiù(절구 구)

桩 zhuāng 몡 말뚝 양 건[件], 가지[사건이나 일을 세는 데 쓰임]

6급

일정한 **땅(土)**에 **법도(寸)**를 지키며 수도하거나 일하도록 지은 절이나 관청이니 절 **사**, 관청 **시**

+ 寸 cùn(마디 촌, 법도 촌)

寺 sì 몡 절

寺庙 sìmiào 몡 사찰, 사원, 절

sì

7-9급

사람(亻)이 **절(寺)**에서 부처님을 모시듯 모시니 모실 **시**

侍候 shìhòu 통 시중들다, 보살피다

服侍 fúshi 통 섬기다, 시중들다, 돌보다

shì

7-9급

산(山)을 **절(寺)**에서 보면 우뚝 솟은 모양의 언덕이니 우뚝 솟을 **치**, 언덕 **치**

+ 대부분의 절은 산에, 그것도 산 중턱쯤 있지요.

对峙 duìzhì 통 대치하다, 서로 맞서다

zhì

15

7-9급

yǒng

입(口)을 **오래**(永) 벌리고 읊으니 **읊을 영**

+ 읊다 – 억양을 넣어 소리 내어 시를 읽거나 외다.
+ 永 yǒng(길 영, 오랠 영)

歌咏 gēyǒng 图 노래하다. 합창하다

7-9급

mài

몸(月)에서 **길게**(永) 이어진 혈관이나 힘줄 같은 줄기니
혈관 맥, 줄기 맥

血脉 xuèmài 图 혈관, 혈맥, 혈통
脉络 màiluò 图 말이나 문장 등의 맥락, 조리, 두서
动脉 dòngmài 图 동맥
来龙去脉 láilóngqùmài 图 일의 전후 관계, 사람과 사물의 내력

+ '来龙去脉'의 원래 의미는 '산의 형세가 용의 핏줄처럼 이어져 있는 모양'으로,
  명당을 이룬 곳, 또는 사물의 경과 상태, 경위, 전후 관계, 내력을 뜻합니다.

물(氵)이 **불려**(召) 온 듯 항상 고여 있는 늪이니 늪 소

+ 늪 – 물이 항상 고여 있는 곳

沼泽 zhǎozé 몡 소택

zhǎo

물(氵)에 **밤**(夜)처럼 어둡게 무엇이 섞인 즙이니 즙 액

+ 夜 yè(밤 야)

血液 xuèyè 몡 혈액

液晶 yèjīng 몡 액정, 액상 결정

yè

물(氵)로 **조사하듯**(查) 걸러낸 찌꺼기니 찌꺼기 사

+ 查 chá(査: 조사할 사)

渣子 zhāzi 몡 찌꺼기, 부스러기

zhā

물(氵)이 **띠**(带) 모양의 둑에 막혀 머무르니 막힐 체, 머무를 체

+ 带 dài(帶: 찰 대, 띠 대)

滞后 zhìhòu 동 정체하다, 낙후하다, 뒤에 처지다

滞留 zhìliú 동 ~에 머물다, 체류하다

zhì

6급
潜
潜
qián

물(氵)로 **바뀐(替)** 듯 보이지 않게 잠기니 **잠길 잠**
또 잠겨 보이지 않게 숨기니 **숨길 잠**

[번체] 潛 - 물(氵)에 자취 없이(旡) 소리 없이(旡) 말하지도(曰) 못하고 잠기니
　　'잠길 잠'
　　또 잠겨 보이지 않게 숨기니 '숨길 잠'
+ 替 tì - 두 사내(夫夫)가 말하며(曰) 바꾸니 '바꿀 체'
+ 曰 yuē(가로 왈), 旡 jì['목멜 기'지만 여기서는 '无 wú(없을 무)'의 변형으로 봄]
潜力 qiánlì **명** 잠재력, 잠재 능력
潜艇 qiántǐng **명** 잠수함

7-9급
泌
mì

물(氵)은 반드시(必) 어디론가 흐르니 **물 흐를 필**
또 물 흐르듯 분비하니 **분비할 비**

+ 必 bì(반드시 필)
分泌 fēnmì **동** 분비하다

6급
渡
dù

물(氵)의 깊이나 물살의 **정도(度)**를 헤아려 건너니 **물 건널 도**

+ 度 dù(법도 도, 정도 도, 시간 보낼 도)
渡 dù **동** (물을) 건너다, (사람이나 화물을 싣고) 물을 건너다, (날이나 시기를)
보내다

7-9급
泻
泻
xiè

물(氵)로 그림 **그리듯(写)** 씻어 쏟으니 **쏟을 사**

+ 写 xiě(寫: 그릴 사, 베낄 사)
泻 xiè **동** 매우 빠르게 흐르다, 내리붓다, 쏟아지다
腹泻 fùxiè **명** 설사

7–9급

汪

wāng

물(氵)이 **으뜸**(王)으로 넓고 깊으니 넓고 깊을 왕

+ 王 wáng(임금 왕, 으뜸 왕, 구슬 옥 변)

汪洋 wāngyáng 혱 물이 끝없이 넓은 모양

7–9급

浩

hào

물(氵)이 무엇을 **알리듯이**(告) 소리 내며 크고 넓게 흐르니
클 호, 넓을 호

+ 告 gào(알릴 고, 뵙고 청할 곡)

浩劫 hàojié 몡 대재앙

7–9급

溜

liū

물(氵)기가 **머물러**(留) 있어 미끄러지니 미끄러질 류

+ 留 liú(머무를 류)

溜 liū 동 몰래 달아나다

溜达 liūda 동 산책하다, 어슬렁거리다

随大溜 suídàliù 동 대세에 따르다

19

7-9급

溯

sù

물(氵)이 **초하루**(朔), 즉 처음으로 거슬러 올라가니

거슬러 올라갈 소

+ 朔 shuò – 거꾸로 선(屰) 모양의 달(月)이 생기는 초하루니 '초하루 삭'
　　　　　또 초하루면 바뀌는 달이니 '달 삭'
+ 屰 nì/jǐ – 사람이 거꾸로 선 모양에서 '거꾸로 설 역'

追溯 zhuīsù 〔통〕추소하다, 거슬러 올라가다

7-9급

渊（渊）

yuān

물(氵)이 고여 있는 연못을 본떠서 **못 연**

+ 못 – 오목하게 팬 땅에 물이 괸 곳

渊源 yuānyuán 〔명〕연원 〔통〕유래하다

7-9급

涂（塗）

tú

물(氵)기가 **남은**(余) 듯 차져 바르기 좋은 진흙이니

바를 도, 진흙 도

〔번체〕塗 – 물(氵)기가 남은(余) 듯 흙(土)이 차져 바르기 좋은 진흙이니
　　　　　'바를 도, 진흙 도'

涂 tú 〔통〕바르다, 칠하다

糊涂 hútu 〔형〕뒤범벅이다, 엉망이다, 어리둥절하다, 정신이 없다

一塌糊涂 yìtāhútú 〔성〕엉망진창이 되다, 뒤죽박죽이다.

7-9급

涝（澇）

lào

비(氵)가 **힘쓰듯**(劳) 크게 내려 생긴 큰 물결이니 **큰 물결 로**

또 큰 물결로 침수되고 고이니 **침수될 로, 고일 로**

+ 침수(浸水 jìnshuǐ) – 물에 젖거나 잠김
+ 劳 láo(勞: 수고할 로, 힘쓸 로, 일할 로), 浸 jìn(浸: 잠길 침, 적실 침)

涝 lào 〔통〕(비에) 침수되다 〔명〕비가 많이 내려 밭에 고인 물

7-9급

tǎng

물(氵)결이 **높이**(尚) 출렁이는 큰 물결이니 큰 물결 창
또 물(氵)은 높은(尚) 데서 흘러내리니 흘러내릴 창

✚ 尚 shàng/cháng(尙: 오히려 상, 높을 상, 숭상할 상)

淌 tǎng 통 (물·눈물·땀이) 흐르다, 흘러내리다

流淌 liútǎng 통 흐르다, 유동하다.

7-9급

xùn

물(氵)을 **날아가는**(卂) 모양으로 뿌리니 뿌릴 신
또 물(氵)이 **날아가듯**(卂) 넘쳐흐르는 홍수니 홍수 신

✚ 卂 xùn - 많은(十) 것을 재빨리 감고 날아가는(乁) 모양에서 '빨리 날 신'

防汛 fángxùn 통 장마철의 홍수를 예방하다

7-9급

dí

물(氵)로 **천천히**(夊) **나무**(木)를 씻으니 씻을 척

[번체] 滌 - 물(氵)로 조목(條)조목 깨끗하게 씻으니 '씻을 척'

✚ 夊 zhǐ/zhōng(천천히 걸을 쇠, 뒤쳐올 치), 條 tiáo/tiāo(가지 조, 조목 조)

洗涤剂 xǐdíjì 명 세제, 세정제

7-9급

jiāng

장차(㸒) 물(水)처럼 짜낸 즙이나 끓인 미음이니

즙 장, 미음 장

+ 㸒[将 jiāng/jiàng/qiāng(장수 장, 장차 장, 청할 장)의 획 줄임]

豆浆 dòujiāng 명 콩국

7-9급

qī

물(氵)처럼 나무(木) 줄기를 상처(人) 내어 뽑아 쓰는 액(氺)은

옻이니 **옻 칠**

또 옻처럼 검으니 **검을 칠**

+ 人 rén('사람 인'이지만 여기서는 상처로 봄)

漆 qī 명 니스·페인트·래커 등 도료(塗料)의 총칭 동 (페인트를) 칠하다

7-9급

xī

몸(月) 중 나무(木)가 상처(人)에서 액(氺)을 막는 부분처럼

불룩한 무릎이니 **무릎 슬**

+ 나무에 상처가 나면 진액이 흐르니, 나무는 그것을 막기 위하여 껍질을 불룩하게 만드는데, 몸에서 그렇게 불룩한 부분을 무릎이라 했네요.

膝盖 xīgài 명 무릎

7-9급

lí

기장(黍) 같은 곡식을 싸(勹)두고 퍼(丿) 쓰는 곳은 검으니

검을 려

또 기장의 낟알처럼 많으니 **많을 려**

+ 黍 shǔ – 벼(禾)처럼 사람(人)이 물(氺)에 담가 먹는 기장이니 '기장 서'
+ 기장 – 볏과의 한해살이풀
+ 勹 bāo(쌀 포), 丿 piě('삐침 별'이지만 여기서는 퍼내는 모양으로 봄)

黎明 límíng 명 동틀 무렵, 여명[↔ 傍晚 bàngwǎn 명 황혼, 해질녘]

7-9급

函

函

hán

한(一) 방울의 **흘러내리는**(丿) 물(氺)이라도 받게 만든
그릇(凵) 같은 함이니 함 **함**
또 함에 넣어 지니니 지닐 **함**
또 함에 넣어두는 편지니 편지 **함**

✦ 함(纳征 nàzhēng) – 중국 전통 혼례식 중의 하나로, 신랑 측에서 신부 측에
예물을 전달하는 것
✦ 氺 shuǐ(물 수 발), 凵 kǎn(입 벌릴 감, 그릇 감), 纳 nà(納: 들일 납), 征
zhēng(정벌할 정, 徵: 부를 징)

公函 gōnghán 명 공문에 관하여 주고받는 문서
函授 hánshòu 명 통신교육방식[우리나라의 방송통신대학과 유사한 개념의
교육 방식]

7-9급

涵

涵

hán

물(氵)에 **함**(函)이 젖으니 젖을 **함**
또 젖듯이 너그럽게 감싸며 포용하니 포용할 **함**

内涵 nèihán 명 의미, 내포
涵盖 hángài 동 포괄하다, 포함하다, 포용하다
涵义 hányì 명 (글자·단어·말 등의) 함의, 내포된 뜻

7-9급

xiá

비(雨)를 **빌려**(叚)올 듯 붉은 노을이니 노을 **하**

+ 叚 jiǎ – 지붕(尸)을 두(二) 번이나 일꾼(크)의 손(又)을 빌려 고쳐야 하는 허물이니 '빌릴 가, 허물 가'
+ 노을(霞光 xiáguāng) – 해가 뜨거나 질 때 하늘이 벌겋게 물드는 현상
+ 尸[尸 shī(주검 시, 몸 시)의 변형으로 여기서는 지붕으로 봄], 크[工 gōng(일 꾼 공, 일할 공, 연장 공)의 변형], 又 yòu(오른손 우, 또 우)

彩霞 cǎixiá 명 아름다운 저녁노을

7-9급

霧

wù

비(雨)가 **힘차게**(务) 내릴 때 생기는 안개니 안개 **무**

+ 务 wù(務: 일 무, 힘쓸 무)

霧 wù 명 안개, 안개 같은 작은 물방울

6급

lù / lòu

비(雨)온 듯 길(路)에 어린 이슬이니 이슬 **로**(lù)
또 보이지 않는 습기가 엉겨 이슬 맺듯 드러나니 드러날 **로**(lòu)

+ 路 lù(길 로)

露 lù 명 이슬, 시럽이나 주스 등

露 lòu 동 드러나다

透露 tòulù 동 누설하다, 넌지시 드러내다

暴露 bàolù 동 폭로하다, 드러내다[≒ 揭露 jiēlù 동 폭로하다, 들추어내다]

泄露 xièlòu 동 (비밀·기밀 등을) 누설하다, 폭로하다

+ '露'의 발음이 lù가 아니라 lòu로 발음된다는 점 유의하세요.

꿀TIP '暴露'는 이전에 몰랐던 사람이나 목표·사상·신분·문제 등이 의도치 않게 밝혀지는 것을 의미하며, 의미에 있어서 좋지 않은 일과 추상적인 일 모두 사용 가능하고, 揭露는 말이나 행동으로 죄목·스캔들·비밀·모순 등의 나쁜 일을 들추어내는 것을 의미합니다. 揭露는 반드시 동작의 주체가 사람이 되어야 하므로, '把 A 揭露出来 bǎ A jiēlù chūlái(A을/를 들추어 내다)', 'A 被 B 揭露 A bèi B jiēlù (B에 의해 A이/가 폭로되다)'의 형태로 쓸 수 있습니다.

7-9급

霍

huò

비(雨) 올 때 새(隹)처럼 빨리 날아 사라지니
빠를 곽, 사라질 곽

✦ 隹 zhuī/cuī/wéi(새 추)
霍乱 huòluàn 몡 콜레라

7-9급

蕾

lěi

풀(艹)에서 천둥(雷)이 번쩍이듯 활짝 피어나는 꽃봉오리니
꽃봉오리 뢰

✦ 雷 léi(천둥 뢰)
芭蕾 bālěi 몡 발레

7-9급

儒

rú

사람(亻)에게 쓰이는(需) 도를 공부하고 가르치는 선비나 유교니
선비 유, 유교 유

✦ 유교(儒教 rújiào) – 공자를 시조로 삼고 인의도덕(仁义道德 rényì dàodé)을 가르치는 유학(儒学 rúxué)을 종교적인 관점에서 이르는 말
✦ 需 xū(구할 수, 쓸 수), 教 jiāo(教: 가르칠 교, 시킬 교), 仁 rén(어질 인), 义 yì(義: 옳을 의, 의로울 의), 道 dào(길 도, 도리 도, 말할 도), 德 dé (덕 덕), 学 xué(學: 배울 학)

儒家 Rújiā 몡 유가
儒学 rúxué 몡 유학

7-9급

霜

shuāng

비(雨) 같은 습기가 **서로**(相) 얼어붙은 서리니 **서리 상**

+ 相 xiàng(서로 상, 모습 상)

霜 shuāng 명 서리, 서리 모양의 것, 백색

雪上加霜 xuěshàngjiāshuāng 성 설상가상, 엎친 데 덮친 격이다

7-9급

厢

xiāng

헛간(厂)에 **보러**(相) 온 손님이 머물도록 만든 행랑이니
행랑 상

+ 행랑(门房 ménfáng) – 대문의 양쪽이나 문간 옆에 있는 방
+ 厂 chǎng(굴 바위 엄, 언덕 엄, 廠: 헛간 창, 공장 창), 门 mén(門: 문 문),
  房 fáng(방 방, 집 방)

车厢 chēxiāng 명 (열차의) 객실이나 수화물칸, 화물칸

7-9급

biān

막대에 **가죽(革)** 끈을 달아 **편하게(便)** 이리저리 치는 채찍이니
채찍 편

+ 革 gé – 걸어 놓은 짐승 가죽의 머리(廿)와 몸통(口)과 다리(一)와 꼬리(|)를
　　　　본떠서 '가죽 혁'
　　　　또 가죽을 무엇을 만들려고 가공하여 고치니 '고칠 혁'
+ 便 biàn/pián(편할 편, 똥오줌 변, 쌀 편)

鞭策 biāncè 〔통〕 채찍질하다, 독려하고 재촉하다
鞭炮 biānpào 〔명〕 폭죽

7-9급

bà

(온 세상을 적시는) **비(雨)**처럼 **혁명(革)**을 **달(月)**빛을 이용하여
일으켜 으뜸가는 두목이 되니 으뜸 패, 두목 패

+ 혁명(革命 gémìng) – 이전의 정권을 탈취하여 낡고 부패한 사회 제도를 깨
　　뜨려 새로운 사회 제도를 급격하게 세우는 일

霸占 bàzhàn 〔통〕 점령하다, 강점하다

7-9급

bǎ/bà

가죽(革)으로 긴 **꼬리(巴)**처럼 만든 고삐니 고삐 파
또 고삐로 치는 표적이니 표적 파(bǎ)
또 고삐를 꿰어 잡는 자루니 자루 파(bà)

+ 고삐(缰绳 jiāngshéng) – 코뚜레. 굴레에 잡아매는 줄
+ 巴 bā(뱀 파, 꼬리 파, 바랄 파)

靶子 bǎzi 〔명〕 표적, 과녁, 목표

7-9급

bā

풀(艹) 중 잎이 **뱀(巴)**처럼 긴 파초니 파초 파

+ 파초(芭蕉 bājiāo) – 관상용으로 정원에 심는 잎이 길고 큰 열대 식물
+ 蕉 jiāo/qiáo(파초 초, 초췌할 초)

芭蕾 bālěi 〔명〕 발레

27

7-9급

물 흐르는 내를 본떠서 내 천

川流不息 chuānliúbùxī 정 냇물처럼 끊임없이 오가다
山川 shānchuān 명 산천, 산하

chuān

7-9급

사람(亻)이 **말하기(口)**를 **내(巛)**처럼 계속하며 굳세니 굳셀 간
또 **사람(亻)**이 **입(口)**을 **내(巛)**처럼 계속 놀리며 잡담하니
잡담할 간

+ 巛[川 chuān(내 천)의 변형으로 봄]
调侃 tiáokǎn 동 조롱하다, 비웃다
侃大山 kǎn dàshān 관 노닥거리다, 잡담하다, 허풍떨다

kǎn

7-9급

발(疋)로 차며 **소리친(㚒)** 듯 막힘이 **내(巛)**처럼 트이니 트일 소
또 트인 듯 관계가 성기니 성길 소

+ 성기다 – ① 물건의 사이가 뜨다. ② 관계가 깊지 않고 서먹하다.
+ 疋 yǎ(발 소, 필 필)
疏导 shūdǎo 동 완화하다, 막힘없이 잘 통하게 하다
疏忽 shūhu 동 소홀히 하다, 등한시하다
疏散 shūsàn 동 대피시키다 형 드문드문하다
疏通 shūtōng 동 잘 통하게 하다

shū

7-9급

나무(木)로 소리 **내며(㚒)** **내(巛)**처럼 쓸어내리도록 만든 빗이니
빗 소
또 빗으로 빗으니 빗을 소

+ 㚒 yún(말할 운, 雲: 구름 운)
梳 shū 동 빗다, 빗질하다 명 빗, 얼레빗
梳理 shūlǐ 동 빗질하다
梳子 shūzi 명 빗

shū

029 ▶ **荒谎** – 荒으로 된 한자
황 황

7–9급

荒
huāng

풀(艹)까지 **망가지게(亡) 내(川)**가 휩쓸어 거치니 거칠 황

+ 亡 wáng(망할 망, 달아날 망, 죽을 망)
荒 huāng 휑 황량하다, 황폐하다
荒诞 huāngdàn 통 황당하다
荒凉 huāngliáng 휑 황량하다, 쓸쓸하다[↔ 繁华 fánhuá 휑 번화하다]

7–9급

谎
谎
huǎng

말(讠)을 **거칠게(荒)** 하며 속이는 거짓말이니 거짓말 황

谎话 huǎnghuà 명 거짓말
谎言 huǎngyán 명 거짓말
说谎 shuōhuǎng 통 거짓말하다

[이합 동사] '说谎'은 '说(말하다)+谎(거짓말)'이 합쳐진 이합 동사로 목적어를
취할 수 없음.

030 ▶ **州洲酬** – 州로 된 한자
주 주 수

7–9급

州
zhōu

내(川) 사이에 **점들(丶)**처럼 마을이 있는 고을이니 고을 주

州 zhōu 명 주, 자치주[고대 행정 구역의 명칭]

7–9급

洲
zhōu

물(氵)로 둘러싸인 **고을(州)**이면 물가나 섬이니 물가 주, 섬 주
또 섬처럼 물로 둘러싸인 대륙이니 대륙 주

洲 zhōu 명 주[대륙을 나눈 명칭]

7-9급

chóu

술(酉)도 권하며 **고을(州)** 분들을 접대하여 은혜 갚으니

접대할 수, 갚을 수

✚ 酉 yǒu(술 그릇 유, 술 유, 닭 유, 열째 지지 유)
报酬 bàochou 몡 보수, 수당, 급여
应酬 yìngchou 몡 모임, 연회

---

031 ⟫ 巢巡 – 《《《으로 된 한자
　　소 순

7-9급

cháo

풀을 **개미허리**(《《《)처럼 구부려 **과일(果)** 모양으로 둥글게 얽어

만든 새집이니 새집 소

✚ 《《《 chuān[川 chuān(내 천)이 부수로 쓰일 때의 모양으로 개미허리 같다 하
여 '개미허리 천'이라 부름], 果 guǒ(과일 과, 결과 과)
鸟巢 niǎocháo 몡 새둥지

7-9급

xún

냇물(《《《)이 **흘러가듯**(辶) 여기저기를 순찰하며 도니

순찰할 순, 돌 순

巡逻 xúnluó 图 순찰하다, 순시하다

7~9급

烁
燦
shuò

불(火)이 즐기듯(乐) 활활 타며 반짝이니 반짝일 삭

✦ 乐 lè(樂: 노래 악, 즐길 락, 좋아할 요)

闪烁 shǎnshuò 〔동〕 반짝이다, 깜박이다

6급

炉
爐
lú

불(火) 담는 집(户) 같은 화로니 화로 로

[번체] 爐 – 불(火) 담는 그릇(盧) 같은 화로니 '화로 로'

✦ 户(户: 문 호, 집 호, 사람 호, 계좌 호), 盧(밥그릇 로, 성씨 로: 卢 lú)

微波炉 wēibōlú 〔명〕 전자레인지

炉灶 lúzào 〔명〕 부뚜막

6급

灭
滅
miè

무엇으로 덮이면(一) 불(火)이 꺼지고 멸하니
꺼질 멸, 멸할 멸

[번체] 滅 – 물(氵)을 불(火) 붙은 개(戌)에 뿌리면 꺼지니 '꺼질 멸'
또 꺼지듯 멸하니 '멸할 멸'

✦ 一 yī('한 일'이지만 여기서는 덮은 모양으로 봄)

灭 miè 〔동〕 불을 끄다

消灭 xiāomiè 〔동〕 멸망시키다, 소멸하다

歼灭 jiānmiè 〔동〕 몰살하다, 섬멸하다

7~9급

炭
炭
tàn

산(山)에 묻혀있는 재(灰) 같은 숯이나 석탄이니
숯 탄, 석탄 탄

✦ 灰 huī(재 회)

炭 tàn 〔명〕 숯, 탄소

煤炭 méitàn 〔명〕 석탄

tàn

돌(石)이나 숯(炭)에서 나오는 탄소니 탄소 **탄**

+ 탄소(炭素 tànsù) - 유기 화합물의 주요 구성 원소로, 숯·석탄·금강석 등에서 산출됨

碳 tàn 명 탄소

低碳 dītàn 명 저탄소, 온실 가스 배출이 적은

二氧化碳 èryǎnghuàtàn 명 이산화탄소[CO_2]

---

033 灸荧煲灵 – 火로 된 한자

구 형 보 령

jiǔ

오랫(久)동안 불(火)로 굽거나 뜸뜨니 구울 **구**, 뜸뜰 **구**

+ 久 jiǔ(오랠 구)

针灸 zhēnjiǔ 명 침구, 침질과 뜸질

---

yíng

풀(艹)로 덮인(冖) 들에서 반짝이는 불(火)빛은 반딧불이니
반딧불 **형**
또 반딧불처럼 빛나게 켜 놓은 등불이니 등불 **형**

+ 熒 - 불(火)과 불(火)에 덮인(冖) 듯 반짝이는 불(火)빛은 반딧불이니 '반딧불 형'

荧屏 yíngpíng 명 TV스크린, 모니터 스크린

荧光 yíngguāng 명 형광

---

bāo

위에 담은 음식은 보호(保)하고 아래에 불(火)을 피워 삶는 솥이니
삶을 **보**, 솥 **보**

+ 保 bǎo(지킬 보, 보호할 보)

煲 bāo 명 뚝배기나 솥에 나오는 요리 동 (속이 깊은 냄비로) 음식을 끓이다

6급

灵
líng

오른손(ⴹ)에 불(火)꽃 같은 지팡이를 짚은 신령이니 신령 령
또 신령처럼 영리하고 날쌔니 영리할 령, 날쌜 령

[번체] 靈 – 비(雨) 오게 해달라고 여러 사람의 입들(ㅁㅁㅁ)이 무당(巫)처럼
　　비는 신령스러운 신령이니 '신령스러울 령, 신령 령'
✦ 신령(神灵 shénlíng) – 신의 총칭으로, 영혼을 의미함
✦ ⴹ(고슴도치 머리 계, 오른손 우)

灵活 línghuó [형] 민첩하다, 재빠르다
心灵 xīnlíng [명] 영혼, 마음

---

034 ▶ **炎痰毯** – 炎으로 된 한자
　　　　염 담 담

6급

炎
yán

불(火)과 불(火)이 타오르는 불꽃처럼 더우니
불꽃 염, 더울 염
또 덥게 열나면서 아픈 염증이니 염증 염

发炎 fāyán [동] 염증이 생기다, 염증을 일으키다
[이합 동사] '发炎'은 '发(생기다)+炎(염증)'이 합쳐진 이합 동사로 목적어를 취할 수
없음.

7~9급

痰
tán

병들어(疒) 덥게(炎) 열나면서 목에 생기는 가래니 가래 담

痰 tán [명] 가래

7~9급

毯
tǎn

털(乇)로 따뜻하게(炎) 만든 담요니 담요 담

✦ 乇[毛 máo(털 모)의 변형으로 봄]
毯子 tǎnzi [명] 담요
地毯 dìtǎn [명] 양탄자, 카펫

7-9급

yì

머리(亠)가 불(小) 타듯이 또 자꾸 고민하니 또 역

+ 亠 tóu(머리 부분 두), 小[火 huǒ(불 화)의 변형으로 봄]

亦 yì 图 ~도 역시, 또한

不亦乐乎 búyìlèhū 図 어찌 기쁘지 않겠는가

7-9급

luán

또(亦) 거듭 낳은 자식(子)은 쌍둥이니 쌍둥이 련

[번체] 孿 – 계속 이어지는 실(絲)과 말(言)처럼 이어서 낳은 자식(子)은 쌍둥
이니 '쌍둥이 산, 쌍둥이 련'

孪生 luánshēng 图 쌍둥이

7-9급

yì

또(亦) 바둑알을 들고(廾) 두는 바둑이니 바둑 혁

+ 廾 gǒng(받쳐 들 공)

对弈 duìyì 图 (장기·바둑에서) 대국하다. 승부를 겨루다

7-9급

mán

**또(亦) 벌레(虫)처럼 행동하는 남쪽 오랑캐니 남쪽 오랑캐 만
또 오랑캐처럼 행동이 매우 거치니 매우 만, 거칠 만**

[번체] 蠻 – 실(絲)처럼 말(言)이 길고 벌레(虫)처럼 행동하는 오랑캐니
'오랑캐 만'

+ 东夷西戎南蛮北狄(dōngyí xīróng nánmán běidí) – 중국은 자기 나라를 천하
의 중심이라는 데서 중국(中国 Zhōngguó)이라 칭하고 나머지는 모두 오랑캐로
보아, 방향에 따라 동쪽 오랑캐는 이(夷 yí), 서쪽 오랑캐는 융(戎 róng), 남쪽
오랑캐는 만(蛮 mán), 북쪽 오랑캐는 적(狄 dí)이라 불렀답니다.

蛮 mán 图 매우, 아주

野蛮 yěmán 图 야만적이다, 미개하다[↔ 文明 wénmíng 图 교양이 있다
图 문명]

물(氵)이 육지로 굽어(弯) 들어온 물굽이니 물굽이 만

+ 弯 wān – 또(亦) 활(弓)처럼 굽으니 '굽을 만'
[번체] 灣 – 실(絲)처럼 길게 말하고(言) 행동은 활(弓)처럼 굽었으니 '굽을 만'
+ 육지가 바다 쪽으로 뻗어 나가면 '반도(半岛 bàndǎo)', 굽어 들어오면 '만(湾 wān)'이지요.
海湾 hǎiwān 圀 만

wān

또(亦) 가면서(辶) 남긴 자취니 자취 적

轨迹 guǐjì 圀 자국, 자취, 궤적, 궤도
迹象 jìxiàng 圀 징조, 조짐
奇迹 qíjì 圀 기적
事迹 shìjì 圀 사적
字迹 zìjì 圀 손글씨, 필적
足迹 zújì 圀 발자취, 족적
古迹 gǔjì 圀 고적

jì

---

036 **赤赫** – 赤으로 된 한자
　　　　적 혁

흙(土)이 불(小) 타듯이 붉으니 붉을 적
또 붉게 발가벗으니 발가벗을 적

+ 小[火 huǒ(불 화)의 변형으로 봄]
赤字 chìzì 圀 적자, 결손[↔ 盈余 yíngyú 圀 이윤, 흑자 동 이익이 남다,
흑자가 되다]
面红耳赤 miànhóngěrchì 囵 얼굴이 귀 밑까지 빨개지다, 얼굴이 홍당무가
되다

chì

붉고(赤) 붉게(赤) 빛나니 빛날 혁

赫然 hèrán 圀 사람을 깜짝 놀라게 하거나 사람의 주의를 끄는 사물이 갑자기
나타나는 모양
显赫 xiǎnhè 圀 (권세, 명성 등이) 대단하다

hè

6급

杰 (傑)

jié

나무(木)가 불(灬) 타듯이 열성적인 뛰어난 호걸이니

뛰어날 걸, 호걸 걸

[번체] 傑 – 사람(亻) 중 사납게(桀) 일하는 뛰어난 호걸이니 '뛰어날 걸, 호걸 걸'
+ 桀 jié – 어긋난(舛) 사람을 나무(木) 위에 매달아 처형함이 사나우니
　　　　'사나울 걸'
　　　　또 사납기로 대표적인 중국의 걸 임금이니 '걸 임금 걸'
+ 舛 chuǎn – 저녁(夕)에는 어두워 하나(一)씩 덮어(乚) 꿰어도(丨) 어긋나니
　　　　'어긋날 천'

杰出 jiéchū [동] 걸출하다, 출중하다[↔ 平凡 píngfán [형] 평범하다, 보통이다]

7–9급

遮 (遮)

zhē

여러(庶) 사람들이 가는(辶) 것을 막으니 **막을 차**

+ 庶 shù – 집(广)에 스무(廿) 곳, 즉 많은 곳에 불(灬)을 때며 모여 사는 여러
　　　　백성이니 '여러 서, 백성 서'
　　　　또 일반 백성처럼 대하는 첩의 아들이니 '첩의 아들 서'

遮 zhē [동] 가리다, 막다
遮盖 zhēgài [동] 덮다, 가리다

7–9급

熬 (熬)

áo

흙(土)으로 만든 아궁이에 **놓고**(放) 불(灬)에 삶거나 볶으니

삶을 오, 볶을 오

또 볶는 것 같은 더위도 참으니 **참을 오**

+ 放 fàng(놓을 방)

熬 áo [동] (음식 등을) 달이다, 오래 끓이다, (고통을) 참다
熬夜 áoyè [동] 밤을 새다, 철야하다, 밤늦게까지 자지 않다

[끝TIP] 제목번호 331의 '通宵 tōngxiāo(철야, 밤새도록)'는 밤새 아예 안 잘 때 사용
하고, '熬夜 áoyè(밤을 새다)'는 비교적 늦게 잘 때 사용합니다. 또, '开夜车
kāiyèchē(밤을 꼬박 새우다)'는 밤을 새워 일하거나 공부할 때 사용하며, 밤
을 새워 노는 경우는 사용하지 않습니다.

7–9급

燕

yàn

먹이를 문 **주둥이**(廿)와 양쪽 **날개**(北)와 **몸통**(口)과 갈라진

꼬리(灬) 모양을 본떠서 **제비 연, 연나라 연**

또 제비처럼 떠들며 즐기는 잔치니 **잔치 연**

+ 燕 yàn에 쓰인 廿niàn(스물 입)과 北 běi(등질 배, 달아날 배, 북쪽 북), 口
kǒu(입 구, 말할 구, 구멍 구), 灬 huǒ(불 화 발)은 여기서는 원래의 뜻이 아
닌 제비의 모양을 나타냅니다.

燕子 yànzi [명] 제비

7-9급

턱(區) 아래로 혀를 날름거리는 뱀(巳)처럼 불(灬)꽃이 흔들리며 빛나니 **빛날 희**

+ 區[匜(턱 이)의 변형으로 봄], 巳 sì(뱀 사, 여섯째 지지 사)
熙熙攘攘 xīxīrǎngrǎng 〔성〕왕래가 빈번하고 번화하다, 흥성하다

xī

6급

물건(者) 아래에 불(灬)을 피워 삶으니 **삶을 자**

煮 zhǔ 〔동〕삶다, 끓이다, 요리하다

zhǔ

---

038 拯蒸 - 丞으로 된 한자
　　　증 증

7-9급

손(扌)으로 도와(丞) 건져 구하니 **건질 증, 구할 증**

+ 丞 chéng - 일을 마치도록(了) 양쪽(八)에서 받들어(一) 도우니 '도울 승'
+ 了 liǎo/le(마칠 료, 밝을 료, 어조사 료)
拯救 zhěngjiù 〔동〕구조하다, 구출하다

zhěng

7-9급

풀(艹) 성분의 도움(丞)을 받으려고 불(灬)에 찌니 **찔 증**

+ 풀을 쪄서 나온 즙이나 향기를 약으로 이용하지요.
蒸 zhēng 〔동〕찌다, 증발하다

zhēng

7-9급

嘿

hēi

입(口)을 **검은(黑)** 채로 벌리지 못하고 내는 소리인 감탄사니
감탄사 해

+ 黑 hēi – 굴뚝(里)처럼 불(灬)에 그을려 검으니 '검을 흑'
+ 里(구멍 뚫린 굴뚝의 모양)

嘿 hēi 〔감〕 하, 허[놀라움을 나타냄], 헤헤[웃음 소리를 나타냄]

꿀TIP 남을 부르거나 주의를 환기시키는 '어이. 여보(시오)', 자랑스럽거나 만족스러운 기분을 나타내는 '야. 이봐', 놀라움이나 경탄을 나타내는 '하! 허! 야!' 형태의 감탄사로도 쓰이고, 가볍게 웃는 소리인 '하하. 호호' 같은 의성어 · 의태어로도 쓰입니다.

7-9급

熏

xūn

천(千) 갈래로 퍼지는 **검은(黑)** 연기에 그을리니 **그을릴 훈**
또 그을리듯 무엇에 영향 받으니 **영향 받을 훈**

熏 xūn 〔동〕 냄새가 스며들게 하다, 물들다
熏陶 xūntáo 〔동〕 영향을 끼치다, 훈도하다

6급

墨

mò

검은(黑) 흙(土)으로 만든 먹이니 **먹 묵**

墨水 mòshuǐ 〔명〕 잉크, 먹물

꿀TIP 중국어에도 우리말과 같이 '가방끈이 길다'라는 뜻을 나타내는 말이 있습니다. 바로 '喝墨水(hē mòshuǐ)'라고 하는데, 이 말을 직역하면 '먹물을 마신다'라는 뜻이지만, 실제로는 글을 배우거나 학교에 다닌다는 의미입니다.

7-9급

xīn/xìn

풀(++) 중 겉껍질을 벗기고 **중심(心)**만 쓰는 골풀이니

골풀 심(xīn)

또 골풀처럼 중요한 물건의 중심이니 중심 심(xìn)

+ 골풀 – 골풀과의 여러해살이풀. 높이는 1미터 정도. 말린 줄기는 약재나 돗
  자리를 만드는 데 씀
+ 心 xīn(마음 심, 중심 심), ++ cǎo(++: 초 두)

芯片 xīnpiàn 몡 칩

7-9급

pú

풀(++) 중 잎이 **갈라진(咅)** 모양인 보리수니 보리수 보

또 보리수 아래에서 수도했다는 보살이니 보살 보

+ 咅 pǒu – 서서(立) 입(口)씨름하다가 갈라지니 '갈라질 부'

菩萨 púsà 몡 보살

7-9급

máo

풀(++) 중 **창(矛)**처럼 길고 뾰족하게 자라는 띠니 띠 모

+ 띠 – 마디 없이 곧고 길게 자라는 질긴 풀로, 이것으로 지붕도 이고 여러 생활
  도구도 만들어 사용함

茅台酒 máotáijiǔ 몡 마오타이 술

7-9급

jiàn

풀(++) 중 약효가 **있는(存)** 것을 추천하니 추천할 천

또 풀(++) 중 오래 **있도록(存)** 짜 만든 초석이니 초석 천

[번체] 薦 – 약초(++)와 사슴(严)과 새(鸟)를 잡아 드리며 추천하니
　　　'드릴 천, 추천할 천'
+ 초석(草席 cǎoxí) – 왕골, 부들, 짚 등으로 엮어 만든 돗자리
+ 存 cún(있을 존), 席 xí(자리 석), 严[鹿 lù(사슴 록)의 획 줄임], 鸟[鳥
  niǎo(새 조)의 획 줄임]

推荐 tuījiàn 통 추천하다

39

7-9급

荷
hé/hè

풀(⁺⁺) 중 **사람**(亻)이 여러 가지로 **가히**(可) 이용하는 연이니
연 **하**(hé)
또 풀(⁺⁺)을 **사람**(亻)이 **옳게**(可) 잘 묶어 메는 짐이니
멜 **하**, 짐 **하**(hè)

+ 연은 뿌리, 줄기, 잎, 꽃, 씨앗 등 전체가 여러모로 사용되지요.
+ 可 kě(옳을 가, 가히 가, 허락할 가)
荷花 héhuā 몡 연꽃

7-9급

莹
(瑩)
yíng

풀(⁺⁺)에 **덮여도**(冖) 밝게 빛나는 **옥**(玉)돌이니
밝을 **영**, 옥돌 **옥**

[번체] 瑩 – 불(火)과 불(火)에 덮인(冖)듯 밝은 옥(玉)돌이니 '밝을 영, 옥돌 옥'
晶莹 jīngyíng 혱 반짝반짝 빛나다, 투명하게 반짝이다

7-9급

葱
cōng

풀(⁺⁺) 중 **바쁘게**(怱) 빨리 자라는 파니 파 **총**
또 파처럼 푸르니 푸를 **총**

+ 怱 zōng – 바쁜(匆) 마음(心)처럼 바쁘고 밝으니 '바쁠 총, 밝을 총'
+ 匆 cōng – 없을 물, 말 물(勿)에 점(丶)을 찍어, 정신없이 바쁘고 급함을 나타
　　　내어 '바쁠 총, 급할 총'
葱 cōng 몡 파 혱 푸르다, 파랗다

ài

āi

풀(艹) 중 **베어**(乂) 여러모로 이용하는 쑥이니 쑥 애
또 쑥처럼 머리가 하얗게 늙으니 늙을 애

+ 윤 蒿 hāo(쑥 호), 蓬 péng(쑥 봉)
+ 乂 yì(벨 예, 다스릴 예, 어질 예)
艾滋病 àizībìng 명 에이즈[AIDS]

입(口)을 **다스려**(艾) 참지 못하고 내는 감탄사니 감탄사 애

哎 āi 감 (의외, 의아, 불만을 나타냄) 야!, 아이고!, (주의 환기) 야!, 자!, 이봐!
哎呀 āiyā 감 (놀라움, 불만, 아쉬움을 나타냄) 야!, 아이고!

7-9급

沐
mù

물(氵)에 **나무(木)**가 씻기듯 물로 씻으며 목욕하니 목욕할 목

沐浴露 mùyùlù 명 보디 클렌저, 보디 샴푸

7-9급

枯
kū

나무(木)도 **오래(古)**되면 마르고 죽으니 마를 고, 죽을 고

枯燥 kūzào 형 무미건조하다, 지루하다

7-9급

棋
qí

나무(木)판에서 하는 **그(其)** 놀이는 바둑이니 바둑 기

棋 qí 명 장기, 바둑
棋子 qízǐ 명 장기알, 바둑돌
下棋 xiàqí 통 장기를 두다, 바둑을 두다

7-9급

栓
shuān

나무(木)로 만든 것에 나무처럼 **온전하게(全)** 박는 나무못이니
나무못 전
또 나무못처럼 병에 박은 병마개니 병마개 전

✤ 나무로 된 물건에는 나무못을 박아야 온전하지요.
✤ 全 quán(全: 온전할 전)

血栓 xuèshuān 명 혈전

7-9급

栖
棲
qī

뜻을 나타내는 나무 **목**(木)과 음을 나타내는 서쪽 **서**(西)를
합하여 깃들일 서, 살 서

[번체] 棲 – 새도 나무(木) 중 짝(妻)이 있는 곳에 깃들여 사니 '깃들일 서, 살 서'
✦ 깃들이다 – 조류가 보금자리를 만들어 살거나 사람이나 건물 등이 자리 잡다.
✦ 妻 qì(아내 처)

两栖 liǎngqī 图 땅에서도 물에서도 살다, 두 가지를 겸해서 하다

6급

橫
橫
héng

나무(木)가 **누렇게**(黄) 죽어 가로로 제멋대로 쓰러지니
가로 횡, 제멋대로 횡

✦ 黄 huáng(黄: 누를 황)
横 héng 형 가로의 图 가로지르다[↔ 竖 shù 형 세로의 图 똑바로 세우다]
横七竖八 héngqīshùbā 성 어수선하게 흩어져 있는 모양, 무질서하게 널려
있는 모양

7-9급

橡
xiàng

나무(木) 중 **코끼리**(象)처럼 크게 자라는 상수리나무나 고무나무니
상수리나무 상, 고무나무 상

✦ 象 xiàng(코끼리 상, 모양 상, 본뜰 상)
橡胶 xiàngjiāo 명 고무
橡皮 xiàngpí 명 지우개

7-9급

棺

guān

나무(木)로 **벼슬(官)**한 것처럼 꾸미는 널이니 널 관

+ 官 guān(국가 관, 관청 관, 벼슬 관)

棺材 guāncái 영 관

7-9급

櫥

chú

나무(木)로 만들어 **부엌(厨)** 같은 곳에서 사용하는 장롱이나
궤짝이니 장롱 주, 궤짝 주

+ 厨 chú – 헛간(厂)에 만들어 제기(豆) 같은 그릇을 법도(寸)에 맞게 사용하는
　　　　부엌이니 '부엌 주'
+ 厂 chǎng(굴 바위 엄, 언덕 엄, 廠: 헛간 창, 공장 창), 豆 dòu(콩 두, 제기
　　두), 寸 cùn(마디 촌, 법도 촌)

书橱 shūchú 영 책장, 책궤, 책상자

7-9급

橘

橘

jú

나무(木)에 **창(矛)** 찔린 모양으로 열려 **성(冂)** 같은 껍질을
벗겨(八) 입(口)으로 먹는 귤이니 귤 귤

+ 귤은 꼭지가 마치 창에 찔린 모양이지요.
+ 矛 máo(창 모)

橘子 júzi 영 귤

7-9급

柔
róu

창(矛) 만드는 **나무(木)**처럼 탄력 있고 부드러우니
부드러울 유

柔和 róuhé 형 연하고 부드럽다, 강렬하지 않다, 온화하다
柔软 róuruǎn 형 유연하다, 부드럽다, 부드럽고 연하다
温柔 wēnróu 형 다정하다, 부드럽고 상냥하다, (성격이) 순하다

7-9급

揉
róu

손(扌)으로 **부드럽게(柔)** 주무르니 주무를 유

揉 róu 동 (손으로) 비비다, 문지르다, 주무르다, 구기다, (손으로 둥글게) 빚다,
반죽하다

7-9급

桨
槳
jiǎng

장차(丬) 배를 저으려고 **나무(木)**로 만든 노니 노 장

✛ 丬[将 jiāng/jiàng/qiāng(將: 장수 장, 장차 장, 청할 장)의 획 줄임]
船桨 chuánjiǎng 명 노

6급

梁
liáng

물(氵)의 **양쪽(ヽ ヽ)**에 **칼(刀)**로 **나무(木)**를 잘라 들보처럼 올려놓은
다리니 다리 량, 들보 량

✛ 들보는 기둥과 기둥 위에 올린 나무로, 튼튼하고 굵은 나무를 사용하니 '대
  들보'라고도 하지요.
桥梁 qiáoliáng 명 교량, 다리
脊梁 dòngliáng 명 척추, 등
栋梁 jǐliáng 명 마룻대와 들보, (한 집안이나 국가의) 기둥

45

7-9급

朱

zhū

떨어지는(丿) 시(十)월의 나무(木) 잎처럼 붉으니 붉을 주

+ 단풍은 여러 가지 색이지만 주로 붉지요.
+ 丿 piě('삐침 별'이지만 여기서는 떨어지는 모양으로 봄)

朱红 zhūhóng 명 주홍

7-9급

株

zhū

나무(木)에서 붉은(朱) 뿌리 부분만 남은 그루터기니
그루터기 주
또 그루터기 같은 뿌리는 나무를 세는 단위인 그루니 그루 주
또 나무를 세는 그루처럼 자본을 세는 주식이니 주식 주

株 zhū 양 그루
守株待兔 shǒuzhūdàitù 성 착각에 빠지거나 잘못된 믿음으로 되지도 않을
일을 고집하는 어리석음

7-9급

抹

mǒ

손(扌)으로 끝(末)나게 칠하거나 없애니 칠할 말, 없앨 말

+ 末 mò – 나무(木)의 긴 가지(一) 끝이니 '끝 말'
+ 一 yī('한 일'이지만 여기서는 긴 가지로 봄)

抹 mǒ 동 바르다. 칠하다[발라서 없애다]

7-9급

沫

mò

물(氵)의 끝(末)에서 생기는 물거품이니 물거품 말

泡沫 pàomò 명 (물)거품, 포말

7-9급

가시(束) 달린 가지가 옆으로 늘어지는 가시나무니 **가시나무 극**

+ 가시나무는 약하여 위로 반듯하게 크지 못하고 옆으로 늘어짐을 생각하고
  만든 한자
+ 束 cì – 가시나무(木)에 덮인(宀) 듯 붙어있는 가시니 '가시 자'

棘手 jíshǒu 형 (처리하기가) 곤란하다, 까다롭다, 애먹다, 난처하다

荆棘 jīngjí 명 고난, 곤란, 가시나무

jí

6급

대(⺮)로 만든, 가시(束)처럼 아픈 채찍이니 **채찍 책**
또 채찍질할 때 다치지 않게 신경 써야 하는 꾀니 **꾀 책**

鞭策 biāncè 통 채찍질하다, 독려하고 재촉하다

策略 cèlüè 명 전략, 책략

策划 cèhuà 통 기획하다, 계획하다

决策 juécè 명 (결정된) 정책이나 방법 통 (정책과 방법을) 결정하다

政策 zhèngcè 명 정책

cè

7-9급

(나무가 곧아서) 가시(束)가 **위 아래**(丷)로 나 있는 대추나무니
대추나무 조
또 대추나무에 열리는 대추니 **대추 조**

+ 가시나무는 대부분 약하여 가지가 옆으로 늘어지는데 대추나무는 곧게 자람
  을 생각하고 만든 한자

枣 zǎo 명 대추

zǎo

7-9급

lín

물(氵)을 **수풀**(林)에 많이 뿌리면 젖으니
물 뿌릴 림, 젖을 림(lín)

✚ 林 lín(수풀 림)
淋 lín 통 (물이나 액체에) 젖다, 끼얹다, 붓다

7-9급

bīn

수풀(林)처럼 많은 **머릿결**(彡)이 빛나니 **빛날 빈**
또 빛나게 아름답고 성하니 **아름답고 성할 빈**

✚ 彡 shān/xiǎn(터럭 삼, 긴머리 삼)
彬彬有礼 bīnbīnyǒulǐ 성 점잖고 예의가 바르다

7-9급

fén

수풀(林)처럼 쌓아 놓고 **불**(火)사르니 **불사를 분**

焚烧 fénshāo 통 태우다, 불태우다, 소각하다
心急如焚 xīnjírúfén 성 애간장을 태우다, 마음이 초조하다

7-9급

lán

많은 **수풀**(林)처럼 **여자**(女)가 탐하니 **탐할 람**

贪婪 tānlán 형 탐욕스럽다

7-9급

pān

나무(木)와 **나무**(木)가 **얽힌**(爻) 곳을 **크게**(大) **손**(手)으로
끌어 잡으니 **끌어 잡을 반**

✚ 爻 yáo('점괘 효, 사귈 효, 본받을 효'지만 여기서는 이리저리 얽힌 모양으로 봄)
攀 pān 통 (무엇을 잡고) 기어오르다, 지위가 높은 사람과 관계를 맺다
攀升 pānshēng 통 (어떤 것을 잡고) 오르다, (수량·가격 등이) 끊임없이 오르다

6급

嘛

má

입(口)으로 **마**(麻)하고 당연함을 말하는 어조사니 어조사 **마**
또 티벳에서 승려를 일컫는 말인 라마니 라마 **마**

+ 麻 má – 집(广) 주변에 수풀(林)처럼 빽빽이 기르는 삼이나 참깨니
 '삼 마, 참깨 마'
 또 삼에는 마약 성분이 있어 먹으면 저리니 '마약 마, 저릴 마'
+ 广 ān/guǎng(집 엄, 넓을 광, 廣 : 많을 광), 麻 má(麻: 삼 마, 참깨 마, 마
 약 마, 저릴 마)

嘛 ma 조 서술문 뒤에 쓰여 당연함을 나타냄

7-9급

魔

mó

마약(麻) 먹은 **귀신**(鬼)처럼 행동하는 마귀니 마귀 **마**

+ 鬼 guǐ(귀신 귀)

魔鬼 móguǐ 명 마귀, 악마
魔术 móshù 명 마술

6급

磨

mó/mò

삼(麻)껍질을 벗기려고 **돌**(石)에 문지르듯이 가니 갈 **마** (mó)
또 곡식을 가는 맷돌이니 맷돌 **마** (mò)

+ 삼 껍질 중 섬유질이 아닌 부분을 없애기 위해 돌에 문지르지요.

磨 mó 통 갈다, 문지르다
琢磨 zhuómó 통 생각하다, 궁리하다

7-9급

蘑

mó

풀(艹)처럼 자라나고 **맷돌**(磨)처럼 둥근 버섯이니 버섯 **마**

蘑菇 mógu 명 버섯

7~9급

氏

shì

(사람의 씨족은 나무뿌리처럼 뻗으며 번지니)
나무뿌리가 지상으로 나온 모양을 본떠서 성 **씨**, 뿌리 **씨**

姓氏 xìngshì 몡 성씨
摂氏度 shèshìdù 양 섭씨온도[℃로 표기함]

6급

抵

dǐ

손(扌)으로 **밑(氏)**바닥까지 밀어 막으니 막을 **저**
또 막음에 당하니 당할 **저**

✦ 氏 dī(氐: 밑 저, 근본 저)
抵达 dǐdá 통 도착하다, 도달하다
抵抗 dǐkàng 통 저항하다, 대항하다
抵御 dǐyù 통 막아 내다, 방어하다, 저항하다

6급

昏

hūn

나무뿌리(氏) 아래로 **해(日)**가 지며 저무니 저물 **혼**
또 저물어 어두워지듯 정신이 혼미하고 어리석으니

혼미할 **혼**, 어리석을 **혼**

昏 hūn 혱 어둡다, 희미하다 어지럽다, 의식을 잃다

7-9급

栋 棟
dòng

나무(木) 중 집에서 **주인(东)**처럼 큰 역할을 하는 마룻대니
마룻대 동

＋ 마룻대(檁条 lǐntiáo) – 용마루 밑에 서까래가 걸리게 된 도리
＋ 东 dōng(東: 동쪽 동, 주인 동)

栋 dòng 窗 동, 채[건물을 세는 단위]
栋梁 dòngliáng 窗 마룻대와 들보, (한 집안이나 국가의) 기둥

7-9급

陈 陳
chén

언덕(阝)의 **동쪽(东)**에 햇살 퍼지듯 늘어놓고 묵으니
늘어놓을 진, 묵을 진

陈旧 chénjiù 窗 낡다, 오래되다, 케케묵다[↔ 新鲜 xīnxiān 窗 신선하다
新颖 xīnyǐng 窗 참신하다, 새롭고 독특하다, 신선하다]
陈列 chénliè 窗 진열하다
陈述 chénshù 窗 진술하다
新陈代谢 xīnchéndàixiè 窗 신진대사, 물질대사

7-9급

柬
jiǎn

나무(木)를 가려 **그물(罒)**처럼 촘촘하게 쓰는 편지니
가릴 간, 편지 간

＋ 종이가 귀하던 옛날에는 나무판에 글을 썼지요.
＋ 罒 wǎng(그물 망, = 网, 㓁)

请柬 qǐngjiǎn 窗 청첩장, 초대장

7-9급

拣 揀
jiǎn

손(扌)으로 **하나(一)** **하나(一)**를 **둘러(乚)** **조금(小)**씩 가려
뽑으니 뽑을 간

번체 揀 – 손(扌)으로 가려(柬) 뽑으니 '뽑을 간'
拣 jiǎn 窗 뽑다, 선택하다

7-9급

轍
zhé

수레(车) 끄는 말을 **기르듯(育) 치며(攵)** 달릴 때 생기는
바퀴자국이니 바퀴자국 철

+ 车 chē/jū(車: 수레 거, 차 차), 育 yù(기를 육), 攵 pō(칠 복, = 攴)

没辙 méizhé 통 어떻게 할 방법이 없다, 어쩔 수 없다

7-9급

轰
hōng

수레(车)가 **또(又) 또(又)** 지나가는 소리처럼 소리가
우렁우렁하니 우렁우렁할 굉

[번체] 轟 – 수레 세 대(車車車)가 지나가는 소리처럼 우렁우렁하니
'우렁우렁할 굉'

轰 hōng 의 쿵, 쾅, 우르르쾅쾅[천둥소리나 폭발의 거대한 굉음]
轰动 hōngdòng 통 동요하다, 뒤흔들다
轰炸 hōngzhà 통 폭격하다

7-9급

輿
yú

여럿이 **마주 드는(䑞) 수레(车)** 같은 가마니 수레 여, 가마 여
또 가마를 드는 사람들의 무리니 무리 여

+ 䑞[舁 yú(마주 들 여)의 변형]

輿论 yúlùn 명 여론

6급

辉
辉
huī

빛(光)에 **군사(军)**들의 계급장처럼 빛나니 빛날 휘

+ 军 jūn – 덮어서(冖) 차(车)까지 위장한 군사니 '군사 군'
+ 군사들은 적에게 들키지 않으려고 차까지 덮어 위장하지요.
+ 光 guāng(빛 광)

光辉 guānghuī 몡 찬란한 빛, 눈부신 빛 혱 찬란하다, 눈부시다
辉煌 huīhuáng 혱 (빛이) 휘황찬란하다, (성취·성과가) 눈부시다

꿀TIP 辉煌은 빛이나 성과가 눈부시다는 의미이고, 제목번호 004의 灿烂 cànlàn
(찬란하다)은 문화유산이나 역사가 찬란하다는 의미입니다.

7-9급

浑
浑
hún

물(氵)에서 **군사(军)**들이 싸운 듯 온통 흐리니 온 혼, 흐릴 혼

+ 온(全都 quándōu) – 전부의, 모두의

浑身 húnshēn 몡 전신, 온몸

6급

晕
晕
yùn/yūn

해(日)에 **군사(军)**들이 포위한 듯 둘러싼 무리니 무리 훈
또 해나 달의 무리처럼 어질어질하니 어질어질할 훈

+ 무리(晕 yùn) – 구름이 태양이나 달의 표면을 가릴 때, 태양이나 달의 둘레
에 생기는 불그스름한 빛의 둥근 테, 대기 가운데 떠 있는 물방울에 의한 빛
의 굴절이나 반사 때문에 생김

晕 yūn 혱 어지럽다, 멀미하다, 현기증이 나다
晕车 yùnchē 몡 차멀미 동 차멀미하다

7-9급

链 鏈

liàn

쇠(钅)고리를 **이어서**(连) 만든 쇠사슬이니 쇠사슬 **련**

+ 连 lián(連: 이을 련)

项链 xiàngliàn 명 목걸이

7-9급

莲 蓮

lián

풀(艹) 중 뿌리가 계속 **이어지며**(连) 뻗어가는 연이니 연 **련**

+ 연(莲)은 뿌리가 땅속으로 쭉 뻗으며 자라지요.

莲子 liánzǐ 명 연밥, 연꽃씨

7-9급

拓
tuò/tà

손(扌)으로 돌(石)을 치우며 땅을 개척하니 개척할 **척**(tuò)
또 손(扌)으로 돌(石)에 새겨진 글씨를 눌러서 박으니
박을 **탁**(tà)

开拓 kāituò 동 넓히다, 개척하다
拓宽 tuòkuān 명 확장 동 넓히다, 확장하다
拓展 tuòzhǎn 동 넓히다, 확장하다, 개척하다

7-9급

岩 巖
yán

산(山)에서도 드러나게 보이는 돌(石)은 바위니 바위 **암**

변체 嚴 - 산(山)에 엄한(嚴) 모양으로 서 있는 바위니 '바위 암'
+ 嚴(엄할 엄: 严 yán)
岩石 yánshí 명 바위, 암석

7-9급

碧
bì

옥(王)으로 된 흰(白) 돌(石)은 희다 못해 푸르니 푸를 **벽**

+ 王 wáng/wàng(임금 왕, 으뜸 왕, 구슬 옥 변)
碧绿 bìlǜ 형 짙은 녹색의, 청록색의, 짙푸르다

7-9급

磊
lěi

돌(石)이 많이 쌓인 돌무더기처럼 크니 클 **뢰**, 돌무더기 **뢰**

光明磊落 guāngmínglěiluò 성 공명정대하다, 정정당당하다, 떳떳하다

7-9급

砸

zá

돌(石)로 **둘러싸고(匝)** 치거나 잡으니 칠 잡, 잡을 잡

+ 匝 zā – 상자(匚)를 수건(巾) 같은 천으로 둘러 둘러싸니 '두를 잡, 둘러쌀 잡'

砸 zá 图 (무거운 것으로) 깨뜨리다, 눌러 으스러뜨리다

꿀TIP 砸를 활용하여 '搞砸 gǎozá 망가지다, 망가뜨리다'로 사용할 수 있습니다.

7-9급

碌

lù

돌(石)처럼 **근본(录)**이 평범하니 평범할 록
또 돌(石)에다 **기록해야(录)** 할 정도로 바쁘니 바쁠 록

+ 录 lù – 손(크)을 물(氺)에 씻으며 생각하는 근본이니 '근본 록'
　　또 손(크)으로 먹물(氺)을 찍어 기록하고 채용하니 '기록할 록,
　　채용할 록'

忙碌 mánglù 图 (정신 없이) 바쁘다, 눈코 뜰 새 없다[↔ 安闲 ānxián 图편안하고
한가롭다/空闲 kòngxián 图 한가하다 비어있다]

7-9급

砖

zhuān

돌(石)처럼 **오로지(专)** 단단하게 만든 벽돌이니 벽돌 전

+ 专 zhuān(專: 오로지 전, 마음대로 할 전)

砖 zhuān 图 벽돌

6급

縱

zòng

실(纟)을 따라(从) 세로로 놓으니 세로 종, 놓을 종

+ 从 cóng(從: 좇을 종, 따를 종), 纟 sī[糸 mì/sī(실 사, 실 사 변의 간체자)]

操纵 cāozòng 图 (기계·기기 등을) 다루다, (부당한 방법으로) 조종하다[≒ 操作 cāozuò 图 조작하다/控制 kòngzhì 图 통제하다]

7-9급

叢

cóng

따라(从)가 한(一)곳에 모인 것처럼 우거진 수풀이니
모일 총, 수풀 총

[번체] 叢 - 풀 무성하게(丵) 취한(取) 듯 모인 수풀이니 '모일 총, 수풀 총'
+ 丵 zhuó(풀 무성할 착), 取 qǔ(취할 취, 가질 취)

丛林 cónglín 명 정글, 밀림

7-9급

聳

sǒng

따라(从)가 귀(耳)로 직접 들은 듯 기분이 솟으니 솟을 용

耸立 sǒnglì 图 우뚝 높이 솟다, 곧추 솟다

zú

cuì

우두머리(亠) 밑에 모인 **사람들(人人)**의 **많은(十)** 무리는
졸병이니 졸병 졸
또 졸병은 전쟁에서 앞장서야하기 때문에 갑자기 죽어 생을 마치니
갑자기 졸, 죽을 졸, 마칠 졸

小卒 xiǎozú 명 병졸, 졸개, 보잘것없는 사람, 힘없고 하찮은 졸병

쌀(米)을 정성 **다하여(卒)** 씻어놓은 모양처럼 순수하니
순수할 수

✦ 옛날에는 전부 농사를 지었기에 농사나 곡식과 관련된 한자가 많습니다.

纯粹 chúncuì 형 순수하다, 깨끗하다[↔ 混杂 hùnzá 동 섞다. 섞이다
부 순전히, 완전히]

7-9급

洽

qià

물(氵)에 **합해지듯**(合) 화목하게 협의하니
화목할 흡, 협의할 흡

+ 合 hé/gě(합할 합, 맞을 합)

融洽 róngqià 〔형〕 사이가 좋다, 조화롭다
洽谈 qiàtán 〔동〕 협의하다, 상담하다

6급

恰

qià

마음(忄)이 **맞으면**(合) 표정도 흡사하니 **흡사할 흡**

+ 몸은 마음을 표현하는 악기라 하니 마음이 같으면 표정도 비슷하겠지요.
+ 흡사(恰似 qiàsì) – '거의 같음'으로, 그럴 듯하게 비슷함
+ 似 sì(같을 사, 닮을 사)

恰当 qiàdàng 〔형〕 적절하다, 알맞다
恰好 qiàhǎo 〔부〕 바로, 마침, 때마침
恰恰 qiàqià 〔부〕 꼭, 바로, 마침

6급

搭

dā

손(扌)으로 **풀**(艹)을 **합쳐**(合) 걸거나 보충하니 **걸 탑, 보충할 탑**

搭 dā 〔동〕 널다, 걸치다
搭档 dādàng 〔명〕 파트너, 협력자 〔동〕 짝이 되다, 협력하다
搭配 dāpèi 〔동〕 배합하다, 조합하다

6급

塔

tǎ

흙(土)에 **풀**(艹)을 **합하여**(合) 쌓은 탑이니 **탑 탑**

+ 옛날에는 흙으로도 탑을 쌓았는데, 더 견고하도록 흙에 풀을 넣어 반죽하여 쌓았지요.

塔 tǎ 〔명〕 탑

7-9급

岭
嶺

lǐng

산(山)을 사람들로 **하여금(令)** 쉽게 넘게 하는 고개나 재니

고개 령, 재 령

[번체] 嶺 – 산(山)이 거느린(領) 고개나 재니 '고개 령, 재 령'
＋ 하여금 – 누구를 시키어
＋ 令 lìng(令: 하여금 령, 명령할 령, 계절 령)
山岭 shānlǐng [명] 산봉우리, 산맥

7-9급

拎

līn

손(扌)으로 **하여금(令)** 드니 들 령

拎 līn [동] 손에 들다, (손으로 물건을) 들다

7-9급

禽

qín

사람(人)을 보면 **헤어지듯(离)** 도망가는 날짐승이니

날짐승 금

＋ 离 lí(離: 헤어질 리)
家禽 jiāqín [명] 집에서 키우는 조류[닭, 거위, 오리 등]

7-9급

喻

yù

입(口)으로 **대답할**(俞) 때 비유하며 설명하면 잘 깨우치니
비유할 유, 깨우칠 유

+ 俞 yú/shù(兪: 대답할 유, 병 나을 유)

比喻 bǐyù 몡 비유(법) 동 비유하다
家喻户晓 jiāyùhùxiǎo 셩 집집마다 다 알다. 사람마다 모두 알다

6급

愉

yú

마음(忄)에 병이 **낫는다**(俞)는 확신이 들면 즐거우니
즐거울 유

愉快 yúkuài 톙 기분이 좋다. 기쁘다. 유쾌하다

7-9급

渝

yú/Yú

물(氵)이 담기는 그릇에 따라 모양이 바뀌듯, **대답하며**(俞) 태도가
변하고 바뀌니 **변할 유, 바뀔 유**
또 충칭의 다른 이름이니 **충칭 유**

+ 충칭(重庆 Chóngqìng) – 중서부 지역의 유일한 직할시로, 약칭으로 '위(渝 Yú)'라고 하며, 양쯔강(扬子江 Yángzǐ Jiāng) 상류에 위치한 경제 중심지로서, 서남부 지역의 최대 공업 도시이기도 하며, 휘궈(火锅 huǒguō)가 유명하고, 중국에서 세 번째로 가장 더운 도시입니다.

渝 yú 동 (감정이나 태도가) 바뀌다, 변하다, 달라지다

7-9급

逾

yú

대답한(俞) 약속 기한이 넘어 **가니**(辶) 넘을 유

逾期 yúqī 동 미리 기대하다. 예기하다

愈

yù

병이 낫는다(俞)는 마음(心)이 들면 더욱 좋아 병도 잘 나으니
더욱 유, 좋을 유, 병 나을 유

愈合 yùhé 〔동〕 유합하다, (상처가) 아물다
治愈 zhìyù 〔동〕 치유되다, 힐링되다, 완치하다
愈来愈 yùláiyù 〔부〕 점점 더
愈演愈烈 yùyǎnyùliè 〔성〕 일이 더욱더 심각해지다, 일이 가면 갈수록 틀어지다

---

063 〉〉 **俭捡 剑敛** - 佥으로 된 한자
검 렴 검 렴

俭

jiǎn

사람(亻)은 모두(佥) 검소하니 검소할 검

+ 佥 qiān – 사람(人)들이 하나(一) 같이 점점점(ᵛ) 한(一) 곳에 모이는 모두니
'모두 첨'
〔번체〕 僉 – 사람(人)이 하나(一)같이 입들(口口)을 다물고 둘(人人)씩 다 모이니
'다 첨, 모두 첨'
节俭 jiéjiǎn 〔동〕 절약하다, 검소하다, 소박하다
勤工俭学 qíngōngjiǎnxué 〔성〕 일하면서 공부하다

捡

jiǎn

손(扌)으로 모두(佥) 주우며 거두니 주울 렴, 거둘 렴

捡 jiǎn 〔동〕 줍다

剑

jiàn

양쪽 다(佥) 칼날이 있는 칼(刂)이니 칼 검

+ 칼날이 양쪽으로 된 칼은 '剑 jiàn(칼 검)', 한쪽으로 된 칼은 '刀 dāo(칼 도)'입
니다.
剑 jiàn 〔명〕 검, 큰 칼
刻舟求剑 kèzhōuqiújiàn 〔성〕 일을 하는 데 융통성이 없고 현실 변화에 따라
변할 줄 모르는 어리석음

liǎn

다(攵) 쳐서(攵) 거두어 저장하니 거둘 **렴**, 저장할 **렴**

收敛 shōuliǎn 동 사라지다, 수그러들다

---

064 仁伪仪傲 – 亻으로 된 한자1
인 위 의 오

7–9급

rén

사람(亻)은 **둘**(二)만 모여도 어질어야 하니 어질 **인**

仁慈 réncí 형 인자하다

见仁见智 jiànrénjiànzhì 성 사람마다 보는 관점이 다르다

✦ '见仁见智'의 원래 의미는 '어진 이는 어진 점을 보고 지혜로운 자는 지혜로운 점을 본다'로, 사람에 따라 견해가[보는 각도가] 다르다'라는 것을 의미합니다.

7–9급

wěi

(순리에 따르지 않고) **사람**(亻)이 꾸며서 **하는**(为) 일은 거짓이니 거짓 **위**

✦ 为 wèi(爲: 할 위, 위할 위)

伪装 wěizhuāng 동 가장하다, 위장하다

虚伪 xūwěi 형 거짓되다, 허위의[↔ 诚恳 chéngkěn 형 성실하다/真诚 zhēnchéng 형 진실하다]

伪造 wěizào 동 위조하다[≒ 捏造 niēzào 동 날조하다]

꿀TIP '伪造'는 어떠한 물건을 속일 목적으로 꾸며서 진짜처럼 만드는 것을 의미하고, '捏造'는 사실이 아닌 것처럼 거짓으로 꾸며 내는 것을 의미합니다.

6급

yí

사람(亻)이 **옳게**(义) 행하는 의식이니 의식 **의**

✦ 义 yì(義: 옳을 의, 의로울 의)

仪器 yíqì 명 계측기, 측정기

仪式 yíshì 명 의식

6급

傲

ào

사람(亻)을 흙(土) 바닥에 놓고(放) 대함이 거만하니

거만할 **오**

+ 放 fàng(놓을 방)

骄傲 jiāo'ào 휑 거만하다, 오만하다, 자랑스럽다

---

065 佐佑伊僧 倘 – 亻으로 된 한자2
좌 우 이 승 당(상)

7–9급

zuǒ

사람(亻)이 **왼쪽(左)**에서 도우니 **도울 좌**

+ 左 zuǒ(왼쪽 좌, 낮은 자리 좌)

佐料 zuǒliào 휑 양념장, 소스, 조미료

7–9급

yòu

사람(亻)이 **오른쪽(右)**에서 도우니 **도울 우**

+ 右 yòu(오른쪽 우)

保佑 bǎoyòu 튕 지키다, 보호하다, 돕기를 원하다

7–9급

yī

사람(亻)이 **다스리듯(尹)** 가리키며 일컫는 지시 대명사니

저 **이**, 이 **이**, 그 **이**

또 이태리도 나타내어 **이태리 이**

+ 尹 yǐn – 오른손(⺕)에 지휘봉(ノ)을 들고 다스리는 벼슬이니
　　　'다스릴 윤, 벼슬 윤'

+ ⺕[고슴도치 머리 계, 오른손 우(크)의 변형으로 봄], ノ piě('삐침 별'이지만
　여기서는 지휘봉으로 봄)

伊斯兰教 Yīsīlánjiào 휑 이슬람교

7-9급

僧
⟨僧⟩

sēng

사람(亻) 중 **거듭**(曾) 도를 닦는 중이니 중 **승**

+ 曾 céng(曾: 일찍 증, 거듭 증)

僧人 sēngrén 몡 중, 승려

7-9급

倘
⟨倘⟩

tǎng/cháng

사람(亻)에게 만약 **숭상할**(尚) 무엇이 있다면에서
만약 당 (tǎng)
또 **사람**(亻)은 **숭상하는**(尚) 것 주변에서 배회하니
배회할 상 (cháng)

+ 尚 shàng/cháng(尚: 오히려 상, 높을 상, 숭상할 상)

倘若 tǎngruò 젭 만일 ~ 한다면

---

066 ▶ 徐循径 – 彳으로 된 한자
　　　서 순 경

7-9급

徐

xú

조금씩 걸으며(彳) **남은**(余) 일을 천천히 하니 천천히 할 **서**

+ 余 yú(餘: 나 여, 남을 여)

徐徐 xúxú 뭐 천천히, 서서히

6급

循

xún

조금씩 거닐며(彳) **방패**(盾) 들고 돌거나 좇으니
돌 순, 좇을 순

+ 盾 dùn(방패 순)

循环 xúnhuán 통 순환하다

걸을(彳) 때 물줄기(조)처럼 빨리 갈 수 있는 지름길이니 지름길 경

╋ 조 – 하나(一)의 냇물(ㅅ)이 흐르면서 만들어지는(工) 물줄기니 '물줄기 경'
　[어원 해설을 위한 참고자로 실제 쓰이는 중국 한자(간체자)는 아님]
[번체] 巠 – 하나(一)의 냇물(巛)처럼 만들어지는(工) 물줄기니 '물줄기 경'
╋ [비] 圣 shèng(聖: 성스러울 성, 성인 성)
╋ ㅅ(냇물의 모양으로 봄)

田径 tiánjìng [명] 육상 경기
途径 tújìng [명] 경로, 방법

---

067 **衍衔衡** – 行으로 된 한자
연 함 형

물(氵)이 흘러가며(行) 퍼져 넓으니 퍼질 연, 넓을 연

╋ 行 xíng(다닐 행, 행할 행, 줄 항)

衍生 yǎnshēng [동] 파생하다

**(말과 소가 한눈팔지 못하도록) 다닐(行) 때 쇠(钅)로 만든 재갈을
입에 물리듯 머금으니 머금을 함**
또 일을 행할(行) 때 쇠(钅)로 새겨 주는 직함이니 직함 함

╋ 직함(职衔 zhíxián) – 직위와 계급
╋ 钅 jīn[金(쇠 금, 금 금, 돈 금 변)의 간체자], 职zhí(職: 직업 직, 직장 직)

衔接 xiánjiē [동] 이어지다, 맞물리다
头衔 tóuxián [명] 칭호, 직함, 학위

물고기(奥)처럼 떠서 움직이는(行) 저울대니 저울대 형

╋ 옛날 저울은 막대에 추를 다는 구조였는데, 이 추는 물건의 무게에 따라 물
　고기처럼 움직이지요.
╋ 奥[魚 yú(물고기 어)의 변형으로 봄]

衡量 héngliáng [동] 가늠하다, 평가하다, 판단하다
平衡 pínghéng [명] 균형, 밸런스 [동] 균형을 맞추다

6급

若

ruò

풀(艹)이 만약 들쑥날쑥하다면 자주 쓰는 **오른손(右)**으로
잘라 같게 하니 **만약 약**, 같을 약

+ 비 苦 kǔ(쓸 고, 괴로울 고)

若 ruò 접 만약

倘若 tǎngruò 접 만일 ~ 한다면

6급

诺

nuò

청하는 **말(讠)**과 **같이(若)** 허락하고 대답하니
허락할 **락**, 대답할 락

承诺 chéngnuò 명 승낙, 약속 통 약속하다

7–9급

惹

rě

우리는 모두 **같다(若)**며 **마음(心)**으로 끌고 관심을 불러일으키니
끌 **야**, 불러일으킬 야

惹 rě 통 (말이나 행동이) 상대방의 기분을 건드리다, 어떤 감정을 불러일으키다

7–9급

匿

nì

감추어(匚) 만약(若)의 것까지 숨기고 숨으니 숨길 닉, 숨을 닉

+ 匚 xì(감출 혜, 덮을 혜)

藏匿 cángnì 통 숨기다, 은닉하다

匿名 nìmíng 통 이름을 숨기다, 익명으로 하다

7~9급

乞
qǐ

사람(𠂉)이 **새(乙)**처럼 몸 구부리고 비니 **빌 걸**

✦ 𠂉 [人 rén(사람 인)의 변형으로 봄], 乙 yǐ(새 을, 둘째 천간 을, 둘째 을, 굽을 을)

乞丐 qǐgài 몡 거지
乞求 qǐqiú 통 구걸하다, 애걸하다, 바라다
乞讨 qǐtǎo 통 (돈·밥 등을) 구걸하다

7~9급

屹
yì

산(山)이 하늘에 무엇을 **빌려는(乞)** 듯 우뚝 솟으니

우뚝 솟을 흘

屹立 yìlì 통 꿋꿋하게 서 있다

7~9급

迄
qì

자금을 **빌려서라도(乞) 가(辶)** 이르니 **이를 흘**

迄今 qìjīn 뿐 지금에 이르기까지
迄今为止 qìjīnwéizhǐ 쳉 (이전 어느 시점부터) 지금에 이르기까지

zhà/zhá

6급

폭탄에 **불(火)** 붙인 듯 **잠깐(乍)** 사이에 터지니 터질 **작**(zhà)
또 터지도록 튀기니 튀길 **작**(zhá)

+ 乍 zhà – 사람(丿)이 하나(丨) 둘(二)을 세는 잠깐이니 '잠깐 사'
+ 丿 [人 rén(사람 인)의 변형으로 봄], 丨 gǔn('뚫을 곤'이지만 여기서는 하나로 봄)

炸 zhà 〔동〕 기름에 튀기다
炸弹 zhàdàn 〔명〕 폭탄
炸药 zhàyào 〔명〕 폭약, 화약
爆炸 bàozhà 〔동〕 (큰 소리를 내며) 폭발하다, (수나 양이) 폭증하다
轰炸 hōngzhà 〔동〕 폭격하다

zhà

7-9급

말(讠)을 **잠깐(乍)** 사이에 꾸며대며 속이니 속일 **사**

讹诈 ézhà 〔동〕 위협해서 겁주다, 사취하다
奸诈 jiānzhà 〔형〕 간사하다, 간사하여 남을 잘 속이다
欺诈 qīzhà 〔동〕 사기치다, 속여먹다
敲诈 qiāozhà 〔동〕 (남의 재물을) 사기쳐서 빼앗다, 갈취하다
诈骗 zhàpiàn 〔동〕 사기치다, 속여서 빼앗다

꿀TIP '诈骗'과 제목번호 078의 '欺骗 qīpiàn(기만하다)'는 모두 '속이다'라는 좋지 않은 행위를 뜻하지만, '诈骗'에는 '빼앗다'라는 뜻도 있어 주로 범죄와 관련된 행위를 나타냅니다.

7-9급

zhǎi

구멍(穴)이 **잠깐**(乍)만 판 듯 좁고 협소하니
좁을 착, 협소할 착
또 좁은 곳에 살아야 할 정도로 궁하니 궁할 착

窄 zhǎi 뼹 (폭이) 좁다, 여유가 없다
狭窄 xiázhǎi 뼹 비좁다, 협소하다

7-9급

zhà

나무(木)의 **좁은**(窄) 틈에 넣어 짜니 짤 착

榨 zhà 둉 눌러서 짜다, 뽑아내다, 추출하다

7-9급

腹

fù

몸(月)에서 **거듭(复)** 포개진 내장이 들어있는 배니 배 복

+ 复 fù(復: 다시 부, 돌아올 복, 거듭 복, 複: 겹칠 복)
腹部 fùbù 몡 복부, 배
腹泻 fùxiè 동 설사하다

7-9급

覆

fù

덮어(覀)버리고 **다시(復)** 하도록 뒤집고 덮으니

다시 복, 뒤집을 복, 덮을 복

+ '复 fù'의 번체자 '復(다시 부, 돌아올 복, 거듭 복)'이 쓰였네요.
+ 覀 yà[襾 yà(덮을 아)의 변형]
颠覆 diānfù 동 전복하다, 생각을 뒤엎다
翻来覆去 fānláifùqù 셩 엎치락뒤치락하다, 이리저리 뒤척이다
翻天覆地 fāntiānfùdì 셩 하늘과 땅이 뒤집히다, 큰 변화가 일어나다
覆盖 fùgài 동 점유하다, 덮다

7-9급

履

lǚ

몸(尸)이 가거나 **돌아올(復)** 때처럼 신을 신고 밟으니

신 리, 밟을 리

履行 lǚxíng 동 이행하다, 실천하다

7-9급

兑

兑

duì

요모(丶)조모(丿) 생각하여 **형(兄)**이 마음을 바꾸니 **바꿀 태**

[번체] 兌 – 요모조모 나누어(八) 생각하여 형(兄)이 마음을 바꾸니 '바꿀 태'
+ 요모조모 – 사물의 요런 면 조런 면

兑换 duìhuàn [동] 현금과 바꾸다, 화폐로 교환하다
兑现 duìxiàn [동] 약속을 지키다, (수표·어음 등을) 현금으로 바꾸다

7-9급

锐

銳

ruì

무딘 **쇠(钅)**를 **바꾸어(兑)** 날카로우니 **날카로울 예**

+ 쇠도 사용하면 무디어지니 바꿔 끼워야 하지요.

尖锐 jiānruì [형] 첨예하다, 날카롭다
敏锐 mǐnruì [형] (감각이) 날카롭다, 빠르다

6급

税

稅

shuì

(다른 곡식을 수확했어도) **벼(禾)**로 **바꾸어(兑)** 냈던 세금이니
세금 세

+ 옛날에는 벼나 쌀, 옷감이 물물 교환의 기준이었답니다.

税 shuì [명] 세금 [동] 납세하다, 임대하다

7-9급

悦

悅

yuè

슬픈 일도 **마음(忄)** 바꿔(兑) 생각하면 기쁘니 **기쁠 열**

+ 일체유심조(一切唯心造 yīqiè wéixīn zào)라는 말이 있지요. '일체(一切 yíqiè), 즉 모든 것은 마음으로 지음'으로, 모든 것은 마음먹기에 따라 달라진다는 뜻이지요.
+ 切 qiē/qiè(끊을 절, 모두 체, 간절할 절), 唯 wéi(오직 유, 대답할 유), 造 zào(지을 조)

悦耳 yuè'ěr [형] 듣기 좋다
喜悦 xǐyuè [형] 기쁘다, 즐겁다, 유쾌하다[↔ 悲伤 bēishāng [형] 슬프다, 서럽다/忧愁 yōuchóu [형] 우울하다, 고민스럽다]

7-9급

恍
huǎng

마음(忄)에 **빛**(光)이 비친 듯 문득 깨달으며 황홀하니
깨달을 **황**, 황홀할 **황**
또 황홀할 때처럼 정신이 흐릿하니 흐릿할 **황**

+ 황홀(恍惚 huǎnghū)하다 – 어떨떨하다, 어리둥절하다.
+ 光 guāng(빛 광)

恍然大悟 huǎngrándàwù 성 문득 모든 것을 깨닫다, 갑자기 모두 알게 되다

6급

耀
yào

빛(光)이 날개(羽) 치는 **새**(隹)처럼 빛나니 빛날 **요**

+ 羽 yǔ(羽: 깃 우, 날개 우)

照耀 zhàoyào 동 (강렬한 빛이) 밝게 비추다, 환하게 비추다
夸耀 kuāyào 동 과시하다, 자랑하다
炫耀 xuànyào 동 자랑하다, 뽐내다

꿀TIP 夸耀와 炫耀는 모두 자랑하는 것을 표현하지만, '夸耀'는 자기 자신의 재능이나 능력을 말로 칭찬하는 의미를 가지고 있고, '炫耀'는 자기 자신이 소유하고 있는 것을 보여주며 자랑하는 의미를 나타냅니다.

7-9급

晃
huǎng/huàng

햇(日) **빛**(光)처럼 밝으니 밝을 **황**
또 **햇**(日) **빛**(光)처럼 흔들리며 빨리 지나가니
흔들릴 **황**, 빨리 지나갈 **황**

+ 단어 의미에 따라 성조가 달라집니다.

晃 huǎng 동 번개같이 스쳐 지나가다
晃 huàng 동 흔들다, 요동하다
摇晃 yáohuàng 동 흔들다, 흔들리다
一晃 yíhuàng 부 순식간에, 어느덧, 눈 깜짝할 사이에
晃荡 huàngdang 동 (좌우로) 흔들리다, 흔들거리다, 빈둥거리다

7-9급

兜
dōu

투구(㡀) 쓴 **사람(儿)**을 본떠서 투구 두

또 투구처럼 씌워 담는 자루나 주머니니 자루 두, 주머니 두

+ 투구(头盔 tóukuī) – 예전에, 군인이 전투할 때에 적의 화살이나 칼날로부터 머리를 보호하기 위하여 쓰던 쇠로 만든 모자
+ 儿 ér(접미사 아, 사람 인 발, 兒: 아이 아)

兜 dōu 몡 주머니, 호주머니 툉 (자루·주머니 형태로 물건을) 싸다

兜儿 dōuer 몡 주머니

6급

党
dǎng
黨

(어떤 뜻을) 숭상하는(尚) 사람(儿)들의 무리니 무리 당

(번체) 黨 – 높은(尚) 뜻을 품고 어두운(黑) 현실을 개척하려고 모인 무리니 '무리 당'
+ 黑 hēi(검을 흑)

党 dǎng 몡 정당, 당

政党 zhèngdǎng 몡 정당

7-9급

兢
jīng

이기고(克) 또 **이기기(克)** 위하여 조심하니 조심할 긍

+ 克 kè – 오래(古) 참은 사람(儿)이 능히 이기니 '능할 극, 이길 극'

兢兢业业 jīngjīngyèyè 셍 근면하고 성실하게 임하다

076 耽枕 - 冘로 된 한자
탐 침

7-9급

耽

dān

귀(耳)로 직접 들으려고 **머물러**(冘) 지체하니 지체할 **탐**
또 **귀**(耳)를 한 곳에 **머물러**(冘) 들으며 빠지니 빠질 **탐**

+ 冘 yóu/yín – 집(宀)에 사람(儿)이 머무르니 '머무를 유'
+ 儿 ér(접미사 아, 사람 인, 발 兒: 아이 아)

耽搁 dānge 동 끌다, 지연하다, 지체시키다

耽误 dānwu 동 (시간을 지체하다가) 일을 그르치다, 시기를 놓치다

7-9급

枕

zhěn

나무(木)로 머리가 **머물러**(冘) 베도록 만든 베개니 베개 **침**

+ 옛날에는 나무토막으로 베개(목침)를 만들어 베고 잤지요.

枕头 zhěntou 명 베개

7-9급

掐
qiā

손(扌)으로 **구덩이(臽)**처럼 파이게 눌러 끊으니
누를 겹, 끊을 겹

＋ 臽 xiàn - 사람(𠂊)이 절구(臼)처럼 파 놓은 함정이나 구덩이니 '함정 함,
　　구덩이 함'
＋ 𠂊[人 rén(사람 인)의 변형으로 봄], 臼 jiù(절구 구)

掐 qiā 图 (손가락으로) 꺾거나 끊다

6급

陷
xiàn

언덕(阝)에 파놓은 **함정(臽)**에 빠지니 함정 함, 빠질 함

陷入 xiànrù 图 (불리한 지경에) 빠지다, 떨어지다, 몰입하다
缺陷 quēxiàn 图 결함, 결점
陷阱 xiànjǐng 图 함정, 속임수

7-9급

馅
xiàn
(餡)

먹을(饣) 것을 **함정(臽)**처럼 우묵하게 만들어 넣는 소니 소 함

＋ 여기서 말하는 '소'는 떡이나 만두 등의 속에 넣는 여러 가지 재료를 말합니다.
＋ 饣 shí[食 shí(밥 식, 먹을 식 변)의 간체자]

馅儿 xiànr 图 소[만두 등에 넣는 각종 재료]

7-9급

焰
yàn

불(火) 구덩이(臽)에서 피어오르는 불꽃이니 불꽃 염

火焰 huǒyàn 图 불꽃, 화염
焰火 yànhuǒ 图 불꽃

7-9급

阎
yán
(閻)

문(门)이 많이 다녀 **구덩이(臽)**처럼 패인 마을 문이 있는 마을이니
마을 문 염, 마을 염

阎王 Yánwang 图 염라대왕, 극악무도한 사람

7–9급

炊

chuī

불(火)을 **하품**(欠)하듯 입김을 불어 때니 불 땔 **취**

+ 불을 처음 붙일 때 불이 잘 타도록 하품하듯 입으로 불을 불지요.
+ 欠 qiàn(하품 흠, 모자랄 흠)

野炊 yěchuī 통 야외에서 밥을 짓다

7–9급

钦 欽

qīn

금(钅) 같은 보물을 **하품**(欠)하듯 입 벌려 부러워하고 공경하니

부러워할 **흠**, 공경할 **흠**

钦佩 qīnpèi 통 탄복하다, 경복하다

7–9급

砍

kǎn

돌(石)로 **흠집**(欠)이 나게 찍거나 베거나 깎으니

찍을 **감**, 벨 **감**, 깎을 **감**

砍 kǎn 통 (도끼 등으로) 찍다, 패다

6급

欺

qī

그런(其) 저런 허황된 말을 하며 **모자라게**(欠) 속이니 속일 **기**

欺负 qīfu 통 괴롭히다, 얕보다
欺诈 qīzhà 통 사기를 치다, 남을 속여먹다

77

7-9급

sòu

입(口)을 **묶듯이**(束) 오므렸다가 **하품**(欠)하듯 벌리며
기침하니 **기침할 수**

+ 束 shù(묶을 속, 속박할 속), 欠 qiàn(하품 흠, 모자랄 흠)
咳嗽 késou 통 기침하다

7-9급

xiān

손(扌)을 **기뻐하며**(欣) 번쩍 드니 **번쩍 들 흔**

+ 欣 xīn – 도끼(斤)로 흠(欠)을 끊은 것처럼 기뻐하니 '기뻐할 흔'
+ 斤 jīn(도끼 근, 저울 근)
掀 xiān 통 높이 들다, (손으로) 열다, 젖히다
掀起 xiānqǐ 통 넘실거리다, 솟구치다

7-9급

qiàn

산(山)을 **기쁘게**(甘) **하품**(欠)하는 모양으로 파서 끼워 넣으니
끼워 넣을 감

+ 甘 gān(달 감, 기쁠 감)
镶嵌 xiāngqiàn 통 끼워 넣다, 박아넣다, 보석을 박다

7~9급

xiàn

양(羊)처럼 좋은 것을 **차례(次)**로 보며 탐내고 부러워하니
탐낼 **선**, 부러워할 **선**

[번체] 羨 – 양(羊)처럼 좋은 것을 침(氵) 흘리며 하품하듯(欠) 입 벌리고
　　　　부러워하니 '부러워할 선'
+ 次 cì(다음 차, 차례 차, 번 차), ⺶[羊 yáng(양 양)의 변형]
羨慕 xiànmù 통 부러워하다

6급

zī

차례(次)로 말하며(口) 상의하고 자문하니
상의할 **자**, 자문할 **자**

咨询 zīxún 통 상의하다, 의논하다

7~9급

zī

심성 **다음(次)**으로 **여자(女)**가 가꿔야할 것은 모습이니
모습 **자**

+ 심성(心性 xīnxìng) – 마음의 성품(씀씀이)
姿势 zīshì 명 자세
姿态 zītài 명 자태, 자세

[꿀TIP] 姿势과 姿态는 '자세'라는 뜻을 가지고 있지만, 姿态는 구체적인 자세 이외
에도 태도나 기개를 의미하고, 姿势은 구체적인 몸의 자세만을 의미합니다.

7~9급

cí

지붕을 이는 기와 **다음(次)**으로 중요한 **질그릇(瓦)**은 생활에
쓰이는 도자기니 도자기 **자**

+ 瓦 wǎ(기와 와, 질그릇 와, 실패 와)
瓷 cí 명 도자기
瓷器 cíqì 명 도자기
陶瓷 táocí 명 도자기

081 **孝酵 嗜** – 孝로 된 한자와 嗜
효 효 기

7-9급

孝

xiào

노인(耂)을 **아들**(子)이 받들어 모시는 효도니 효도 **효**
또 **노인**(耂)이 돌아가시면 **아들**(子)이 치르는 상례니 상례 **효**

+ 耂 lǎo – 늙을 로(老)가 부수로 쓰일 때의 모양으로 '늙을 로 엄'
孝敬 xiàojìng 통 효도하다, 웃어른을 잘 섬기고 공경하다
孝顺 xiàoshùn 통 효도하다 형 효성스럽다

7-9급

酵

jiào

술(酉)을 발효시킬 때 **효자**(孝) 노릇하는 효모니 효모 **효**
또 효모를 넣어 삭히니 삭힐 **효**

+ 효모(酵母 jiàomǔ) – 식품 제조 시, 발효와 부풀리기에 이용하는 것
+ 酉 yǒu(술 그릇 유, 술 유, 닭 유, 열째 지지 유)
发酵 fājiào 명 발효 통 발효시키다

7-9급

嗜

shì

입(口)에 맞는 것을 **늙은이**(老)처럼 **날**(日)마다 즐기며
좋아하니 즐길 **기**, 좋아할 **기**

+ 늙으면 날마다 입에 맞는 것만 찾아 즐기며 좋아한다는 데서 생긴 한자
嗜好 shìhào 명 취미, 어떤 사물을 즐기고 좋아함

꿀TIP 爱好(àihào)와 嗜好는 어떠한 대상에 대해 상당히 깊은 흥미를 가지고 있다
는 공통적인 의미가 있지만 의미에 따라 달리 사용됩니다. '爱好'의 경우 우
리가 흔히 즐기는 일반적인 취미로 긍정적인 의미로 사용하고, '嗜好'는 특수
한 취미(음주, 카드 도박 등)로 대개 부정적인 의미일 때 사용합니다.

7-9급

睹

dǔ

눈(目)으로 **사람**(者)이 직접 보니 볼 도

目睹 mùdǔ 图 직접 보다, 목도하다
耳闻目睹 ěrwénmùdǔ 図 직접 보고 듣다

6급

赌

dǔ

돈(贝)을 걸고 **사람**(者)이 하는 내기 도박이니
내기 도, 도박 도

赌 dǔ 명 도박 동 내기하다, 승부하다
赌博 dǔbó 동 도박하다

6급

绪

xù

실(纟) 가진 **사람**(者)에게 중요한 것은 실마리니 실마리 서

✛ 실마리 – ① 감겨 있거나 헝클어진 실의 첫머리 ② 일이나 사건을 풀어 나
　갈 수 있는 첫머리
✛ 纟 sī[糸 mì/sī(실 사, 실 사 변)의 간체자]

情绪 qíngxù 명 정서, 감정, 기분

꿀TIP 자주 사용하는 '心情(xīnqíng)'은 '마음·감정·기분'이라는 직관적인 뜻
을 나타내는 반면에, 비슷해 보이지만 조금 다른 의미를 가지고 있는 '情绪
(qíngxù)'는 어떤 일이나 사건을 겪은 후에 드는 마음가짐이나 심리 상태를
나타냅니다.

6급

诸

zhū

말(讠)로도 **사람**(者)들이 처리하는 모든 여러 일이니
모든 제, 여러 제

诸位 zhūwèi 대 여러분, 제위

6급

储

chǔ

사람(亻)이 **여러**(诸) 가지를 모아 쌓아 저축하니
쌓을 저, 저축할 저

储存 chǔcún [통] 저장하다, 저축하다

储蓄 chǔxù [통] 저축하다, 비축하다 [명] 저금, 저축

꿀TIP '储存'은 돈이나 물건, 컴퓨터 데이터 등을 모아두고 보관하는 것을 의미일 때 사용하고, '储备(chǔbèi)'는 주로 급할 때 쓰기 위한 물자를 미리 저장해 두는 것을 의미할 때 사용합니다.

7–9급

奢

shē

크게(大) 사람(者)이 꾸미며 사치하니 **사치할 사**

奢侈 shēchǐ [형] 사치스럽다[↔ 朴素 pǔsù [형] 소박하다, 수수하다/简朴 jiǎnpǔ [형] 간소하다, 소박하다]

奢望 shēwàng [명] 지나친 욕망, 과분한 바램

7~9급

署

shǔ

그물(罒)같은 촘촘한 법으로 **사람**(者)을 다스리는 관청이니
관청 서
또 관청에서 이리저리 배치하니 배치할 서
또 촘촘한 **그물**(罒)처럼 **사람**(者)이 철저히 책임진다고 서명하니
서명할 서

部署 bùshǔ 통 배치하다, 안배하다
签署 qiānshǔ 통 (중요한 문서상에) 정식 서명하다

꿀TIP '部署'는 비교적 중요하거나 중대하고 복잡한 상황에 인력이나 임무를 전면
적으로 배치한다는 의미이고, '布置(bùzhì)'은 어떠한 대상(대부분 후배, 부하
직원 등 아랫사람에게)을 요구 사항에 따라 구체적으로 어떠한 일을 배치한
다는 의미로 사용됩니다.

7~9급

曙

shǔ

햇(日)살이 **그물**(罒)처럼 **물건**(者)으로 뻗어오는 새벽이니
새벽 서

曙光 shǔguāng 명 새벽의 동터 오는 빛

6급

薯

shǔ

풀(艹) 덩굴이 **그물**(罒)처럼 **물건**(者)으로 뻗으며 자라는
고구마나 감자니 고구마 서, 감자 서

薯片 shǔpiàn 명 감자칩
薯条 shǔtiáo 명 감자튀김

7-9급

昆
kūn

살아온 날(日)이 동생에 **견주어(比)** 많은 맏이니
많을 곤, 맏이 곤
또 많이 무리지어 사는 곤충이니 곤충 곤

+ 比 bǐ(나란할 비, 견줄 비, 예를 들 비)
昆虫 kūnchóng 몡 곤충

7-9급

棍
gùn

나무(木)로 만들어 **많이(昆)** 들고 치는 몽둥이니 몽둥이 곤

棍 gùn 몡 막대기, 몽둥이, 무뢰한, 건달, 악당
棍子 gùnzi 몡 막대기, 몽둥이
冰棍儿 bīnggùnr 몡 아이스바, 막대 아이스크림

6급

混
hùn

물(氵)과 **햇(日)**빛이 적당히 **비례하는(比)** 곳에 동식물이 섞여
살듯 섞어 속이니 섞을 혼, 속일 혼

混合 hùnhé 됭 함께 섞다, 혼합하다
混乱 hùnluàn 휑 혼란스럽다, 어지럽다
混 hùn 됭 남을 속이다, 기만하다, 가장하다

7-9급

鹿
lù

사슴을 본떠서 사슴 록

鹿 lù 몡 사슴

7-9급

毙
bì

(毙)

나란히(比) 함께 **죽으니(死)** 죽을 폐

번체 斃 – 해져(敝) 죽으니(死) '죽을 폐'
+ 死 sǐ(죽을 사), 敝(해질 폐, 깨질 폐: 敝 bì)
枪毙 qiāngbì 됭 총살하다[주로 사형 집행에 쓰임]

7-9급

皆

jiē

나란히(比) 앉아 말하는(白) 모두 다니 다 개

+ 白 bái(흰 백, 밝을 백, 깨끗할 백, 아뢸 백)

皆 jiē 🝞 모두, 전부

比比皆是 bǐbǐjiēshì 🝞 비일비재하다, 어디에나 있다

7-9급

楷

kǎi

나무(木)처럼 다(皆) 꼿꼿이 세워 쓰는 해서니 해서 해

또 해서는 다른 글자체의 본보기니 본보기 해

+ 해서(楷書 kǎishū) – 한자 서체의 하나. 예서에서 변한 것으로, 똑똑히 정
 자로 씀

楷模 kǎimó 🝞 모범, 본보기

6급

谐
諧

xié

말(讠)을 다(皆) 같이 하며 어울리니 어울릴 해

和谐 héxié 🝞 조화롭다, 화목하다

6급

田
tián

경계 짓고 나눈 밭의 모양에서 밭 **전**

田 tián 몡 밭
田径 tiánjìng 몡 육상 경기

7-9급

亩
畝
mǔ

머리 부분(亠)처럼 조금 높게 **밭**(田)에 만든 이랑이니
이랑 무, 이랑 묘

[번체] 畝 – 머리 부분(亠)처럼 높게 밭(田)에 오래(久)가도록 만든 이랑이니
'이랑 무, 이랑 묘'
+ 이랑 – 갈아 놓은 밭의 한 두둑과 한 고랑을 아울러 이르는 말

亩 mǔ 몡 (중국식) 토지 면적의 단위

7-9급

苗
miáo

풀(艹)처럼 **밭**(田)에 나는 싹이니 싹 **묘**
또 씨앗에서 나는 싹 같은 후손이니 후손 **묘**

苗 miáo 몡 묘종, 새싹
苗条 miáotiao 휑 날씬하다, 늘씬하다
苗头 miáotou 몡 조짐, 징후
疫苗 yìmiáo 몡 백신
禾苗 hémiáo 몡 모, 볏모

7-9급

瞄
miáo

눈(目)을 풀**싹**(苗)처럼 가늘게 뜨고 노려보거나 겨누니
노려볼 **묘**, 겨눌 **묘**

瞄准 miáozhǔn 됭 겨냥하다, 조준하다

7-9급

畏

wèi

(농부는) **밭**(田)의 농작물이 갑자기 **변함**(𠂆)을 두려워하니

두려워할 **외**

+ 농부는 애써 기른 농작물이 갑자기 병이 들거나 태풍에 쓰러질 것을 두려워 하지요.
+ 𠂆[化 huà(변화할 화, 될 화)의 변형으로 봄]

畏惧 wèijù 동 두려워하다, 무서워하다

畏缩 wèisuō 동 위축되다, 주눅 들다

7-9급

兽

獸

shòu

이리저리(丷) **밭**(田)을 다니며 먹이를 찾아 **한**(一) **입**(口)에 먹는 짐승이니 짐승 **수**

번체 獸 – 입(口)과 입(口)을 밭(田)에 대고 먹이를 찾아 한(一) 입(口)에 먹는 개(犬) 같은 짐승이니 '짐승 수'

野兽 yěshòu 명 야수, 야생 동물, 짐승

7-9급

甸

diàn

싸(勹) 놓은 **밭**(田)처럼 무거우니 무거울 **전**

沉甸甸 chéndiàndiàn 형 아주 무겁다, 묵직하다

7~9급

chén

전갈자리별 모양을 본떠서 별 **진**, 날 **신**, 다섯째 지지 **진**

诞辰 dànchén 몡 탄신, (윗사람이나 존경하는 사람의) 생일

7~9급

chún

별(辰)처럼 **입**(口)에서 붉게 빛나는 입술이니 입술 **순**

嘴唇 zuǐchún 몡 입술

7~9급

rǔ

별(辰)처럼 빛나는 사람을 시기하여 한**마디**(寸)씩 욕하는 욕이니
욕할 **욕**, 욕 **욕**

侮辱 wǔrǔ 통 모욕하다, 능욕하다[↔ 尊重 zūnzhòng 통 존중하다, 존경하다]
耻辱 chǐrǔ 몡 치욕

7-9급

帐
zhàng

수건(巾) 같은 천으로 길게(长) 둘러 가린 장막이니 장막 장

+ 长 cháng/zhǎng(長: 길 장, 자랄 장, 어른 장)

帐篷 zhàngpeng 명 텐트, 장막
帐子 zhàngzi 명 (침대 또는 방안에 치는) 모기장
蚊帐 wénzhàng 명 모기장

6급

账
zhàng

재물(贝)의 지출 상황을 길게(长) 적어 놓은 장부니 장부 장
또 장부에 적어 놓은 빚이니 빚 장

账 zhàng 명 회계, 장부
账户 zhànghù 명 계좌

7-9급

胀
zhàng

몸(月)이 길게(长) 부푸니 부풀 창

胀 zhàng 통 더부룩하다, 팽창하다, 늘어나다
膨胀 péngzhàng 통 팽창하다, 부풀어오르다

7-9급

胳

gē

6급

略

lüè

몸(月)에서 양쪽으로 **각각**(各) 나누어지는 팔이니 팔 **각**
또 팔 밑의 겨드랑이니 겨드랑이 **각**

✚ 各 gè(각각 각)
胳膊 gēbo 명 팔

밭(田)의 경계를 **각각**(各)의 발걸음으로 정하여 간략히 빼앗거나
다스리니 간략할 **략**, 빼앗을 **략**, 다스릴 **략**

✚ 자가 귀했던 옛날에는 발걸음으로 간략히 정하거나 빼앗기도 했다는 데서
만들어진 한자
战略 zhànlüè 명 전략
策略 cèlüè 명 전략, 책략
忽略 hūlüè 동 소홀히 하다, 간과하다[≒ 忽视 hūshì 동 무시하다, 경시하다]

꿀TIP '战略'는 정치, 경제 등의 사회적 활동을 하는 데 필요한 책략을 의미하고,
'策略'는 어떤 일을 이루기 위해 필요한 방법을 찾거나 대책을 세우는 것을
의미합니다.

6급

袖

xiù

웃옷(衤)에서 **유**(由)자 모양으로 달린 소매니 소매 수

+ 衣 yī(옷 의)는 주로 웃옷이나 옷을 대표하는 뜻으로 쓰이고, 裳 cháng(치마 상), 裤 kù(바지 고)는 아래에 입는 옷으로 쓰입니다.
+ 衤 yī(옷 의 변), 由 yóu(까닭 유, 말미암을 유)

袖珍 xiùzhēn 형 포켓형의, 소형의

领袖 lǐngxiù 명 지도자, 영수

7-9급

軸

zhóu

수레(车)를 **말미암아**(由) 굴러가게 하는 굴대니 굴대 축

+ 굴대(车轴 chēzhóu) – 바퀴 가운데 구멍에 끼우는 긴 쇠나 나무
+ 말미암다 – 어떤 현상이나 사물 등이 원인이나 이유가 되다.

车轴 chēzhóu 명 차축, 굴대

7-9급

宙

zhòu

지붕(宀)으로부터 **말미암아**(由) 지어진 집이니 집 주
또 집 같은 하늘도 뜻하여 하늘 주

宇宙 yǔzhòu 명 우주, 세계

끝 TIP 지구를 포함한 천체의 무한한 공간은 '宇宙'를 사용하고, 지구 대기권 밖의 우주 공간은 '太空(tàikōng)'을 사용합니다.

7-9급

庙

miào

집(广) 중 **말미암은**(由) 조상께 제사지내는 사당이니 사당 묘

번체 廟 – 집(广) 중에 아침(朝)마다 제사지내는 사당이니 '사당 묘'
+ 广 ān/guǎng(집 엄, 넓을 광, 廣 : 많을 광), 朝 cháo/zhāo(아침 조, 조정 조, 뵐 조)

庙 miào 명 사당, 묘당, 종묘

庙会 miàohuì 명 절 안이나 절 부근에 임시로 설치하던 시장

寺庙 sìmiào 명 사찰, 사원, 절

7-9급

dí

7-9급

dí

대(艸)를 붊으로 **말미암아(由)** 소리 나게 만든 피리니 피리 적

또 피리처럼 소리 내는 기적이나 고동이니 기적 적, 고동 적

+ 기적(汽笛 qìdí) – 차나 배 등에서 증기를 내뿜는 힘으로 경적 소리를 내는
장치. 또는 그 소리
+ 고동 – 신호를 위하여 비교적 길게 내는 기적 등의 소리
+ 汽 qì(김 기)

笛子 dízi 명 피리

말미암은(由) 곳으로 이끌고 나아**가(辶)** 뜻을 이루니

이끌 적, 나아갈 적, 이룰 적

启迪 qǐdí 동 깨우치다, 인도하다

7~9급

曹
cáo

하나(一)같이 **구부리고(曲) 말하며**(曰) 무리지어 일하는
관청이니 무리 조, 관청 조, 조나라 조

+ 조(曹 Cáo)나라 - 주나라 무왕(武王 wǔwáng)의 아우 숙진탁(叔振铎 shū
zhèn duó)을 봉한 나라로, 춘추 시대 말기에 송나라에 의해 멸망함

曹 cáo 명 물건이 가득 담긴 주머니, 성씨

7~9급

槽
cáo

나무(木)로 무리(曹)도 함께 먹도록 만든 구유나 통이니
구유 조, 통 조

+ 구유(料槽 liàocáo) - 말과 소의 먹이를 담아 주는 크고 긴 그릇

槽 cáo 명 통, 탱크

水槽 shuǐcáo 명 물통, 물탱크, 개수대, (물이 나오는) 수조

跳槽 tiàocáo 동 이직하다, 다른 부서로 옮기다

6급

遭
zāo

무리(曹)를 가다가(辶) 만나니 만날 조
또 만나듯이 무슨 일을 당하니 당할 조

遭到 zāodào 동 (어려움을) 만나다, 부닥치다

遭受 zāoshòu 동 (불행 또는 손해를) 만나다, 입다

遭遇 zāoyù 동 (적 또는 불행·불리한 일에) 부닥치다, 만나다 명 처지, 경우

93

7-9급

辐

fú

수레(车) 바퀴 안쪽을 **채운(畐)** 바퀴살이니 **바퀴살 복**
또 바퀴살처럼 한곳으로 모여드니 **모여들 폭**

+ 畐 fú/bì - 한(一) 사람의 입(口)은 밭(田)에서 난 곡식만으로도 차니 '찰 복'

辐射 fúshè 〔통〕 (중심에서 여러 방향으로) 복사하다, 방사하다

6급

副

fù

차(畐) 있는 재산을 **칼(刂)**로 잘라내어 버금을 예비하니
버금 부, 예비 부
또 예비해 둔 것이 잘 들어맞으니 **들어맞을 부**

+ 버금 - 다음, 두 번째

副 fù 〔형〕 부, 보조의 〔양〕 세트, 짝, 얼굴 표정을 나타낼 때 쓰임

6급

逼

bī

(주어진 기한이) **차(畐)** 가며(辶) 정한 날이 닥치니 **닥칠 핍**

逼 bī 〔통〕 강요하다, 독촉하다
逼迫 bīpò 〔통〕 강요하다, 핍박하다

7–9급

僵

jiāng

사람(亻)은 어느 **한계(畺)**를 넘으면 융통성 없이 뻣뻣해지니
뻣뻣해질 강

+ 畺 jiāng/jiàng – 밭(田)과 밭(田) 사이의 세(三) 둑들처럼 이루어진 경계나
　　　　한계니 '경계 강, 한계 강'

僵 jiāng 〔형〕 딱딱하다, 뻣뻣하다, 경직되어 있다, 일이 벽에 부딪쳐 있다, (의견이)
대립되어 있다
僵局 jiāngjú 〔명〕 교착 상태, 대치 상태, 교착된 국면
僵化 jiānghuà 〔동〕 경직되다, 굳어지다, 경화되다

7–9급

疆

jiāng

(침략을 막기 위해) 강하게(弜) 지켜야 할 땅(土)의 경계니
경계 강
또 경계는 더 이상 갈 수 없는 한계니 한계 강

+ 弜 qiáng/jiàng – 활(弓)로 경계(畺)를 강하게 지키니 '강할 강'
+ 번체자에서는 '땅의 경계, 어떠한 처지나 형편'을 뜻하는 '지경 강'으로 쓰이고,
　중국어에서는 '极限 jíxiàn(극한, 궁극의 한계)'라는 뜻으로 사용됩니다.

边疆 biānjiāng 〔명〕 국경 지대, 변경

6급

mái/mán

흙(土)으로 **마을**(里) 부근에 묻거나 숨기니
묻을 매, 숨길 매(mái)
또 숨긴 마음을 드러내며 불평하니 **불평할 매**(mán)

+ 里 lǐ(마을 리, 거리 리, 裏: 속 리)
埋藏 máicáng 图 묻히다, 매장되다[지하자원 등이 땅속에 묻혀 있음]
埋伏 máifu 图 매복하다, 잠복하다
埋没 máimò 图 매몰되다, 묻다, 재능을 발휘하지 못하게 하다, 드러나지 않게 하다

7-9급

dǒng

초목(艹)을 **귀중하게**(重) 가꾸듯 일을 잘 다스리는 이사니
이사 동
또 **풀**(艹)을 **거듭**(重) 쌓아 감춰놓은 골동품이니 **골동품 동**

+ 重 zhòng(무거울 중, 귀중할 중, 거듭 중)
董事 dǒngshì 圐 이사, 임원
董事会 dǒngshìhuì 圐 이사회
董事长 dǒngshìzhǎng 圐 대표 이사, 회장, 이사장
古董 gǔdǒng 圐 골동품

7-9급

纏

chán

실(纟)로 **넓이**(广)를 일정한 **간격**(里)으로 얽으니 **얽을 전**

번체 纏 – 실(糸)로 가게(廛)의 물건을 사 얽으니 '얽을 전'
+ 广 ān/guǎng(집 엄, 넓을 광, 廣 : 많을 광), 纟 sī[糸 mì/sī(실 사, 실 사 변)의 간체자]
缠 chán 图 휘감다, 둘둘 말다, 얽다
纠缠 jiūchán 图 치근거리다, 성가시게 하다

손으로 주는 모양에서 줄 **여**(≒ 与)
또 주는 나를 뜻하여 나 **여**(≒ 余)

+ 与 yǔ(與: 줄 여, 더불 여, 참여할 여), 余 yú(餘: 나 여, 남을 여)

给予 jǐyǔ 图 주다, 부여하다[↔ 接受 jiēshòu 图 받다, 받아들이다]
赋予 fùyǔ 图 (중대한 임무나 사명 등을) 부여하다, 주다

yǔ

손(扌)으로 헤치듯 내(予) 마음을 풀어 펴니 풀 **서**, 펼 **서**

抒情 shūqíng 图 감정을 토로하다

shū

마을(里)에서 내(予)가 먹을거리를 생산하는 들이니 들 **야**
또 들에서 일한 듯 손발이 거치니 거칠 **야**

野 yě 圈 거친, 야생의, 경작되지 않은, 무례한
野生 yěsheng 圈 야생의
野蛮 yěmán 圈 야만적이다, 미개하다[↔ 文明 wénmíng 圈 교양이 있다
圈 문명]
野兽 yěshòu 圈 야수, 야생 동물, 짐승
野炊 yěchuī 图 야외에서 밥을 짓다

yě

들(野)에 있는 땅(土)에 지은 별장이니 별장 **서**

别墅 biéshù 圈 별장, 빌라

shù

7-9급

禾
hé

익어서 고개 숙인 벼를 본떠서 **벼 화**

✦ 벼는 곡식을 대표하니 곡식과 관련된 한자에 부수로도 쓰입니다.

禾苗 hémiáo 몡 모, 볏모

7-9급

稀
xī

벼(禾) 같은 곡식은 **바라는(希)**만큼 수확하기가 드무니
드물 희

또 드물어 희미하니 **희미할 희**

✦ 希 xī(바랄 희)

稀 xī 톙 묽다

稀罕 xīhan 통 소중히 하다 톙 드물다, 희한하다

稀奇 xīqí 톙 신기하다, 희한하다, 희소하다

稀少 xīshǎo 톙 적다, 드물다

7-9급

稼
jià

벼(禾) 같은 곡식을 **집(家)**같은 땅에 심으니 **심을 가**

✦ 🔲 嫁 jià(시집갈 가) – 제목번호 170 참고

✦ 곡식의 집은 자라던 땅이니 그 땅으로 보내는 것은 심는 것이죠.

庄稼 zhuāngjia 몡 농작물

7-9급

稠

chóu

벼(禾)를 **두루(周)** 심어 빽빽하고 많으니 빽빽할 **조**, 많을 **조**
또 성분이 빽빽하여 걸쭉하니 걸쭉할 **조**

＋ 周 zhōu(週: 두루 주, 둘레 주, 주일 주, 돌 주, 賙: 구제할 주)

稠 chóu 혱 (정도가) 깊다, 강렬하다, 왕성하다

稠密 chóumì 혱 조밀하다, 촘촘하다[↔ 稀疏 xīshū 혱 드물다, 성기다, 뜸하다 /
疏落 shūluò 혱 드문드문하다, 듬성듬성하다]

7-9급

穆

mù

벼(禾)를 **하얗게(白)** 찧어 **조금씩(小)** 털(彡)만큼이라도
나눠 먹을 정도로 화목하니 화목할 **목**
또 화목하면 모두 공경하고 보기에도 아름다우니
공경할 **목**, 아름다울 **목**

＋ 小 xiǎo(작을 소), 彡 shān/xiǎn(터럭 삼, 긴머리 삼)

穆斯林 mùsīlín 몡 무슬림[이슬람교를 믿는 사람]

7-9급

穢
穢

huì

벼(禾) 같은 곡식도 **세월(岁)**이 지나면 썩어 더러우니 더러울 **예**

＋ 岁 suì(歲: 해 세, 세월 세)

污穢 wūhuì 몡 더러운 것, 불결한 것 혱 더럽다, 불결하다

7-9급

稽
稽

Jī/qǐ

벼(禾)의 품질을 **더욱(尤) 맛(旨)**으로 검사하며 따지니
검사할 **계**, 따질 **계**(jī)
또 정확하게 검사하며 머리를 조아리니 조아릴 **계**(qǐ)

＋ 조아리다 – 상대편에게 존경의 뜻을 보이거나 애원하느라고 이마가 바닥에
닿을 정도로 머리를 자꾸 숙이다.

＋ 尤 yóu(더욱 우, 드러날 우, 원망할 우, 허물 우), 旨 zhǐ(맛 지, 뜻 지)

滑稽 huájī 혱 익살맞다, 익살스럽다

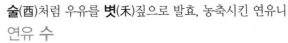

7-9급

酥

sū

술(酉)처럼 우유를 볏(禾)짚으로 발효, 농축시킨 연유니
연유 수
또 연유처럼 농축시켜 만든 치즈니 치즈 수
또 많이 농축시켜 바삭바삭하니 바삭할 수

+ 번체자에서는 '연유 소, 연유 수'로 사용하지만, 여기서는 중국 한자(간체자)
  의 병음을 따라 '연유 수'로만 풀었습니다.
+ 볏짚에는 발효 · 농축시키는 효소가 있습니다.
+ 연유(炼乳 liànrǔ) – 우유를 진공 상태에서 1/2~1/3로 농축한 것
+ 炼 liàn(煉: 쇠 불릴 련, 연탄 련), 乳 rǔ(젖 유)

酥 sū 휑 바삭바삭하다 몡 파이, 바삭하고 부드러운 간식

7-9급

秉

bǐng

벼(禾) 같은 곡식을 손(彐)으로 잡으니 잡을 병

+ 彐[고슴도치 머리 계, 오른손 우(크)의 변형으로 봄]

秉承 bǐngchéng 동 계승하다, (지시나 뜻을) 받들다

7-9급

黏

nián

기장(黍)밥처럼 점령하듯(占) 잘 달라붙도록 차지니 차질 점

+ 차지다 – 음식이 끈기가 많다.
+ 黍 shǔ(기장 서)

黏 nián 휑 점성이 있다, 끈적끈적하다

6급

菌

jūn/jùn

풀(艹)처럼 창고(口)의 벼(禾)가 썩은 곳에 생기는 세균이니
세균 균(jūn)
또 세균 같은 박테리아로 자라는 버섯이니 버섯 균(jùn)

+ 口 wéi/guó[围 wéi(에워쌀 위), 国 guó(나라 국)의 옛날 한자지만 여기서는
  창고로 봄]

细菌 xìjūn 몡 세균

7-9급

乃

nǎi

(세월이 빨라) 사람은 **지팡이**(丿)에 의지할 허리 **굽은**(㇌) 사람으로 이에 곧 변하니 이에 내, 곧 내

+ 이에 – 이러하여서 곧
+ 丿 piě('삐침 별'이지만 여기서는 지팡이로 봄)

乃 nǎi 뷔 바로 ~ 이다, ~하여야만 이에 ~ 하다

乃至 nǎizhì 접 심지어, 더 나아가서

7-9급

孕

yùn

이에(乃) **아이**(子) 배니 아이 밸 잉

孕妇 yùnfù 명 임산부

孕育 yùnyù 동 배양하다, 낳아 기르다

怀孕 huáiyùn 동 임신하다

7-9급

锈

銹

xiù

쇠(钅)에 **빼어나게**(秀) 드러나도록 녹스니 녹슬 수

+ 秀 xiù – 벼(禾)는 심으면 곧(乃) 자라 이삭이 빼어나니 '빼어날 수'

锈 xiù 동 녹슬다 명 녹

7-9급

绣

繡

xiù

실(纟)로 **빼어나게**(秀) 수놓으니 수놓을 수

+ 纟 sī[糸 mì/sī(실 사, 실 사 변)의 간체자]

绣 xiù 동 수놓다, 자수하다

刺绣 cìxiù 동 수를 놓다 명 자수

7-9급

诱

誘

yòu

말(讠)을 **빼어나게**(秀) 잘하며 꾀니 꾈 유

引诱 yǐnyòu 동 유인하다, 꾀다[잘못된 방향]

诱饵 yòu'ěr 명 (사람을 꾀어 내기 위한) 미끼

诱发 yòufā 동 유발하다, 야기하다

诱惑 yòuhuò 동 유혹하다, 매료시키다

诱人 yòurén 형 매력적이다

101 揪瞅 - 秋로 된 한자
추 추

7-9급

揪

jiū

손(扌)으로 **가을**(秋)에 과일을 수확하듯이 붙잡고 잡아당기니
붙잡을 추, 잡아당길 추

+ 秋 qiū(가을 추)

揪 jiū 동 잡아당기다, 끌어당기다

7-9급

瞅

chǒu

눈(目)을 **가을**(秋)처럼 맑게 뜨고 보니 볼 추

瞅 chǒu 동 쳐다보다, 째려보다, 노려보다

102 稿膏 - 高로 된 한자
고 고

6급

稿

gǎo

벼(禾)를 수확하여 **높이**(高) 쌓아 놓은 볏짚이니 볏짚 고
또 볏짚이 무엇의 재료가 되듯 책의 재료가 되는 원고니
원고 고

+ 高 gāo(높을 고)

稿子 gǎozi 명 원고

꿀 TIP '子'는 접미사로 구체적인 생활용품, 동물, 직업을 나타내는 명사 뒤에 붙습니다.

7-9급

膏

gāo

높은(高) 비율로 **고기**(月)에 들어있는 기름이니 기름 고

牙膏 yágāo 명 치약

7-9급

秦

Qín

하늘 땅(二) 같이 크게(大) 벼(禾)농사를 장려했던 진나라니
진나라 진, 성씨 진

+ 진(秦 Qín)나라 – 기원전 900년~기원전 206년 중국 최초의 통일 왕조로, 동아시아 최초의 황제국입니다. 본래 춘추 전국 시대의 국가 중 하나였던 진나라는 기원전 4세기 쯤의 전국 시대 때 법가에 따른 개혁에 의해 급속도로 강성해졌고, 기원전 230년부터 기원전 221년까지 약 10년이라는 시간 동안 6개 나라를 전쟁으로 정복하였고, 마침내 진시황(秦始皇 Qínshǐhuáng)에 의해 전국 시대를 통일하면서 중국 역사상 최초의 통일 국가가 되었습니다.
+ 중국을 일컫는 차이나(China)는 진(秦)에서 유래되었고, 인도차이나 반도도 인도와 중국 사이에 있는 반도를 일컫는 말이지요.

7-9급

泰

tài

하늘 땅(二) 같이 크게(大) 물(氺)을 이용하여 살기가 크게 편안하니 클 태, 편안할 태

+ 二 èr('둘 이'지만 여기서는 하늘 땅으로 봄), 氺 shuǐ(물 수 발)

泰斗 tàidǒu 명 권위자, 일인자

7-9급

藤

téng

**풀(艹) 중 몸(月) 줄기가 크게(泰) 뻗어 가는 등나무니
등나무 등

藤椅 téngyǐ 명 등나무 의자

7-9급

糙

cāo

쌀(米)을 **짓는(造)**, 즉 쌀에 들어 있는 성분이 많은 현미니
현미 조
또 현미처럼 거치니 거칠 조

+ 현미는 찧을 때 백미보다 덜 깎아 영양 성분이 많지요.
+ 造 zào(지을 조)
粗糙 cūcāo 톙 까칠까칠하다, 거칠다

7-9급

谜

mí

말(讠)로 헷갈리게(迷), 즉 쉽게 풀지 못하게 내는 수수께끼니
수수께끼 미

+ 迷 mí(헷갈릴 미, 매혹될 미)
谜 mí 톙 수수께끼
谜底 mídǐ 톙 수수께끼의 답
谜团 mítuán 톙 의문투성이, 미스터리, 의혹 덩어리
谜语 míyǔ 톙 수수께끼
猜谜 cāimí 통 수수께끼를 풀다

7-9급

鞠

jū

가죽(革)으로 감**싸듯(勹)** 보호하며 **쌀(米)** 같은 곡식을 먹여
기르니 기를 국
또 **가죽(革)**으로 **싸(勹)** **쌀(米)**자루처럼 만든 가죽 공이니
가죽 공 국

+ 革 gé(가죽 혁, 고칠 혁)
鞠躬 jūgōng 통 허리를 굽혀 절하다

[이합 동사] '鞠躬'은 '鞠(굽히다)+躬(몸, 절)'이 합쳐진 이합 동사로 목적어를 취
할 수 없음.

7-9급

菊

jú

풀(艹) 중 꽃받침에 **싸여(勹)** **쌀(米)**알 모양의 꽃이 피는 국화니
국화 국

菊花 júhuā 톙 국화

7-9급

lǒu/lōu

摟

손(扌)으로 쌀(米)자루를 **여자(女)**가 껴안으니 **껴안을 루**(lǒu)
또 **손(扌)**으로 **쌀(米)**을 **여자(女)**가 끌어모으니

끌어모을 루(lōu)

+ '娄 lóu(끌 루, 쌓을 루)'지만 여기서는 '米 mǐ(쌀 미)'와 '女 nǚ(여자 녀)'로
  나누어 풀었습니다.
[번체] 婁 – 쌓인(𦥑)것을 여자(女)가 끌어다 쌓으니 '끌 루, 쌓을 루'

摟 lǒu [통] 두 팔로 껴안다

7-9급

lǚ

縷

실(纟)도 쌀(米)처럼 **여자(女)**가 소중이 여겼으니 **실 루**

또 실의 줄기나 가닥이니 **줄기 루, 가닥 루**

+ 베를 직접 짜서 입거나 옷을 꿰매 입었던 옛날에는 실을 소중이 여겼지요.
+ 纟 sī[糸 mì/sī(실 사, 실 사 변)의 간체자]

缕 lǚ [양] 줄기, 가닥[가늘고 긴 것]

7-9급

lǚ

屢

몸(尸)에 좋게 쌀(米)을 **여자(女)**가 여러 가지로 이용하니

여러 루

[번체] 屢 – 몸(尸)에 실력이 쌓이도록(婁) 여러 번 반복하니 '여러 루'
+ 尸 shī(주검 시, 몸 시)

屡 lǚ [부] 여러, 자주, 언제나
屡次 lǚcì [부] 누차, 수차례, 여러 번

6급

番

fān

나눈(采) 밭(田)에 차례로 붙인 번지니 **차례 번**, **번지 번**
또 나라 안에 번지가 없는 외국이니 **외국 번**

+ 采 biàn – 분별하여(丿) 품질대로 쌀(米)을 나누니 '분별할 변, 나눌 변'
+ 丿 piě('삐침 별'이지만 여기서는 이리저리 뒤적이며 분별하는 것으로 봄)

番 fān 휑 차례, 번, 회[시간이나 힘을 비교적 많이 소모하거나 과정이 완결되는
행위를 셀 때 쓰임]

一番 yìfān 툉 한바탕, 한차례

番茄 fānqié 뗑 토마토

꿀TIP '一番'은 추상적인 것에 쓰이며, '二 èr' 이상의 수사를 쓰는 일은 없습니다.

7–9급

潘

pān/Pān

물(氵)로 곡식을 **차례(番)**로 씻을 때 생기는 뜨물이니
뜨물 반, **성씨 반**

+ 뜨물(淘米 táomǐ) – 곡식을 씻어 낸 부연 물

7-9급

粤

Yuè

하나(丿)의 성(冂)처럼 생긴 곳에 **쌀(米)**을 **교묘하게(丂)**
저장해두며 살았던 월나라니 월나라 월
또 월나라 때부터 있었던 광둥성이니 광둥성 월

+ 丂 kǎo/qiǎo/yú – 한(一) 번에 묶어 싸는(勹) 기술이 교묘하니 '교묘할 교'
+ 월(粤 Yuè)나라 – 진~서한 시기에 현재 광둥(广东 Guǎngdōng)을 중심으로
  중국 남쪽 지역 일대에 있었던 나라이며, 전국 시대 때부터 중원 지역 사람
  들이 양쯔강(长江 Chángjiāng) 이남 민족을 백월(百粤 Bǎiyuè)이라 불렀기
  에 '粤(Yuè)'라는 약칭이 생겼습니다.
+ 광둥성(广东省 Guǎngdōng Shěng) – 중국 화남 지방 전체의 행정 중심지로,
  성도는 광저우(广州 Guǎngzhōu)이며, 베이징(北京 Běijīng)과 상하이(上
  海 Shànghǎi)에 이어 중국 제3의 대도시입니다. 중국의 해상 관문으로 아편
  전쟁을 비롯한 외세의 침략을 경험하였고, 외국의 학문·문물 교류의 시작
  점이 된 지역이기도 하여 개혁 개방을 이끈 수륙 교통의 요충지입니다.
+ 勹 [勹 bāo(쌀 포)의 변형]

7-9급

奧

ào

하나(丿)의 성(冂)처럼 생긴 곳에 **쌀(米)**을 **많이(大)** 저장해 두는
속이니 속 오

奧秘 àomì 명 신비, 비밀

深奧 shēn'ào 형 (함의나 이치가) 심오하다, 깊다

奧运会 Àoyùnhuì 명 올림픽

7-9급

澳

ào

물(氵) 속(奧)이 깊으니 깊을 오
또 마카오와 오스트레일리아로도 쓰여
마카오 오, 오스트레일리아 오

+ 마카오 – 澳门(Àomén)
+ 오스트레일리아 – 澳洲(Àozhōu), 澳大利亚(Àodàlìyà)

7-9급

囚

qiú

에워싸인(口) 곳에 있는 **사람**(人)처럼 가둔 죄인이니
가둘 수, 죄인 수

囚犯 qiúfàn 명 수감자, 죄수

7-9급

卤

lǔ

소금 가마니도 있는 소금밭을 본떠서 소금 로, 소금밭 로
또 소금을 넣고 삶으니 삶을 로
또 바삭거리는 소금처럼 덜렁대니 덜렁댈 로

卤味 lǔwèi 명 조미한 간장 또는 소금물에 졸인 음식

7-9급

囱

cōng

커튼 **끈**(ノ)이 있는 **창문**(口)으로 천천히 **걸으면서**(夊)
바라보는 창이니 창 창
또 창처럼 밖으로 향한 굴뚝이니 굴뚝 창

+ ノpiě('삐침 별'이지만 여기서는 끈으로 봄), 口 wéi/guó[围 wéi(에워쌀 위),
国 guó(나라 국)의 옛날 한자이지만 여기서는 창으로 봄], 夊zhǐ/zhōng(천천
히 걸을 쇠, 뒤져올 치)

烟囱 yāncōng 명 굴뚝, 연통

捆 姻 咽 恩 – 困과 因으로 된 한자
곤 인 인(연, 열) 은

kǔn

7-9급

손(扌)으로 풀기 **곤란하도록(困)** 묶으니 묶을 곤
또 묶어 놓은 단이나 다발이니 단 곤, 다발 곤

+ 困 kùn(곤란할 곤)
捆 kǔn 동 묶다 양 단, 묶음, 다발

yīn

7-9급

여자(女)가 **의지할(因)** 남자와 혼인하니 혼인할 인

+ 因 yīn(말미암을 인, 의지할 인)
婚姻 hūnyīn 명 결혼, 혼인

yān/yàn/yè

7-9급

입(口)에 **의지하듯(因)** 붙어 있는 목구멍이니 목구멍 인 (yān)
또 목구멍으로 삼키니 삼킬 연 (yàn)
또 목구멍이 메도록 슬프게 우니 목멜 열 (yè)

+ 목메다 – 기쁨이나 설움 등의 감정이 북받쳐 솟아올라 그 기운이 목에 엉기어
막히다.
咽喉 yānhóu 명 인후, 후두, 목구멍
咽 yàn 동 삼키다, 거두다
呜咽 wūyè 동 오열하다, 흐느껴 울다

恩

ēn

6급

의지하도록(因) 마음(心) 써주는 은혜니 은혜 은

恩人 ēnrén 명 은인
恩赐 ēncì 명 은혜, 선물 동 은혜를 베풀다

gāng

그물 친 것 같은 산등성이나 언덕이니 산등성이 **강**, 언덕 **강**

[번체] 岡 - 그물(网)을 친 것 같은 산(山)등성이나 언덕이니
'산등성이 강, 언덕 강'

+ 높은 데서 산을 내려다보면 마치 그물을 친 것처럼 산등성이가 이어졌지요.
+ 网[= 罒 wǎng, 网 wǎng(그물 망)의 변형으로 봄]

山冈 shāngāng 몡 낮고 작은 산, 언덕

gǎng

산(山)의 산등성이(冈)에 있는 언덕이니 언덕 강
또 언덕처럼 높은 곳에 있는 초소나 직장이니
초소 **강**, 직장 **강**

岗位 gǎngwèi 몡 직무, 직위

7~9급

瑞
ruì

구슬(王) 같은 좋은 일이 **산(山)**처럼 **이어져(而)** 상서로우니
상서로울 서

+ '耑 zhuān/duān(끝 단)'이지만 여기서는 '山 shān(산 산)'과 '而 ér(말 이을 이)'로 나누어 풀었습니다.
+ 耑 zhuān/duān – 산(山)으로 이어진(而) 끝이니 '끝 단'
+ 상서(祥瑞 xiángruì)롭다 – 복되고 길한 일이 일어날 조짐이 있다.
+ 王 wáng(임금 왕, 으뜸 왕, 구슬 옥 변), 祥 xiáng(祥: 상서로울 상)

瑞雪 ruìxuě 阅 새해 첫날에 내리는 눈, 상서로운 눈

6급

端
duān

서(立) 있는 곳이 **산(山)**으로 **이어진(而)** 끝이니 끝 단
또 일의 끝에 서면 마음이나 옷차림을 단정히 하며 찾는 실마리니
단정할 단, 실마리 단

端 duān 图 가지런하게 들다, 받쳐 들다 閻 똑바르다, 단정하다
端午节 Duānwǔ jié 阅 단오절
极端 jíduān 閻 극단적인 阅 극단 囝 몹시, 지극히

7~9급

喘
chuǎn

입(口)이 **산(山)**으로 **이어진(而)** 곳을 오를 때처럼 숨이 가빠
헐떡거리니 헐떡거릴 천

喘 chuǎn 图 헐떡거리다, 숨차다
喘息 chuǎnxī 图 헐떡거리다, 숨이 가쁘다 阅 천식

7~9급

踹
chuài

발(足)의 **끝(耑)**부분인 발꿈치니 발꿈치 단
또 발꿈치로 밟거나 걷어차니 밟을 찬, 걷어찰 찬

踹 chuài 图 (발로) 차다, 걷어차다

7~9급

揣
chuāi/chuǎi

손(扌)으로 더듬어 **끝(耑)**까지 헤아리니 헤아릴 췌

揣 chuāi 图 옷 안에 간직하다, 감추다, 품다
揣测 chuǎicè 图 추측하다, 짐작하다
揣摩 chuǎimó 图 (의도 등을) 반복하여 세심하게 따져보다, 헤아리다

7-9급

瞪

dèng

눈(目)을 **올려(登)** 뜨고 바로 보거나 쏘아보니
바로 볼 징, 쏘아볼 징

+ 登 dēng(오를 등, 기재할 등)
瞪 dèng 동 (눈을) 크게 뜨다, 부라리다
目瞪口呆 mùdèngkǒudāi 성 어안이 벙벙하다, 놀라서 멍하다

7-9급

澄

chéng/dèng

물(氵)이 **올라(登)**간 높은 곳에 있으면 맑으니
맑을 징(chéng)
또 불순물을 침전시키고 맑게 하니 **맑게 할 등**(dèng)

澄清 chéngqīng 동 (인식·문제 등을) 분명하게 밝히다, 분명히 하다, 맑고
깨끗하다[↔ 搅浑 jiǎohún 동 휘저어 혼탁하게 하다, 뒤섞어 흐리게 하다,
얼버무리다]

7-9급

橙

chéng

나무(木) 중 **올라가며(登)** 높이 자라는 오렌지 나무니
오렌지 나무 등
또 오렌지 나무에 열린 오렌지니 **오렌지 등**

橙汁 chéngzhī 명 오렌지 주스

7-9급

蹬

dēng

발(𧾷)을 **올려(登)** 뻗어 디디니 **디딜 등**
또 발(𧾷)을 **올려(登)** 신을 신거나 옷을 입으니 **신을 등, 입을 등**

蹬 dēng 동 (발에 힘을 주어) 밟다, 누르다, 디디다

7-9급

xiè

(하던 일을) **정오(午)**쯤 **그쳐(止) 무릎 꿇듯(卩)** 허리 구부리고
짐 부리니 짐 부릴 **사**

+ 午 wǔ(말 오, 일곱째 지지 오, 낮 오), 卩 jié (무릎 꿇을 절, 병부 절, = 㔾)]

卸 xiè 图 벗기다, 지우다

推卸 tuīxiè 图 (책임을) 전가하다, 회피하다

7-9급

yù

가다가(彳) 정오(午)쯤 **그쳐(止) 무릎 꿇고(卩)** 쉬게 하며
말을 어거하고 다스리니 어거할 **어**, 다스릴 **어**

+ 어거하다(驾驭 jiàyù) – 수레를 메운 소나 말을 부리어 몰다.
+ 彳 chì(조금 걸을 척)

抵御 dǐyù 图 막아 내다, 방어하다, 저항하다

防御 fángyù 图 방어하다

113

6급

fàn

개(犭)가 무릎(민)을 물듯이 죄를 범하니 범할 범

犯 fàn 图 저지르다, 범하다 圆 위반, 침범
侵犯 qīnfàn 图 (타국의 영역을) 침범하다
犯规 fànguī 图 반칙하다 圆 파울, 반칙
犯罪 fànzuì 图 범죄를 저지르다 圆 범죄
囚犯 qiúfàn 圆 수감자, 죄수

7-9급

è

**굴 바위(厂) 밑에 무릎 꿇고(민) 빌어야 할 정도의 재앙이니
재앙 액**

＋ 厂 chǎng(굴 바위 엄, 언덕 엄, 廠: 헛간 창, 공장 창)

厄运 èyùn 圆 역경, 액운

6급
仓
cāng

사람(人)이 **병부**(卩)처럼 중요한 것을 넣어 두는 창고니 창고 **창**
또 창고에 저장한 것을 꺼내 써야 할 정도로 급하니 급할 **창**

[번체] 倉 – 곡식을 보관하는 창고를 본떠서 '창고 창'
　　　　또 창고에 저장한 것을 꺼내 써야할 정도로 급하니 '급할 창'

仓库 cāngkù 명 창고

7-9급
沧
cāng

물(氵)의 **창고**(仓) 같은 큰 바다니 큰 바다 **창**
또 큰 바다처럼 차니 찰 **창**

沧桑 cāngsāng 명 세상의 온갖 풍파

[꿀TIP] 沧桑은 '沧海桑田 cānghǎisāngtián(상전벽해)'의 줄임말로, 넓은 바다
가 변하여 뽕나무밭이 되다라는 뜻에서, 곧 여러 차례의 세상사의 변화
를 겪으며 생활 경험이 풍부하다라는 의미의 '산전수전을 다 겪다'라는 뜻
입니다. 비슷한 뜻의 성어로는 '沧桑之变(cāngsāngzhībiàn), 饱经沧桑
(bǎojīngcāngsāng), 桑田碧海(sāngtiánbìhǎi)'가 있습니다.

7-9급
呛
qiāng/qiàng

입(口)으로 **창고**(仓)에 쌓인 곡식처럼 많이 먹다가 사레들어
기침하니 사레들 **창**, 기침할 **창**

+ 사레들다 – 음식을 잘못 삼켜서 기관(气管 qìguǎn) 쪽으로 들어가 갑자기
　기침 등을 하는 상태가 되다.

呛 qiāng 동 (자극성의 기체가 호흡 기관에 들어가) 숨이 막히다, 코를 찌르다
够呛 gòuqiàng 형 힘겹다, 견딜 수 없다, 빠듯하다, 빡빡하다

[꿀TIP] 숨쉬는 게 불편하거나 기침이나 재채기가 나올 정도의 의미일 때 '呛'을 4성
으로 발음합니다.

7-9급
舱
cāng

배(舟)가 **창고**(仓)의 물건을 싣거나 내리는 부두니 부두 **창**
또 **배**(舟)나 비행기의 **창고**(仓) 같은 객실이니 객실 **창**

舱 cāng 명 객실, 선실
机舱 jīcāng 명 비행기의 객실, 기내 기관실

7-9급

풀(艹)에 덮여 **창고(仓)**도 푸르니 **푸를 창**
또 푸른 하늘이니 **하늘 창**

苍蝇 cāngying 몡 파리

cāng

116 ▶ **惋婉腕** – 宛으로 된 한자
완 완 완

7-9급

마음(忄)까지 **굽히며(宛)** 슬프게 한탄하니 **한탄할 완**

✛ 宛 wǎn – 집(宀)에서 뒹굴기(夗)만 하면 허리가 굽으니 '굽을 완'
　　　　　 또 굽어서 분명한 모양으로 완연하니 '완연할 완'
✛ 夗 yuàn – 저녁(夕)에 무릎 꿇듯(㔾) 구부리고 뒹구니 '뒹굴 원'

惋惜 wǎnxī 통 애석해하다, 안타까워하다

wǎn

7-9급

여자(女)가 부드럽게 **굽히며(宛)** 아름답고 순하니
아름다울 완, 순할 완

委婉 wěiwǎn 톙 (말·소리 등이) 완곡하다, 부드럽다

wǎn

7-9급

몸(月)에서 잘 **구부려지는(宛)** 팔이니 **팔 완**

手腕 shǒuwàn 몡 손목, 수단, 수작

wàn

7-9급

yì

손(扌)으로 **높이**(卬) 오르는 것을 누르니 누를 억

+ 卬 áng – 상자(匚)에 무릎 꿇고(卩) 높이 바라는 나니 '높을 앙, 나 앙'
+ 匚[匚 fāng(상자 방)의 변형으로 봄]

抑制 yìzhì 图 억제하다, 억누르다

压抑 yāyì 图 억누르다, 억압하다[≒ 压制 yāzhì 图 억누르다,억제하다]

抑郁 yìyù 톙 우울하다, 울적하다

抑郁症 yìyùzhèng 톙 우울증

抑扬顿挫 yìyángdùncuò 셩 소리의 높낮이와 곡절이 조화롭고 리드미컬하다

꿀TIP '压抑'는 감정이나 마음이 분출되지 못할 때 사용하고, '压制'은 직권 또는 여론을 이용하여 행동이나 욕망 등을 제한할 때 사용됩니다.

6급

yǎng

사람(亻)이 **높이**(卬) 우러르니 우러를 앙

仰 yǎng 图 머리를 들다, 우러러보다, 의지하다

信仰 xìnyǎng 몡 신조, 신앙 图 믿다, 신앙하다

7-9급

áng

해(日)처럼 **높이**(卬) 오르니 오를 앙

昂贵 ángguì 톙 비싸다[↔ 便宜 piányi 톙 싸다/低廉 dīlián 톙 싸다, 저렴하다]

高昂 gāo'áng 图 의기양양하다, 물가가 오르다 톙 (가격이) 비싸다

7~9급

柳

liǔ

나무(木) 중 **왕성하게(卯)** 자라며 늘어지는 버들이니

버들 류

+ 卯 mǎo(넷째 지지 묘)

柳树 liǔshù 명 버드나무

7~9급

卵

luǎn

물고기에 두 개씩 있는 알주머니를 본떠서 알 란

卵 luǎn 명 알

7~9급

孵

fū

알(卵)은 **기르듯(孚)** 품어주면 까니 알 깔 부

+ 孚 fú – 새가 발톱(爫)으로 알(子)을 품어 굴리며 알 까게 기르는 모양이
미쁘니 '알 깔 부, 기를 부, 미쁠 부'
+ 미쁘다 – 믿음직스럽다.

孵化 fūhuà 통 부화하다, 알을 까다

瘤遛 – 留로 된 한자
류 류

7-9급

liú

병(疒)이 몸에 **머무른**(留) 듯 불거져 나온 혹이니 혹 **류**

+ 留 liú(머무를 류)

肿瘤 zhǒngliú 몡 종양

7-9급

liù

머무른(留) 듯 천천히 **거니니**(辶) 거닐 **류**

遛 liù 동 어슬렁거리다, 산보하다

꿀TIP '遛'는 주로 '遛遛 liú liú' 또는 '遛一遛 liú yī liú(산책 좀 하다)'처럼 동사 중첩 형태로 사용합니다.

7-9급

蚀
蝕
shí

밥(饣)으로 생각하고 좀**벌레(虫)**가 먹으니 좀먹을 식

+ 虫 chóng(벌레 충)

腐蚀 fǔshí 〔동〕 부식하다, 썩어 문드러지다

7-9급

浊
濁
zhuó

물(氵) 속에 **벌레(虫)**가 있는 듯 흐리니 흐릴 탁

混浊 hùnzhuó 〔형〕 (물·공기 등이) 혼탁하다

7-9급

烛
燭
zhú

불(火)꽃이 **벌레(虫)**처럼 꿈틀거리는 촛불이니 촛불 촉

蜡烛 làzhú 〔명〕 초, 양초

6급

融
融
róng

솥(鬲)에 들어간 **벌레(虫)**처럼 녹으니 녹을 융
또 녹아서 서로 유통되니 유통될 융

+ 鬲 gé – 하나(一)의 구멍(口)이 성(冂)처럼 패이고 (八) 아래를 막은(丅)
　　솥의 모양에서 '솥 력, 막을 격'

融合 rónghé 〔동〕 융합하다

融入 róngrù 〔동〕 융화되어 들어가다

金融 jīnróng 〔명〕 금융

融洽 róngqià 〔형〕 사이가 좋다, 조화롭다

7-9급

虹

hóng

아름다운 **벌레**(虫)로 **꾸민**(工) 것처럼 빛나는 무지개니
무지개 홍

彩虹 cǎihóng 똉 무지개

7-9급

虾 蝦

xiā

벌레(虫) 중 **아래**(下)로 자주 구부리는 새우니 새우 **하**

[번체] 蝦 - 벌레(虫) 중 빌려온(叚) 듯 다리가 많은 새우니 '새우 하'
+ 叚 jiǎ(빌릴 가, 허물 가) - 제목번호 023의 '霞 xiá' 주 참고

虾 xiā 똉 새우

7-9급

螺

luó

벌레(虫) 중 껍질이 **여러**(累) 번 도는 모양의 소라니 소라 **라**

+ 累 lèi(여러 루, 쌓일 루, 피곤할 루)

螺丝 luósī 똉 나사

7-9급

蜜
mì

집(宀)에 반드시(必) 벌레(虫) 중 벌이 저장하고 있는 꿀이니
꿀 밀

蜜 mì 몡 꿀
蜜蜂 mìfēng 몡 벌, 꿀벌
蜜月 mìyuè 몡 신혼여행, 허니문
甜蜜 tiánmì 혱 유쾌하다, 행복하다, 달콤하다, 즐겁다
蜂蜜 fēngmì 몡 벌꿀, 꿀

7-9급

蠢
chǔn

봄(春)이 오면 겨울잠 자던 벌레들이(虫虫) 꿈틀거리니
꿈틀거릴 준
또 꿈틀거리듯 둔하고 어리석으니 어리석을 준

蠢 chǔn 혱 어리석다, 우둔하다
愚蠢 yúchǔn 혱 어리석다, 미련하다, 우둔하다[↔ 聰明 cōngming 혱 총명
하다, 똑똑하다]

7-9급

蜀
Shǔ

그물(罒) 같은 집에 싸여(勹) 있는 벌레(虫)는 애벌레니
애벌레 촉
또 그물(罒) 같은 집에 싸여(勹) 있는 애벌레(虫)처럼 산과 물로
둘러싸여 있던 촉나라니 촉나라 촉

+ 촉(蜀 Shǔ)나라 - 유비(刘备 Liú Bèi)가 사천(四川 Sìchuān)·운남(云南
Yúnnán)·귀주(贵州 Guìzhōu) 북부 및 한중(汉中 Hàn Zhōng) 일대에 세운 나라
로, 정식 국호는 한(汉 Hàn)이나, 역사상 구분을 위하여 촉한(蜀汉 Shǔ Hàn)이라
부름
+ 罒 wǎng(그물 망, = 网, 罓), 勹 bāo(쌀 포)

yíng

벌레(虫) 중 **힘써**(黾) 날아다니는 파리니 **파리 승**

➕ 黾 miǎn/mǐn/měng – 입(口)으로 번개(电)처럼 빠르게 말하며 힘쓰니 '힘쓸 민'
[번체] 黽 – 무엇에 매여 힘쓰는 모양을 본떠서 '힘쓸 민'
➕ 电 diàn(電: 번개 전, 전기 전)

苍蝇 cāngying 몡 파리

shéng

실(纟)로 **힘쓸**(黾) 수 있게 만든 줄이나 밧줄이니

줄 승, 밧줄 승

➕ 纟 sī[糸 mì/sī(실 사, 실 사 변)의 간체자]

绳子 shéngzi 몡 노끈, 밧줄

7–9급

yù

7–9급

yú

집(宀)에 사는 **원숭이**(禺)처럼 붙어사니 붙어살 우

+ 禺 yú/yù/ǒu(원숭이 우)

公寓 gōngyù 몡 아파트
寓言 yùyán 몡 우화, 우언
寓意 yùyì 몡 함축적인 의미

원숭이(禺)의 **마음**(心) 정도로 어리석으니 어리석을 우

愚蠢 yúchǔn 혱 어리석다, 미련하다, 우둔하다[↔ 聰明 cōngming 혱 총명
하다, 똑똑하다]

愚公移山 Yúgōngyíshān 셩 어떤 일이든 노력하면 이루어진다, 하고자 마
음만 먹으면 못 해낼 일이 없다

꿀TIP 愚公移山은 우공(愚公 Yú Gōng)이 자신의 집 앞에 가로놓인 큰 산을 옮
기려하자 지수(智叟 zhì sǒu)가 그 어리석음을 비웃었다. 그러자 우공이
"이 일은 비록 내가 죽더라도 아들이 있고, 아들이 손자를 낳고, 손자가
또 그 아들을 두어 자자손손(子子孫孫 zǐ zǐ sūnsūn) 이어질 것이나, 산
은 더 커지지 않을 것이니 어찌 이루지 못 하리오?"라고 질책하였다는
데서 유래하였습니다.

7~9급

quǎn

주인을 **크게(**大**) 점(**丶**)**찍어 따르는 개니 개 **견**

+ '犬'이 부수로 쓰일 때는 '犭quǎn(큰 개 견, 개 사슴 록 변)'으로 씁니다.

猎犬 lièquǎn 몡 사냥개

7~9급

mǎng

풀(艹**)** 속을 **개(**犬**)**가 무엇을 **잡으려는(**廾**)** 듯 휘젓고 뛰어다니며
거칠고 난폭하니 거칠 **망**, 난폭할 **망**
또 거칠게 우거지니 우거질 **망**

+ 廾 gǒng(받쳐 들 공)

鲁莽 lǔmǎng 혱 경솔하다, 무책임하다, 어설프다

7~9급

xiù

콧**구멍(**口**)**으로 **냄새(**臭**)** 맡으니 냄새 맡을 **후**

+ 臭 xiù/chòu - 자기(自) 집을 찾을 때 개(犬)가 맡는 냄새니 '냄새 취'
　　　　　　　또 냄새가 역겨우니 '역겨울 취'

嗅觉 xiùjué 몡 후각

125

7-9급

láng

개(⺨)처럼 **좋게(良)** 생긴 이리니 이리 **랑**
또 개(⺨)처럼 **좋은(良)** 척하며 어지럽게 구니 어지러울 **랑**

＋ 이리 – 갯과의 포유동물로 개와 비슷하게 생겼음
＋ 良 liáng(좋을 량, 어질 량)
狼 láng 명 이리, 늑대

7-9급

bèi

개(⺨)처럼 생겨 **조개(贝)**살처럼 혀를 늘어뜨린 이리니
이리 **패**

狼狈 lángbèi 형 매우 난처하다, 궁지에 빠지다

꿀TIP 狼(láng)과 狈(bèi)는 전설 속의 동물들로, 狼은 앞다리가 길고 뒷다리가 짧고, 狈는 그와 반대라서 둘이 합쳐야만 제구실을 할 수 있는데 혹 떨어지면 아무 일도 할 수 없다는 데서 연유되어, 계획한 일이 실패로 돌아가거나 무슨 일이 어그러진 경우를 빗대어 '낭패를 보다'라고 합니다.

7-9급

huá

반갑게 꼬리치던 **개(⺨)**가 갑자기 **뼈(骨)**를 물듯이 교활하니
교활할 **활**

＋ 骨 gū/gú(骨: 뼈 골)
狡猾 jiǎohuá 형 교활하다, 간사하다

7-9급

chāng

개(⺨)가 눈에 불을 **켜고(昌)** 미쳐 날뛰니 미쳐 날뛸 **창**

＋ 昌 chāng(빛날 창, 번창할 창)
猖狂 chāngkuáng 형 난폭하다, 광기를 부리다, 제멋대로이다

7-9급

xīng

짐승(⺨) 중 **별(星)**처럼 붉은빛이 나는 성성이니
성성이 **성**, 붉은빛 **성**

猩猩 xīngxing 명 오랑우탄

7-9급

獄

獄

yù

개(犭)와 개(犬)를 풀어놓고 지키며 무슨 **말(讠)**을 하는지 감시했던 감옥이니 **감옥 옥**

监狱 jiānyù 囤 감옥, 교도소
地狱 dìyù 囤 지옥

---

127 〉 **狮筛** – 师로 된 한자
　　　 사　사

7-9급

狮

狮

shī

짐승(犭)들의 **스승(师)** 뻘 되는 사자니 **사자 사**

✦ 师 shī(師: 스승 사, 전문가 사)
狮子 shīzi 囤 사자

7-9급

筛

篩

shāi

대(⺮)로 만들어 **스승(师)**처럼 좋고 나쁨을 걸러 주는 체니
체 사

筛 shāi 图 따르다, 체로 걸러내다, 술을 데우다
筛选 shāixuǎn 图 선별하다, 골라내다, 체로 치다

127

7-9급

冤
yuān
冤

덮인(冖) 곳에 갇힌 **토끼(兔)**처럼 원통하니 원통할 원

+ 원통(冤屈 yuānqū) – 억울하거나 불공평한 대우를 말함

冤 yuān 통 원망하다 형 억울하다

冤枉 yuānwang 형 억울하다 통 억울한 누명을 씌우다

7-9급

挽
wǎn

손(扌)으로 위험을 **면하게(免)** 당기니 당길 만

+ 免 miǎn(면할 면)

挽 wǎn 통 (옷을) 걷어 올리다

挽回 wǎnhuí 통 만회하다, (이권 등을) 회수하다

挽救 wǎnjiù 통 (위험에서) 구해 내다, 구제하다

7-9급

勉
miǎn

책임을 **면하려고(免)** 힘(力)쓰니 힘쓸 면

勉强 miǎnqiǎng 형 마지못해 ～ 하다, 간신히 ～하다 통 강요하다

7-9급

攙
chān
攙

손(扌)으로 책임을 **면하려고(免)** 점점(彡) 땀 흘리며 돕거나 섞으니
도울 참, 섞을 참

[번체] 攙 – 손(扌)으로 교활한 토끼(毚)처럼 돕거나 섞으니 '도울 참, 섞을 참'

+ 毚 chán – 토끼(兔)의 윗부분(⿱) 아래에 나란할 비, 견줄 비(比)와 토끼 토(兔)를 붙여서 '교활한 토끼 참'

攙 chān 통 부축하다, 돕다

7-9급

馋
chán
饞

먹을(饣) 것을 보고 배고픔을 **면하려고(免)** 점점(彡) 침 흘리며
탐하니 탐할 참

[번체] 饞 – 먹을(飠) 것을 보고 교활한 토끼(毚)처럼 탐하니 '탐할 참'

馋 chán 형 (어떤 음식을 보고) 먹고 싶어하다, 탐내다 통 ～ 에 눈독을 들이다

6급

xiáng

보임(礻)이 **양**(羊)떼처럼 좋게 상서로우니 상서로울 **상**

+ 상서(祥瑞 xiángruì) – 복되고 좋은 일이 일어날 조짐
+ 礻 shì(示: 보일 시, 신 시 변), 瑞 ruì(상서로울 서)

吉祥 jíxiáng 혱 상서롭다, 길하다, 운수가 좋다[↔ 不祥 bùxiáng 혱 불길하다]

6급

yáng

물(氵)결이 수만 마리 **양**(羊) 떼처럼 출렁이는 큰 바다니
큰 바다 **양**
또 큰 바다 건너편에 있는 서양이니 서양 **양**
또 큰 바다처럼 성대하고 풍부하니 성대할 **양**, 풍부할 **양**

海洋 hǎiyáng 몡 바다, 해양
洋 yáng 몡 바다, 외국 혱 풍부하다, 외국의
洋溢 yángyì 통 (분위기, 감정, 기분 등이) 넘쳐흐르다, 충만하다
汪洋 wāngyáng 혱 한없이 크고 넓은 바다와 같은 모양

7~9급

yǎng

병(疒) 기운이 **양**(羊)떼처럼 여기저기 퍼지며 가려우니
가려울 **양**

번체 癢 – 병(疒)이 기른(養) 것처럼 여기저기 퍼지며 가려우니 '가려울 양'
+ 養(기를 양: 养 yǎng)

痒 yǎng 혱 가렵다, 간지럽다

6급

yǎng

공기(气) 중 **양**(羊)처럼 좋은 산소니 산소 **양**

+ 气 qì(氣: 기운 기, 공기 기, 날씨 기)

氧气 yǎngqì 몡 산소
二氧化碳 èryǎnghuàtàn 몡 이산화탄소[CO_2]

7-9급

姜
薑

jiāng

양(羊) 같은 고기를 조리할 때 **여자(女)**가 넣는 생강이니

생강 **강**

[번체] 薑 – 풀(艹) 중 밭의 경계(畺)에 심는 생강이니 '생강 강'

✚ 畺 jiāng/jiàng – 밭(田)과 밭(田) 사이의 세(三) 둑들처럼 이루어진 경계니
　　　　'경계 강'

姜 jiāng 명 생강

7-9급

漾

yàng

물(氵)결이 양(羊)떼가 길게(永) 늘어선 모양처럼 출렁거리니

출렁거릴 **양**

✚ 永 yǒng(길 영, 오랠 영)

荡漾 dàngyàng 통 출렁이다, (감정이) 감돌다

---

130 ▶▶ **羞 搓磋** – 羞와 差로 된 한자
　　　　수　차차

7-9급

羞
羞

xiū

양(䒑)이나 **소(丑)**를 잡아서 만든 맛있는 음식이니

맛있는 음식 **수**

또 (큰 잔치에) **양(䒑)**을 대신 잡고 비싼 **소(丑)**는 숨기면 부끄러우니

부끄러울 **수**

✚ 䒑 [羊 yáng/xiáng(양 양)의 변형으로 봄], 丑 chǒu(丑: 소 축, 추할 추, 광
　　대 추, 둘째 지지 축, 소 축)

羞愧 xiūkuì 형 부끄럽다, 창피하다

害羞 hàixiū 형 부끄러워하다, 수줍어하다

恼羞成怒 nǎoxiūchéngnù 성 부끄럽고 분해서 화를 내다, 화가 치밀어 오르다

7-9급

搓

cuō

손(扌)으로 **차이(差)**나게 오돌토돌한 곳을 비비니 비빌 **차**

✚ 差 chā/chà/chāi/cī/cuō(차이 날 차, 다를 차, 파견할 차)

搓 cuō 통 (두 손으로 반복하여) 비벼 꼬다, 비비다, 문지르다

7-9급

磋

cuō

돌(石)로 **차이**(差) 난 곳을 갈며 연마하니 갈 **차**, 연마할 **차**

磋商 cuōshāng 图 반복하여 협의하다, 상세하게 논의하다

131 遂隧 蒙矇 - 遂, 蒙으로 된 한자
수 수 몽 몽

7-9급

遂
遂

suì

이쪽저쪽(丷)으로 **쫓아**(逐)다니며 드디어 이루니
드디어 **수**, 이룰 **수**

번체 遂 – 팔(八)방으로 쫓아(逐)다니며 정성 들여 드디어 이루니 '드디어 수,
　　이룰 수'

遂心 suìxīn 图 자기 마음에 들다, 만족하다

7-9급

隧
隧

suì

언덕(阝) 밑으로 **드디어**(遂) 뚫은 굴이니 굴 **수**

隧道 suìdào 圕 터널

6급

蒙
懞 矇

méng

풀(艹)에 **덮인**(冖) **한**(一) 마리 **돼지**(豕)처럼 덮거나 씌우니
덮을 **몽**, 씌울 **몽**
또 무엇으로 덮인 듯 어둡고 무지하니 어두울 **몽**, 무지할 **몽**

✦ 성조에 따라 단어의 뜻이 달라집니다.
蒙 mēng 图 추측하다, (시험 볼 때) 찍다
蒙 méng 웹 사납다, 폭력적이다 囝 갑자기

méng

몸(月)에 무엇이 **덮인**(蒙) 듯 보이는 것이 흐리니 흐릴 **몽**

朦胧 ménglóng 혱 어렴풋하다, 흐릿하다, 몽롱하다

---

132 ▷ **牧牺 牢牵** - 牛로 된 한자
목 희 뢰 견

mù

소(牛)를 **치며**(攵) 기르니 기를 **목**

+ 回 枚 méi(줄기 매, 낱 매) - 제목번호 353 참고
+ 牛 niú(소 우 변), 攵 pō(칠 복, = 攴)

牧场 mùchǎng 명 목장
牧民 mùmín 통 백성을 다스리다 명 목축민

xī

소(牛) 중 **서쪽**(西)으로 바쳤던 희생이니 희생 **희**

번체 犧 - 소(牛) 중 숨(義)쉬는 채로 바쳤던 희생이니 '희생 희'
+ 義 xī(숨 희, 복희 희)

牺牲 xīshēng 통 희생하다

---

láo

집(宀) 중 **소**(牛)를 굳게 가두는 우리니 우리 **뢰**
또 우리처럼 굳게 가두는 감옥이니 굳을 **뢰**, 감옥 **뢰**

牢 láo 혱 확실하다, 견고하다

qiān

큰(大) 고삐로 **묶어**(冖) **소**(牛)를 끄니 **끌 견**

또 끄는 무엇에 관련되어 근심하니 **관련될 견**, **근심할 견**

[번체] 牽 - 검은(玄) 고삐로 묶어(冖) 소(牛)를 끄니 '끌 견'

+ 옛날에는 소의 코에 구멍을 뚫어 묶어 끌거나 부렸지요.
+ 冖 mì('덮을 멱'이지만 여기서는 묶은 모양으로 봄), 玄 xuán(검을 현, 오묘할 현, 허황할 현)

牽 qiān 图 끌다, 끌어 잡아당기다

牽扯 qiānchě 图 연루되다, 관련되다, 연관되다

牽挂 qiānguà 图 마음속으로 걱정하다

---

133 冯驭驮 - 말로 된 한자1

빙(풍) 어 타(태)

féng/píng

얼음(冫)이나 **말**(马) 위에 올라타 도섭하니

도섭할 빙, **성씨 풍**

+ 도섭(徒涉 túshè)하다 – 물을 걸어서 건너다.
+ 徒 tú(한갓 도, 걸을 도, 무리 도), 涉 shè(건널 섭)

yù

말(马)을 **또**(又) 부리며 다스리니 **말 부릴 어**, **다스릴 어**

驾驭 jiàyù 图 부리다, 제어하다, (자신의 능력으로) 소화하다

---

duò/tuó

말(马)에 **크게**(大) 싣는 짐이니 **짐 타**(duò)

또 **말**(马)은 **크게**(大) 짐을 실어도 견디니 **실을 태**, **견딜 태**(tuó)

驮 tuó 图 (동물의) 등에 사람이나 물건을 싣다

133

7-9급

驯
xùn

말(马)을 내(川) 흐르듯 순순히 따르도록 길들이니 길들일 순

驯 xùn 휑 온순하다, 얌전하다

7-9급

驰
chí

말(马)처럼 **또한**(也) 잘 달리니 달릴 치

＋ 也 yě(또한 야, 어조사 야)
驰名 chímíng 통 명성을 떨치다, 이름이 널리 알려지다

7-9급

骇
hài

말(马)은 **돼지**(亥)에도 놀라니 놀랄 해

＋ 亥 hài(돼지 해, 열두째 지지 해)
骇人听闻 hàiréntīngwén 휑 듣는 사람으로 하여금 깜짝 놀라게 하다

7-9급

骚
sāo

말(马)이 **벼룩**(蚤)처럼 날뛰며 시끄러우니 시끄러울 소
또 시끄럽게 없던 일도 꾸며서 글 지으니 글 지을 소

＋ 蚤 zǎo – 또(又) 콕(丶) 쏘는 벌레(虫)는 벼룩이니 '벼룩 조'
[번체] 蚤 – 또(又) 콕콕(丶丶) 쏘는 벌레(虫)는 벼룩이니 '벼룩 조'
＋ 丶 zhǔ('점 주, 불똥 주'지만 여기서는 여기저기 콕 쏘는 모양으로 봄)
骚乱 sāoluàn 통 혼란스럽고 불안정하다
骚扰 sāorǎo 통 훼방 놓다, 소란을 피우다

7-9급

虏

lǔ

범(虍) 같은 짐승도 힘(力)으로 사로잡으니 사로잡을 로
또 사로잡은 포로니 포로 로

[번체] 虜 – 범(虍) 같은 짐승도 꿰뚫어(毌) 힘(力)으로 사로잡으니 '사로잡을 로'
　　 또 사로잡은 포로니 '포로 로'

＋ 虍 hū(범 호 엄), 毌 guàn/wān(꿰뚫을 관)

俘虏 fúlǔ 명 포로 통 포로로 잡다

7-9급

虐

nüè

범(虍)이 발톱(⺕)으로 해치듯이 사납게 학대하니
사나울 학, 학대할 학

＋ ⺕[爪 zhǎo/zhuǎ(손톱 조, 발톱 조, 발 조)의 변형으로 봄]

虐待 nüèdài 통 학대하다

7-9급

滤

lǜ

물(氵)로 염려되는(虑) 것을 거르니 거를 려

＋ 虑 lǜ(慮: 생각할 려, 염려할 려)

过滤 guòlǜ 통 받다, 여과하다, 거르다 명 필터

7-9급

墟

xū

땅(土) 중 건물이 있던 빈(虛) 터니 터 허

＋ 虛 xū(虛: 빌 허, 헛될 허)

废墟 fèixū 명 폐허

7-9급

gē

합하여(合) 모여 사는 새(鸟)는 비둘기니 비둘기 합

+ 유 鸠 jiū(鳩: 비둘기 구)

鸽子 gēzi 명 비둘기

7-9급

míng

입(口)으로 새(鸟)처럼 우니 울 명

共鸣 gòngmíng 통 공감하다, 공명하다

7-9급

鸦

yā

어금니(牙) 가는 소리처럼 우는 새(鸟)는 갈까마귀니
갈까마귀 아

+ 牙 yá(어금니 아)

鸦雀无声 yāquèwúshēng 성 까마귀와 참새 소리마저도 없다, 매우 고요하다

6급

乌
烏
wū

(너무 검어 눈이 구분되지 않아) **새 조(鸟)**에서 **눈(丶)**을 나타내는
점(丶)을 빼서 까마귀 오
또 까마귀처럼 검으니 어찌할까에서 검을 오, 어찌 오

+ 丶 zhǔ('점 주, 불똥 주'지만 여기서는 눈으로 봄)

乌云 wūyún 명 먹구름, 검은 구름

7-9급

呜
嗚
wū

입(口)으로 **까마귀(鸟)** 울음처럼 슬프게 울며 탄식하니
탄식할 오

+ 탄식(叹息 tànxī) – 한탄하며 한숨을 쉼
+ 叹 tàn(歎: 탄식할 탄, 감탄할 탄), 息 xī(쉴 식, 소식 식, 숨 쉴 식, 자식
  식, 늘어날 식)

呜咽 wūyè 통 오열하다, 흐느껴 울다, 목놓아 울다

6급

岛
島
dǎo

(바다에) **새(鸟)**들이 사는 **산(山)** 같은 섬이니 섬 도

+ 鸟 [鸟 niǎo(鳥: 새 조)의 획 줄임]

岛 dǎo 명 섬
岛屿 dǎoyǔ 명 섬, 크고 작은 여러 섬들

7-9급

捣
搗
dǎo

손(扌)으로 물결이 **섬(岛)**을 때리듯 곡식을 찧거나 빨래를 두드리니
찧을 도, 두드릴 도

捣乱 dǎoluàn 통 난동을 부리다, 소란을 피우다

7-9급

孔

kǒng

새끼(子) 새(乚)가 자라는 구멍이니 구멍 공
또 구멍으로도 세상의 이치를 꿰뚫어 보았던 공자니 **공자 공**

+ 공자(孔子 Kǒngzǐ) - 기원전 551 ~ 479년 노(魯 Lǔ)나라[지금의 산둥성(山東省 Shāndōngshěng) 취푸(曲阜 Qūfù)] 사람으로, 춘추 전국 시대의 철학자이자 사상가이며 유가 학파의 창시자입니다. 공자는 도덕적 질서가 붕괴된 춘추 전국 시대의 도덕성 회복을 위해 '인(仁 rén)'을 강조하였는데, 공자가 강조한 인의 의미에는 인격자로서의 만인을 사랑하는 것과 사회적 존재나 인격자로서의 아름다움이었으며, 공자는 이를 실천하기 위해 제시한 것이 효제충신(孝悌忠信 xiàotìzhōngxìn)입니다.
+ 乚 háo/yǐ[乙 yǐ(새 을, 둘째 천간 을, 둘째 을, 굽을 을)의 변형으로 봄]

7-9급

吼

hǒu

입(口)으로 새끼(子) 새(乚)가 울듯이 울부짖으니 울부짖을 후

吼 hǒu **⑧** 소리지르다, 고함치다, 울부짖다

7–9급

稚

zhì

벼(禾)가 작은 새(隹)만큼 겨우 자라 어리니 어릴 치

+ 隹 zhuī/cuī/wéi(새 추)

幼稚 yòuzhì 혱 유치하다[↔ 成熟 chéngshú 혱 성숙하다, 완전하다]

7–9급

雕

diāo

彫

두루(周) 멀리 날아다니는 새(隹)는 독수리니 독수리 조
또 독수리처럼 쪼아 새기니 새길 조

번체 彫 – 두루(周) 털(彡)까지 조각하여 새기니 '새길 조'
+ 周 zhōu(週: 두루 주, 둘레 주, 주일 주, 돌 주, 賙: 구제할 주)

雕 diāo 동 조각하다, 새기다

雕刻 diāokè 동 (금속·상아·뼈 등에) 조각하다 명 조각, 조각품

雕塑 diāosù 명 조소품 동 조소하다, 조각하다

7–9급

淮

Huái

물(氵) 중 새(隹)들이 많이 사는 곳의 물 이름이니 물 이름 회

+ 비 准 zhǔn(準: 승인할 준)
+ 화이허(淮河 Huáihé)/화이수이(淮水 huáishuǐ) – 허난성(河南省 Hénánshěng)
 동백산에서 발원하여 황하로 흘러드는 강

7-9급

집(户)에서 키우는 새(隹)처럼 고용하니 고용할 고

雇 gù 圄 고용하다, 세내다, 빌리다

雇佣 gùyōng 圄 고용하다

雇员 gùyuán 圀 고용인, 임시직 직원

雇主 gùzhǔ 圀 고용주, 사용자

解雇 jiěgù 圄 해고하다

gù

7-9급

몸집이 작은(小) 새(隹)는 주로 참새니 참새 작

또 참새처럼 작으니 작을 작

鸦雀无声 yāquèwúshēng 圀 까마귀와 참새 소리마저도 없다, 매우 고요하다

què

7-9급

손(扌)으로 새(隹)를 곧(乃) 끌어 잡으니 끌 휴, 잡을 휴

✚ 乃 nǎi(이에 내, 곧 내)

携带 xiédài 圄 휴대하다

携手 xiéshǒu 圄 서로 협력하다, 합작하다, 손잡다

xié

7-9급

목이 길어 하늘(冖)을 찌르는 모양(丿)으로 날아가는

작은 새(隹)나 큰 새(鸟)는 모두 학이니 학 학

✚ 冖 mì('덮을 멱'이지만 여기서는 하늘의 모양으로 봄), 丿 piě('삐침 별'이지만 여기서는 찌르는 모양으로 봄)

仙鹤 xiānhè 圀 두루미, 학

鹤立鸡群 hèlìjīqún 圀 많은 사람들 사이에서 유난히 뛰어난 사람

鹤

hè

7-9급

cuī

사람(亻)이 더 높이(崔) 오르라고 재촉하니 재촉할 최

➕ 崔 cuī – 산(山)에서 새(隹)가 나는 것처럼 높으니 '높을 최'

催 cuī 图 재촉하다, 다그치다, 독촉하다

催促 cuīcù 图 재촉하다, 독촉하다

催眠 cuīmián 图 잠들게 하다 阅 최면

7-9급

cuī

손(扌)을 높이(崔) 올려 꺾거나 부수니 꺾을 최, 부술 최

摧毀 cuīhuǐ 图 때려 부수다, 타파하다, 분쇄하다

7-9급

tān

손(扌)으로 **어렵게**(难) 펼치니 펼칠 탄

+ 难 nán/nàn/nuó(難: 어려울 난, 재난 난)

摊 tān 명 노점 동 펼쳐 놓다, 늘어놓다

7-9급

tān

물(氵)살이 세서 건너기 **어려운**(难) 여울이나 물가니
여울 탄, 물가 탄

海滩 hǎitān 명 해변

沙滩 shātān 명 모래사장, 백사장

7-9급

tān

병(疒) 중 움직이기 **어렵게**(难) 마비되는 마비증이니
마비증 탄

+ 疒 nè(병들 녁)

瘫 tān 동 녹초가 되다, 움직이지 못하다, 마비되다

瘫痪 tānhuàn 동 반신불수가 되다, 마비되다

7-9급

yàn

바위(厂) 틈에 살며 **사람(亻)**처럼 예의 바른 **새(隹)**는 기러기니
기러기 **안**

+ 厂 chǎng(굴 바위 엄, 언덕 엄, 廠: 헛간 창, 공장 창)

大雁 dàyàn 명 기러기

7-9급

yīng

집(广)에서 **사람(亻)**이 기르는 **새(隹)** 중 다른 **새(鸟)**도 잡는
매니 매 **응**

+ 옛날에는 집에서 매를 길러 짐승을 잡는 매사냥도 있었지요.
+ 广 ān/guǎng(집 엄, 넓을 광, 廣 : 많을 광)

鷹 yīng 명 매, 솔개

143

7-9급

guàn

물(氵)을 **황새(雚)** 목처럼 길게 대며 주입하니
물댈 관, 주입할 관

+ 雚 guàn/huán – 풀(艹) 속에 여기저기 입(口口)을 넣어 먹이를 찾는 새(隹)는
  황새니 '황새 관'
+ 황새는 물가에서 물고기나 여러 생물을 잡아먹고 사니 다리나 목과 부리가
  길지요.

灌 guàn 〔동〕 부어 넣다
灌溉 guàngài 〔동〕 (논밭에) 물을 대다, 관개하다
灌输 guànshū 〔동〕 물을 대다, (지식 등을) 주입하다

7-9급

guàn

질그릇(缶) 중 **황새(雚)**처럼 길쭉한 항아리나 깡통이니
항아리 관, 깡통 관

+ 缶 fǒu(장군 부, 질그릇 부)
罐 guàn 〔명〕 통, 단지, 항아리
罐头 guàntou 〔명〕 통조림, 깡통
易拉罐 yìlāguàn 〔명〕 캔

6급

jiāo

새(隹)의 깃처럼 불(灬)에 잘 타니 탈 초

焦点 jiāodiǎn 명 (문제나 관심사의) 초점, 집중
焦躁 jiāozào 형 초조하다

7-9급

jiāo

바위(石) 중 뱃사람의 속을 태우는(焦) 암초니 암초 초

+ 암초(暗礁 ànjiāo) - 바다와 강에서 솟아올라 수면 위로는 드러나지 않는
  바위로, 항해할 때 장애가 되는 것
+ 暗 àn(어두울 암, 몰래 암)

礁石 jiāoshí 명 강과 바다 중 수면에서 가까운 암석

7-9급

zhàn

**풀(艹)을 술(酉)에 넣어 타듯이(焦) 우러나도록 담그니 담글 잠
또 담그게 찍어 묻히니 찍을 잠, 묻힐 잠**

+ 酉 yǒu(술 그릇 유, 술 유, 닭 유, 열째 지지 유)

蘸 zhàn 동 (액체, 가루 등에) 찍다, 묻히다

7~9급

xiáng

양(羊)처럼 부드럽게 깃(羽)을 치며 나니 날 상

＋羊 [羊 yáng/xiáng(양 양)의 변형으로 봄], 羽 yǔ(羽: 날개 우, 깃 우)

飞翔 fēixiáng 통 날다, 비상하다

7~9급

qiáo/qiào

높이(尧) 깃(羽)을 펄럭이며 날듯이 높이 들거나 발돋움하니
들 교, 발돋움할 교

＋尧 yáo(堯: 높을 요, 요임금 요)

翘 qiáo 통 (한쪽 끝을 위로) 들다, 젖히다

7~9급

chì

갈라진(支) 모양으로 깃(羽)이 양쪽으로 달린 날개나 지느러미니
날개 시, 지느러미 시

＋支 [支 zhī(받칠 지, 가를 지, 지출할 지)의 변형으로 봄]

翅膀 chìbǎng 명 (새, 곤충 등의) 날개

7-9급

塌
塌
tā

흙(土)으로 햇(日)빛이나 새의 깃(羽)처럼 느슨하게 쌓아 무너지니
느슨할 **탑**, 무너질 **탑**

塌 tā 동 (받치고 있던 물건이) 무너지다, 꺼지다
倒塌 dǎotā 동 무너지다, 넘어지다, 허물어지다
一塌糊涂 yìtāhútú 성 엉망진창이다, 뒤죽박죽이다
死心塌地 sǐxīntādì 성 끝까지, 변함없이

7-9급

翼
翼
yì

깃(羽) 중 각각 다른(異) 쪽에 있는 날개니 날개 **익**
또 두 날개가 함께 움직여 나는 것을 도우니 도울 **익**
또 날개를 접은 것처럼 공손하니 공손할 **익**

+ 翼은 '羽 yǔ' 부분만 중국 한자(간체자) 형태이고, '異(异 yì: 다를 이)'는 번체자를 그대로 사용했네요.

不翼而飞 búyì'érfēi 성 (물건이) 온데 간데 없다. 발 없는 말이 천 리 간다
小心翼翼 xiǎoxīnyìyì 성 매우 조심스럽다, 엄숙하고 경건하다

7-9급

翠
翠
cuì

상공에서 날개(羽) 치며 갑자기(卒) 내려와 물고기를 잡는
물총새니 물총새 **취**
또 물총새 깃처럼 푸르니 푸를 **취**

+ 새가 짐승이나 물고기를 잡을 때는 공중을 빙빙 돌다가 쏜살같이 내려와 잡음을 보고 만든 한자
+ 卒 zú/cù(졸병 졸, 갑자기 졸, 죽을 졸, 마칠 졸)
翠绿 cuìlǜ 형 청록색의, 비취색의

7-9급

戳
戳
chuō

꿩(翟) 같은 짐승을 잡으려고 창(戈)으로 찌르니 찌를 **착**
또 찌르며 사용하는 도장이니 도장 **착**

+ 翟 zhái/dí – 깃(羽)이 긴 새(隹)는 꿩이니 '꿩 적'
戳 chuō 동 찌르다, 찔러서 구멍을 뚫다

>> 谬寥 - 翏로 된 한자
류 료

miù

7-9급

谬

翏

말(讠)이 사실을 떠나 날듯이(翏) 그릇되니 그릇될 류

+ 翏 liù - 새 깃(羽)처럼 사람(人)의 머리털(彡)이 높이 나니 '높이 날 료'

荒谬 huāngmiù 톙 황당무계하다, 터무니없다

꿀TIP '荒谬'는 도리에 맞지 않거나 진실되지 않다는 것을 의미할 때 사용하고, '荒唐 huāngtáng(터무니 없다)'는 사상이나 언행 등이 이상하다는 것을 의미할 때 사용합니다.

liáo

7-9급

寥

집(宀)에 새 깃(羽)처럼 사람(人)의 머리털(彡)만 날리도록 텅 비고 적으니 텅 빌 료, 적을 료

또 텅 비어 쓸쓸하고 고요하니 쓸쓸할 료, 고요할 료

寥寥无几 liáoliáowújǐ 성 아주 적다, 아주 드물다, 얼마 되지 않는다

>> 诽绯绯 匪罪 - 非로 된 한자
비 비 배 비 죄

fěi

7-9급

诽

誹

말(讠)을 사실과 어긋나게(非) 하면서 비방하니 비방할 비

+ 非 fēi(어긋날 비, 아닐 비, 아프리카 비)

诽谤 fěibàng 통 (없는 것을 꾸며 대어) 비방하다, 중상모략하다

7-9급

绯

緋

fēi

보통 실(纟)이 아닌(非) 것으로 짠 비단이니 비단 비

또 비단은 대부분 붉게 물들여 붉으니 붉을 비

+ 비단(绸缎 chóuduàn) - 명주실로 짠 광택이 나는 피륙을 통틀어 이르는 말로, 가볍고 빛깔이 우아하며 촉감이 부드러워 최고의 천으로 여겼음

+ 纟 sī[糸 mì/sī(실 사, 실 사 변)의 간체자]

绯闻 fēiwén 톙 스캔들, 염문

pái

조금씩 **걸으며**(彳) 목적지가 **아닌**(非) 곳으로 배회하니
배회할 배

徘徊 páihuái 통 배회하다, 망설이다[≒ 犹豫 yóuyù 형 주저하다, 망설이다]

꿀TIP '徘徊'는 동사로 '한 곳에서 왔다갔다하다. 사물이 어떤 범위 내에서 이리저리 움직이다'라는 의미를 가지고 있으면서, '망설이다'라는 뜻으로도 사용하고, 형용사로 쓰이는 '犹豫'는 '생각이나 방법을 결정하지 못하다'라는 뜻으로만 사용됩니다. 그리고 '犹豫'는 '犹犹豫豫' 형태로 중첩할 수 있지만, '徘徊'는 중첩할 수 없습니다.

fěi

물건을 **상자**(匚)에 **그릇되게**(非) 담아 가는 비적이니 비적 비
또 비적처럼 경솔하니 경솔할 비

+ 비적(匪徒 fěitú) – 무장을 하고 떼를 지어 다니면서 사람들을 해치는 도둑
+ 경솔(轻率 qīngshuài) – 행동이나 말이 가볍고 조심성이 없음
+ 匚 fāng(상자 방), 徒 tú(무리 도), 轻 qīng(輕: 가벼울 경), 率shuài(비율률, 거느릴 솔, 솔직할 솔)

土匪 tǔfěi 명 지방의 무장 강도

zuì

법**망**(罒)에 걸릴 정도로 **어긋나**(非) 죄 짓는 허물이니
죄 지을 죄, 허물 죄

+ 법망(法网 fǎwǎng) – '법의 그물'로, 죄 지은 사람에게 제재를 할 수 있는 법률이나 그 집행 기관을 비유적으로 이르는 말
+ 罒 wǎng(그물 망, = 网, 罓), 法 fǎ(법 법), 网 wǎng(網: 그물 망)

罪 zuì 명 죄, 잘못

罪恶 zuì'è 명 죄악

犯罪 fànzuì 통 죄를 범하다 명 범죄

罪魁祸首 zuìkuíhuòshǒu 성 재난의 주요 원인, 근본 원인

7~9급

渔
渔
yú

물(氵)에서 **물고기**(鱼)를 잡으니 고기 잡을 **어**

➕ 鱼 yú(魚: 물고기 어)
渔船 yúchuán 🅜 어선

7~9급

鳄
鳄
è

물고기(鱼) 중 **놀랄**(咢) 정도로 사나운 악어니 악어 **악**

➕ 咢 è – 입(口)과 입(口)을 하나(一) 같이 크게(丂) 벌리고 놀라니 '놀랄 악'
➕ 丂 kǎo/qiǎo/yú['교묘할 교'지만 여기서는 大 dà/dài(큰 대)의 변형으로 봄]
鳄鱼 èyú 🅜 악어

7~9급

鲨
鯊
shā

바다 속 **모래**(沙)에 붙어사는 **물고기**(鱼)는 상어니 상어 **사**
또 민물 **모래**(沙)에 붙어사는 **물고기**(鱼)는 모래무지니
모래무지 **사**

鲨鱼 shāyú 🅜 상어

7~9급

鲁
魯
lǔ

물고기(鱼)가 **해**(日)를 따라 나와 말라 죽듯이 자기 죽는 줄도
모르게 어리석으니 어리석을 **로**, 노나라 **노**

➕ 노(鲁 Lǔ)나라 – 지금 현재의 취푸(曲阜 Qūfù)시에 있는 국가였으며, 주나라(西周 Xī Zhōu) 문왕의 아들 주공단(周公旦 zhōugōngdàn)이 형인 무왕에게 받은 봉토를 그의 아들 백금(伯禽 Bó qín)에게 다스리게 하던 제후국이며 주나라의 혈족국가이기도 합니다. 춘추 시대에 꽤 강력한 축에 속하던 국가였지만, 초(楚 Chǔ)나라에 의해 멸망하였습니다.

鲁莽 lǔmǎng 🅗 덤벙대다, 무모하다
粗鲁 cūlǔ 🅗 (성격이나 행동이) 거칠다, 사납다

7-9급

拢
攏
lǒng

손(扌)을 용(龙)처럼 구부려 흩어진 것을 합하니 합할 롱

+ 龙 lóng(龍: 용 룡)

靠拢 kàolǒng 통 접근하다, 가까이 다가서다

拉拢 lālǒng 통 (자기의 이익을 위해) 자기편으로 끌어들이다, 친하게 지내다

7-9급

咙
嚨
lóng

입(口)에 용(龙)이 나온 구멍처럼 생긴 목구멍이니 목구멍 롱

喉咙 hóulóng 명 목구멍, 인후

7-9급

垄
壟
lǒng

구불구불한 용(龙)처럼 흙(土)으로 만든 밭두둑이니 밭두둑 롱
또 밭두둑처럼 생긴 언덕이니 언덕 롱

垄断 lǒngduàn 통 독점하다, 독차지하다

+ 垄断은 〈맹자(孟子 Mèngzǐ)〉에 나오는 구절 중 "必求垄断而登之(bìqiú lǒngduàn ér dēng zhī), 以左右望而罔市利(yǐ zuǒyòu wàng ér wǎng shì lì) 어떤 사람이 높은 곳에 올라가 시장 사정을 살펴보고 자기 물건을 팔기에 적당한 곳으로 가서 상업상 이익을 독점하다"에서 유래되었습니다.

7-9급

胧
朧
lóng

몸(月)이 용(龙)처럼 늘어지며 의식이 흐릿하니 흐릿할 롱

朦胧 ménglóng 형 어렴풋하다, 흐릿하다, 몽롱하다

7-9급

笼
（籠）

lóng/lǒng

대(⺮) 조각을 **용(龙)**처럼 구부려 만든 바구니니
바구니 롱(lóng)
또 바구니로 덮으니 덮을 롱(lǒng)

笼子 lóngzi 몡 커다란 상자
笼统 lǒngtǒng 통 두루뭉술하다, 모호하다
笼罩 lǒngzhào 통 뒤덮다
灯笼 dēnglong 몡 등롱, 초롱

6급

宠
（寵）

chǒng

집(宀)에서 신성한 **용(龙)**을 대하듯이 주는 사랑과 은혜니
사랑 총, 은혜 총

宠物 chǒngwù 몡 애완동물

7-9급

庞
（龐）

páng

집(广)이 **용(龙)**도 살 정도로 커 어지러우니
클 방, 어지러울 방

庞大 pángdà 혱 방대하다

7-9급

袭
（襲）

xí

용(龙)이 갑자기 비를 내려 **옷(衣)**을 젖게 하듯 엄습하거나
이어받으니 엄습할 습, 이어받을 습

＋ 엄습(掩袭 yǎnxí) - 가리고 불시에 습격함
＋ 衣 yī(옷 의), 掩 yǎn(가릴 엄)
抄袭 chāoxí 통 표절하다
世袭 shìxí 통 대대로 계승하다
袭击 xíjī 통 기습하다, 타격을 입다

7-9급

聲

lóng

용(龙)트림 같은 큰 소리도 **귀(耳)**로 들을 수 없이 귀먹으니
귀먹을 롱

+ 용트림 – 거드름을 피우며 일부러 크게 힘을 들여 하는 트림

聋 lóng 혱 귀가 먹다, 들리지 않다

聋人 lóngrén 몡 청각장애인, 농아

---

154 ≫ **垒宏 勾钩** – ム, 勾로 된 한자
루 굉 구 구

7-9급

垒

lěi

담 쌓듯이(厽) 흙(土)을 쌓아 만든 보루나 진이니
보루 루, 진 루
또 보루 같은 야구나 소프트볼 등의 베이스니 베이스 루

번체 壘 – 밭을 쌓듯이(畾) 흙(土)을 쌓아 만든 보루나 진이니 '보루 루, 진 루'
+ 厽 lěi – 담 쌓는 모양에서 '담 쌓을 루'

堡垒 bǎolěi 몡 보루, 요새

6급

宏

hóng

집(宀)에서는 많은(広) 사사로움(ム)도 크니 클 굉

+ 広[十 shí(열 십, 많을 십)의 변형으로 봄]

宏大 hóngdà 혱 거대하다, 웅대하다

7-9급

勾

gōu

무엇을 싸듯(勹) 사사로이(ム) 선을 그어 지우거나 그리니
지울 구, 그릴 구

勾 gōu 됭 지우다, 그어버리다, (틈새를) 발라서 메우다, 상기시키다

勾画 gōuhuà 됭 선으로 그리다, 묘사하다

勾结 gōujié 됭 결탁하다, 공모하다

쇠(钅)를 **구부려(勾)** 만든 갈고리니 갈고리 **구**

钩 gōu 图 걸다
钩子 gōuzi 圐 갈고리
挂钩 guàgōu 图 관계를 맺다, 결탁하다, 손을 잡다, 열차를 연결하다

gōu

155 ▶▶ **胎怡冶 允** - 台로 된 한자와 允
태 이 야 윤

몸(月)에 **돈대(台)**처럼 생겨 생명이 잉태되는 태니 태 **태**
또 태는 생명이 생기고 자라는 바탕이니 바탕 **태**

✦ 돈대(台地 táidì) – 평지보다 높직하게 두드러진 평평한 땅
✦ 태(胎 tāi) – (아기를 밴 때에) 태아를 싸고 있는 조직. 곧 태반(胎盘 tāipán)과 탯줄(脐带 qídài)을 말함
✦ 台 tái/tāi(臺: 돈대 대, 누각 대, 飚: 태풍 태, 대만 대)

轮胎 lúntāi 圐 타이어
胚胎 pēitāi 圐 태아, 아이나 새끼를 뱀

tāi

마음(忄)이 **누각(台)**에서 노는 것처럼 기쁘니 기쁠 **이**

怡然自得 yíránzìdé 圈 기뻐하며 만족해하는 모양

yí

찬물(冫)도 **돈대(台)**에서 사용하는 대장간이니 대장간 **야**
또 대장간에서 쇠를 단련하듯 단련하니 단련할 **야**

✦ 庇 治 zhì(다스릴 치)
✦ 대장간에서는 쇠를 강하게 단련시키기 위하여 불에 달구었다가 찬물에 넣는 일을 반복하지요.

陶冶 táoyě 图 도자기를 굽거나 금속을 불리다, 사람의 품격을 수양하다

yě

6급

允

yǔn

나(厶)와 뜻이 같은 **사람**(儿)이면 진실로 믿고 허락하니

진실로 윤, 믿을 윤, 허락할 윤

允许 yǔnxǔ 동 허가하다, 허락하다

꿀TIP 允许는 '不 + 允许 + 동사(~하는 것을 금지하다)'의 형태로 자주 사용됩니다.

---

156 〉 **俊峻竣骏 棱凌陵** – 夋, 夌으로 된 한자

준 준 준 준 릉 릉 릉

7~9급

俊

jùn

사람(亻)이 의젓하게(당당하게) **걸을**(夋) 정도로 실력이 뛰어나니

뛰어날 준

+ 夋 qūn – 믿음직스럽게(厶) 천천히 걸어(夂) 가니 '의젓하게 걸을 준, 갈 준'
+ 중국 한자(간체자) 俊에서 八 bā(여덟 팔, 나눌 팔)는 번체자 儿 ér[(접미사 아, 사람 인 발, 兒: 아이 아)의 변형으로 봄]

俊 jùn 형 외모가 수려하다

俊俏 jùnqiào 형 (얼굴이) 준수하다, 잘 생기다, 수려하다

英俊 yīngjùn 형 재능이 출중하다, 잘생기다

7~9급

峻

jùn

산(山)처럼 **의젓한**(夋) 모양으로 높고 엄하니

높을 준, 엄할 준

严峻 yánjùn 형 심각하다, 모질다

7~9급

竣

jùn

서서(立) 의젓하게(당당하게) **갈**(夋) 수 있도록 일을 마치니

마칠 준

竣工 jùngōng 명 준공 동 공사가 끝나다, 준공되다

7-9급

jùn

말(马) 중 의젓하게 **뛰는**(夋) 준마니 준마 준

또 준마처럼 뛰어난 준걸이니 준걸 준

+ 준걸(俊杰 jùnjié) – 재주와 슬기가 매우 뛰어남. 또는 그런 사람

骏马 jùnmǎ 〔명〕 좋은 말, 빨리 달리는 말

7-9급

léng

나무(木)를 **언덕**(夌)처럼 모나게 깎으면 생기는 모니 모 릉

또 모난 것처럼 엄하니 엄할 릉

+ 夌 líng – 흙(土)이 나누어져(八) 천천히 걸어야(夂) 할 높은 언덕이니
  '높을 릉, 언덕 릉'

〔번체〕 夌 – 흙(土)이 쌓여 사람(儿)이 천천히 걸어야(夂) 할 높은 언덕이니
  '높을 릉, 언덕 릉'

+ 夂 zhǐ/zhōng (천천히 걸을 쇠, 뒤져올 치)

棱角 léngjiǎo 〔명〕 모서리 [비유] 날카로움, 예리함

7-9급

líng

차갑게(冫) **높이**(夌) 올라가며 업신여기니

올라갈 릉, 업신여길 릉

또 올라가 가까이 접근하니 접근할 릉

凌晨 língchén 〔명〕 새벽, 동틀무렵

盛气凌人 shèngqìlíngrén 〔성〕 아주 거만하다, 교만한 기세로 남을 업신여긴다

7-9급

líng

언덕(阝)처럼 **높이**(夌) 만든 임금 무덤이나 언덕이니

임금 무덤 릉, 언덕 릉

丘陵 qiūlíng 〔명〕 언덕, 구릉

6급

cǎn

(직접 하지 못하고) **마음(忄)**으로만 **참여한(参)** 듯 비참하니

비참할 참

+ 参cān/shēn/sān(參: 참여할 참, 가지런할 참, 인삼 삼)

惨 cǎn 혱 비참하다, 매우 심하다

悲惨 bēicǎn 혱 비참하다

7~9급

shèn

물(氵)에 **참여하여(参)** 적시니 적실 삼

渗 shèn 동 스며들다, 배어들다, 흘러나오다

渗透 shèntòu 동 (액체가) 스며들다, 삼투하다

7-9급

怯

qiè

마음(忄)이 먼저 도망갈(去) 정도로 겁내니 겁낼 겁

+ 去 qù(갈 거, 제거할 거)

胆怯 dǎnqiè 휑 위축되다, 겁내다

7-9급

劫

jié

가서(去) 힘(力)으로 위협하여 빼앗으니

위협할 겁, 빼앗을 겁

또 위협하고 빼앗으면 긴 시간 동안 잊지 못하니 긴 시간 겁

+ 겁 – 어떤 시간의 단위로도 계산할 수 없는 무한히 긴 시간, 하늘과 땅이 한 번
개벽한 때에서부터 다음 개벽할 때까지의 동안

劫 jié 툉 강탈하다, 협박하다, 위협하다

抢劫 qiǎngjié 툉 강도짓하다, 약탈하다

浩劫 hàojié 몡 대재앙

劫持 jiéchí 툉 납치하다, 협박하여 유괴하다

6급

罢

罢

bà

망(罒)으로 남은 물건을 싸 가며(去) 파하여 마치니

파할 파, 마칠 파

[번체] 罷 – 법망(罒)에 걸리면 유능한(能) 사람도 파하여 마치니 '파할 파, 마
칠 파'

+ 파하다 – 어떤 일을 마치거나 그만두다.

+ 罒 wǎng(그물 망, = 网, 罓)

罢工 bàgōng 툉 파업하다 몡 파업

罢了 bàle 조 단지 ~ 일 뿐이다

꿀 TIP '罢了'는 일반적으로 '不过(bùguò), 只是(zhǐshì), 无非(wúfēi)' 등과 문장의
앞뒤에서 호응합니다.

7-9급

磕

kē

돌(石)이 굴러가며(去) 그릇(皿) 같은 것에 부딪치고 치니

부딪칠 개, 칠 개

또 치듯이 상처 나게 갉아먹으니 갉아먹을 개

磕 kē 툉 (단단한 곳에) 부딪치다

7-9급

愧

kuì

마음(忄)에 **귀신(鬼)**이 생각날 정도로 부끄러우니

부끄러울 괴

+ 부끄러운 짓을 하면 사람은 모른다 해도 하늘이나 신께는 부끄럽겠지요.
+ 鬼 guǐ (귀신 귀)

惭愧 cánkuì 형 결점이 있거나 잘못을 저질러서 부끄럽다, 송구스럽다, 부끄럽다

当之无愧 dāngzhīwúkuì 성 어떤 칭호나 영예를 받기에 충분한 자격이 있다

羞愧 xiūkuì 형 부끄러워하다, 창피해하다

7-9급

huái

나무(木) 중 **귀신(鬼)** 같은 영험이 있다는 회화나무니

회화나무 괴

+ 회화나무에 지성으로 빌면 병이 낫거나 집안이 화평해지거나 전염병이 피해 간다는 등의 전설이 있지요. 중국의 수도 북경은 시를 상징하는 나무로 지정하여 가로수가 모두 회화나무랍니다.

槐树 huáishù 명 회화나무

7-9급

guī

구슬(王) 중 **귀신(鬼)**처럼 붉은 불구슬이니 불구슬 괴

또 불구슬처럼 진귀하니 진귀할 괴

+ 불구슬 – 빛깔이 붉은 구슬

瑰宝 guībǎo 명 진귀한 보물, 보배

玫瑰 méigui 명 장미

7-9급

魏

Wèi

맡겨(委) 쌓은 것이 **귀신(鬼)**처럼 높으니

높을 위, 성씨 위, 위나라 위

+ 위(魏 Wèi)나라 – 기원전 403~225년 약 200년간 존속한 전국 시대의 나라 가운데 하나로, 진(晋 Jìn)나라에서 분리되어 나왔으며, 한(韩 Hán)나라, 조(赵 Zhào)나라와 더불어 삼진(三晋 sānjìn)이라고 불리며, 전국 시대의 전국 칠웅(七雄 qīxióng)의 하나입니다. 토지가 사방 일천 리에 달했으며, 춘추 전국 시대의 국가 중 가장 인구가 많았던 나라이기도 합니다.

+ 委 wěi (맡길 위, 의지할 위)

7-9급

魂

hún

(몸속에 살아서) **말한다는(云) 귀신(鬼)** 같은 넋이니 넋 혼
또 넋처럼 깊은 마음이니 마음 혼

+ 넋 – ① 사람의 몸에 있으면서 몸을 거느리고 정신을 다스리는 비물질적인
것. 몸은 죽어도 영원히 남아 있다고 생각하는 초자연적인 것 ② 정신이나
마음
+ 云 yún(말할 운, 雲: 구름 운)

魂 hún 몡 혼, 넋, 혼령
灵魂 línghún 몡 영혼

7-9급

魄

pò

(몸속에 살아서) **말한다는(白) 귀신(鬼)** 같은 넋이니 넋 백

+ 白 bái(흰 백, 밝을 백, 깨끗할 백, 아뢸 백)

魄力 pòlì 몡 박력, 패기, 기백
气魄 qìpò 몡 기백, 패기
惊心动魄 jīngxīndòngpò 솅 몹시 공포에 떨다

7-9급

魁

kuí

재주가 **귀신(鬼)**처럼 뛰어나고 **전투(斗)** 기술도 우뚝한
우두머리니 우두머리 괴

+ 斗 dǒu(말 두, 鬪: 싸울 투)

夺魁 duókuí 통 1등을 쟁취하다, 우승을 다투다
罪魁祸首 zuìkuíhuòshǒu 솅 재난의 주요 원인, 근본 원인

7-9급

魅

mèi

귀신(鬼)이 **아니(未)** 된 도깨비니 도깨비 매
또 도깨비 같은 것에 홀리니 홀릴 매

魅力 mèilì 몡 매력

肴 참고자

yáo

다스려(乂) 많이(亠) 고기(月)로 만든 반찬이니 **반찬 효**

+ 乂 yì(벨 예, 다스릴 예, 어질 예), 亠[十 shí(열 십, 많을 십)의 변형으로 봄]
肴 yáo 몡 생선이나 고기 등의 고기 요리
佳肴 jiāyáo 몡 훌륭한 요리, 맛있는 요리

淆 7–9급

xiáo

물(氵)에 **반찬**(肴)이 섞이니 **섞일 효**

混淆 hùnxiáo 동 헷갈리다, 뒤섞이다

呕 7–9급
區
ǒu

입(口)을 어떤 **구역**(区)에 대고 토하니 **토할 구**

+ 区 qū/ōu(區: 나눌 구, 구역 구)
呕吐 ǒutù 동 구토

抠 7–9급
摳
kōu

손(扌)으로 일정한 **구역**(区)을 파고 새기며 추궁하니
팔 구, 새길 구, 추궁할 구

抠 kōu 동 파다, 파고들다, 새기다 혱 인색하다, 쪼잔하다

qū

말(马)을 어느 **구역**(区)으로 몰아 달리니 몰 **구**, 달릴 **구**

驱动 qūdòng 圐 부팅 圐 움직이다, 구동하다, 추진하다
驱逐 qūzhú 圐 쫓아내다, 몰아내다

qū

몸(身)의 나눠진 여러 **구역**(区)을 합한 몸이니 몸 **구**

身躯 shēnqū 圐 몸, 신체, 몸집

shū

나무(木)문의 일정한 **구역**(区)에 다는 지도리니 지도리 **추**
또 지도리처럼 가장 중요한(중심적인) 부분을 잡아주는 축이니
축 **추**

✚ 지도리 – 문짝을 문설주에 달아 여닫는 데 쓰는 두 개의 쇠붙이, 암짝은 문
설주에, 수짝은 문짝에 박아서 맞추어 꽂음

枢纽 shūniǔ 圐 사물의 중요 관건, 요점

7–9급

ōu

몸의 어느 **부분(区)**을 때리니(殳) 때릴 구

+ 殳 shū(칠 수, 창 수, 몽둥이 수)
殴打 ōudǎ 통 구타하다

7–9급

ōu

옛날 중국에서 세상의 여러 **구역(区)** 중 **모자라게(欠)** 여겼던
유럽이니 유럽 구

+ 산업 혁명이 일어나기 전까지 자원이 부족한 서구 유럽은 아주 못 살아, 자
원이 풍부하고 문화가 발달했던 중국에서 무시했다지요.
+ 欠 qiàn(하품 흠, 모자랄 흠)

6급

xiōng

움푹 파이고(凵) 베인(乂) 모양이 흉하니 흉할 흉
또 먹을 것이 없어 흉하게 살아야 할 흉년이니 흉년 흉

+ 凵 kǎn('입 벌릴 감, 그릇 감'이지만 여기서는 움푹 파인 모양으로 봄),
乂 yì(벨 예, 다스릴 예, 어질 예)
凶 xiōng 형 지나치다, 심하다, 나쁘다
凶手 xiōngshǒu 명 살인범, 흉악범

7–9급

xiōng

물(氵)살이 **흉하게(凶)** 용솟음치니 용솟음칠 흉

汹涌 xiōngyǒng 통 (물이) 세차게 일어나다, 용솟음치다

7-9급

酗

xù

술(酉)에 **흉하게(凶)** 빠져 주정하니 **주정할 후**

+ 酉 yǒu(술 그릇 유, 술 유, 닭 유, 열째 지지 유)

酗酒 xùjiǔ 图 무절제하게 술을 마시다, 주정하다

이합동사 '酗酒'는 '酗(주정을 부리다)+酒(술)'가 합쳐진 이합 동사로 목적어
를 취할 수 없으며, 酗와 酒 사이에 방향보어 起와 来를 이용하여,
'酗起酒来 xù qǐ jiǔ lái(주정하기 시작하다)'라고 하기도 합니다.

---

165 ▶ **驳爽** - 爻로 된 한자
　　　박 상

7-9급

驳

bó

말(马)에 **점괘(爻)** 같은 무늬가 있는 얼룩말이니 **얼룩말 박**
또 얼룩말처럼 보통 말과 다른 점을 논박하니 **논박할 박**
또 얼룩말에 실어 운반하니 **운반할 박**

+ 爻 yáo – 육효가 서로 엇갈린 점괘를 본떠서 '점괘 효'
　　　　　또 엇갈리며 세는 수효니 '수효 효'
　　　　　또 서로 교차하여 사귀며 좋은 점을 본받으니 '사귈 효, 본받을 효'

驳回 bóhuí 图 기각하다
反驳 fǎnbó 图 반박하다

6급

爽

shuǎng

마음 **큰(大)** 사람과 **사귀고(爻) 사귄(爻)** 듯 시원시원하니
시원할 상

爽 shuǎng 刨 통쾌하다, 즐겁다, 성격이 시원스럽다

164

7-9급

huái

(목적지 없이) **조금씩 걸으며(彳) 돌듯(回)** 배회하니

배회할 회

+ 回 huí(돌 회, 돌아올 회, 횟수 회)

徘徊 páihuái 통 배회하다, 망설이다[≒ 犹豫 yóuyù 형 주저하다, 망설이다]

꿀TIP '徘徊'는 '한 곳에서 왔다갔다하다, 사물이 어떤 범위 내에서 이리저리 움직이다'라는 뜻을 가지고 있으면서, '망설이다'라는 뜻으로도 사용됩니다. 단, 동사 중첩으로는 사용할 수 없습니다. 犹豫는 사람의 심리적 움직임으로 과단성이 없음을 의미하며, '생각이나 방법을 결정하지 못하다'라는 뜻으로만 사용됩니다. 犹豫는 형용사 중첩으로 사용할 수 있습니다.

7-9급

bǐ

입(口)에 먹을 것만 찾아 많이(十) 돌아(回)다니는 고을(阝)처럼 더럽고 인색하니 더러울 비, 인색할 비

鄙视 bǐshì 형 (언행·인품이) 비열하다[↔ 高尚 gāoshàng 형 고상하다, 훌륭하다]

卑鄙 bēibǐ 통 무시하다, 경멸하다[↔ 崇敬 chóngjìng 통 숭배하고 존경하다]

7-9급

shàn

7-9급

chàn

손(扌) 재주가 **많이**(亶) 뛰어나니 뛰어날 **천**

또 손(扌)으로 **많이**(亶) 멋대로 하니 멋대로 할 **천**

✦ 亶 dǎn/dàn – 머리(亠) 돌려(回) 아침(旦)부터 일에 열중하는 많은 믿음이
니 '많을 단, 믿음 단'

✦ 旦 dàn(아침 단)

擅长 shàncháng 툉 (어떤 방면에) 뛰어나다. 잘하다

擅自 shànzì 뷔 자기 멋대로, 독단적으로

많은(亶) 사람들의 **머리**(页)가 보인 듯 떨리니 떨릴 **전**

✦ 页 yè(頁: 머리 혈, 페이지 엽)

颤抖 chàndǒu 툉 부들부들 떨다

7-9급
昼
畫
zhòu

한 **자**(尺) 이상 **아침**(旦) 해가 올라온 낮이니 낮 주

+ 1자는 한 치의 열 배로 약 30.3cm
+ 尺 chǐ/chě(자 척), 旦 dàn(아침 단)

昼夜 zhòuyè 몡 낮과 밤

7-9급
恒
héng

마음(忄)이 항상 무엇으로 **뻗치듯**(亘) 항상이니 항상 항

+ 亘 gèn - 하늘(一)과 땅(一) 사이에 해(日)빛이 뻗치고 펴지니 '뻗칠 긍, 펼 선'
+ 一 yī('한 일'이지만 여기서는 하늘과 땅으로 봄)

永恒 yǒnghéng 몡 영원하다, 영원히 변하지 않다
持久以恒 chíjiǔyǐhéng 솅 늘 견지하다, 끈기있게 가지고 지속하다

7-9급
喧
xuān

입(口)을 펴(宣) 떠드니 떠들 훤

+ 宣 xuān - 집(宀) 안에 펴(亘) 베푸니 '펼 선, 베풀 선'

喧哗 xuānhuá 동 떠들어 대다 혱 왁자지껄하다, 떠들썩하다[↔ 安静 ānjìng
혱 고요하다, 평온하다]
喧闹 xuānnào 혱 떠들썩하다

167

7-9급

妝

zhuāng

장수(爿)에게 잘 보이려고 **여자**(女)가 단장하니 **단장할 장**

+ 爿 pán(爿 : 나무 조각 장, 장수 장 변)
化妆 huàzhuāng 图 화장하다
嫁妆 jiàzhuang 图 혼수

7-9급

姆

mǔ

여자(女) 중 **어머니**(母)처럼 아이를 보살피는 보모니 **보모 모**

保姆 bǎomǔ 图 보모, 가정부

6급

嫌

xián

여자(女) 몇을 **겸하여**(兼) 사귄 듯 싫어하고 의심하니
싫어할 혐, 의심할 혐

嫌 xián 图 싫어하다, 혐오하다

7-9급

嫩

nèn

(식재료를) **여자**(女)가 **묶어**(束) **쳐서**(攵) 부드러우니
부드러울 눈

+ 束 shù(묶을 속, 속박할 속)
嫩 nèn 图 연하다

7-9급

妖

yāo

여자(女)가 **예쁘게**(夭) 꾸며 아리땁고 요망하니
아리따울 **요**, 요망할 요

+ 아리땁다 - 마음이나 몸가짐 등이 맵시 있고 곱다.
+ 요망(妖妄 yāowàng) - 기괴하고 황당무계함
+ 夭 yāo(젊을 요, 예쁠 요, 일찍 죽을 요), 妄 wàng(망령될 망)

妖怪 yāoguài 몡 요괴

6급

妙

miào

여자(女)가 **젊으면서**(少) 묘하고도 예쁘니 묘할 **묘**, 예쁠 묘

妙 miào 혱 미묘하다, 신기하다
奇妙 qímiào 혱 신기하다, 기묘하다
巧妙 qiǎomiào 혱 뛰어나다, 교묘하다

7-9급

嫁

jià

여자(女)가 평생 살 **집**(家)으로 시집가니 시집갈 **가**

+ 떼 稼 jià(심을 가) - 제목번호 097 참고
嫁 jià 몡 시집가다
嫁妆 jiàzhuang 몡 혼수

7-9급

姥

lǎo

여자(女) 중 **늙은**(老) 외할머니니 외할머니 **로**

姥姥 lǎolao 몡 외할머니
姥爷 lǎoye 몡 외할아버지

169

7-9급

xī

여자(女)와 **기쁘게(喜)** 웃으며 장난치니 **장난칠 희**

+ 喜 xǐ(기쁠 희)
嬉笑 xīxiào 동 즐겁게 웃다, 낄낄거리고 웃다

7-9급

pì

여자(女)들이 머리의 **정수리(囟)**를 **나란히(比)** 대고 견주니
견줄 비

+ 정수리(头顶 tóudǐng) – 머리 위에 있는 자리
+ 囟 xìn(정수리 신)
媲美 pìměi 동 어깨를 겨루다, 견줄만하다

7-9급

cháng

여자(女) 중 **항상(常)** 달에 산다는 상아니 **상아 상**

+ 常 cháng(항상 상, 보통 상)
嫦娥 Cháng'é 명 상아[중국 신화에 나오는 달의 여신으로 서왕모의 불사약을
훔쳐 달 속으로 들어가 선녀가 되었다는 전설]

7-9급

xù

딸(女)이 **서로(胥)** 상대하며 사는 사위니 **사위 서**

+ 胥 xū – 발(疋)이 몸(月)에서 짝을 이루듯 짝을 이루는 서로니 '서로 서'
　　또 발(疋)이 몸(月)에서 낮은 곳에 있는 것처럼 낮은 벼슬아치니
　　'낮은 벼슬아치 서'
+ 疋 yǎ/pǐ/shū(필 필, 발 소)
女婿 nǚxu 명 사위

7-9급

嬰
(嬰)

yīng

재물(贝)과 돈(贝)보다 **여자(女)**가 더 좋아하는 어린아이니
어린아이 영

◆ 贝 bèi(貝: 조개 패, 재물 패, 돈 패)

嬰儿 yīng'ér 명 영아, 갓난아기

7-9급

耍

shuǎ

장난을 **이어가며(而) 여자(女)**가 희롱하니 희롱할 **사**

◆ 而 ér(말 이을 이, 어조사 이)

耍 shuǎ 동 (수단을) 부리다, 놀리다
耍赖 shuǎlài 동 생떼를 부리다, 억지를 부리다
玩耍 wánshuǎ 동 놀다, 장난하다

7-9급

萎

wěi

풀(艹)이 똑바로 서지 못하고 **의지하듯(委)** 기울며 시드니
시들 위

◆ 委 wěi/wēi(맡길 위, 의지할 위)

萎缩 wěisuō 동 (몸·신체 기관이) 위축되다, 움츠러들다, (식물이) 시들어 오그라들다

7-9급

凄

qī

얼음(冫)처럼 **아내(妻)**가 차가우면 남편은 쓸쓸하니 쓸쓸할 **처**

◆ 妻 qī/qì – 많이(十) 손(彐) 써 주는 여자(女)는 아내니 '아내 처'

凄凉 qīliáng 동 처량하다, 애처롭다

7-9급

shù

예전과 **같은(如) 마음(心)**으로 대하며 용서하니 용서할 서

+ 如 rú(같을 여)

宽恕 kuānshù 图 너그러이 용서하다

饶恕 ráoshù 图 용서하다, (처벌을) 면해 주다

7-9급

xù

같은(如) 실(糸)을 뽑을 수 있는 솜이니 솜 서

또 솜털처럼 말 많으니 말 많을 서

絮叨 xùdao 혱 수다스럽다 图 귀찮게 잔소리하다

7-9급

奴

nú

여자(女)의 **손(又)**처럼 힘들게 일하는 종이니 종 노

奴隶 núlì 명 노예

6급

怒

nù

일이 힘든 **종(奴)**의 **마음(心)**처럼 성내니 성낼 노

发怒 fānù 图 화내다

愤怒 fènnù 혱 분노하다

喜怒哀乐 xǐnùāilè 정 희로애락, 기쁨과 노여움과 슬픔과 즐거움

恼羞成怒 nǎoxiūchéngnù 정 부끄럽고 분해서 화를 내다, 화가 치밀어 오르다

7-9급

wǔ

사람(亻)은 **항상(每)** 남을 쉽게 업신여기니 업신여길 모

╋ 사람들은 자칫 자신을 망각하고 우쭐대며 남을 업신여길 수 있지요.

╋ 每 měi(항상 매)

侮辱 wǔrǔ ⑧ 모욕하다, 능욕하다[↔ 尊重 zūnzhòng ⑧ 존중하다, 존경하다]

6급

méi

나무(木) 중 **항상(每)** 가까이하는 매화나무니 매화나무 매

╋ 매화는 다른 꽃들과 달리 이른 봄에 추위 속에서 피어나는 절개 있는 꽃으로 사군자(四君子 sì jūnzǐ)의 으뜸이고, 열매인 매실은 약효가 뛰어나 여러 용도로 쓰여 집의 정원에 심어 꽃도 보고 열매도 이용하지요. '사군자'는 동양화에서 고결함이 군자와 같다는 뜻으로 매란국죽(梅兰菊竹 méilánzhújú)을 일컫는 말입니다.

梅花 méihuā ⑲ 매화나무에 핀 꽃

7-9급

霉

徵

méi

비(雨) 올 때처럼 **항상(每)** 습기가 있으면 곰팡이가 생기며 부패하니 곰팡이 매, 부패할 매

倒霉 dǎoméi ⑱ 운이 나쁘다, 재수없다

7~9급

腥

xīng

몸(月)에서 **별(星)**이 반짝이듯 나는 비린내니 비린내 성
또 비린내가 많이 나는 날고기니 날고기 성

➕ 星 xīng(별 성, 부스러기 성, 스타 성)
腥 xīng 혱 비린내가 나다

7~9급

胚

pēi

자기 **몸(月)**이 **아닌(不) 하나(一)**의 아기를 배니 아기 밸 배
또 아이 배듯 무엇을 만드는 소재나 씨앗이니 소재 배, 씨앗 배

胚胎 pēitāi 몡 태아, 아이나 새끼를 뱀

7~9급

腺

xiàn

몸(月)에서 분비물이 나오는 **샘(泉)**이니 샘 선

➕ 샘 - 생물체 내에서 분비 작용을 하는 기관
腺 xiàn 몡 인체의 물질을 분비할 수 있는 선세포

7~9급

膳

shàn

고기(月)까지 **좋게(善)** 요리한 음식으로 하는 식사니
음식 선, 식사 선

➕ 善 shàn(착할 선, 좋을 선, 잘할 선)
膳食 shànshí 몡 식단, 식사

7–9급	
	고기(月)에서 **맛(旨)**을 내는 기름이니 기름 지
zhī	+ 旨 zhǐ(맛 지, 뜻 지) 脂肪 zhīfáng 図 지방

7–9급	
	몸(月)을 **사방(方)**으로 살찌게 하는 기름이 많은 비계니 살찔 **방**, 기름 **방**, 비계 **방**
fáng	+ 비계(肥肉 féiròu) – 짐승, 특히 돼지의 가죽 안쪽에 두껍게 붙은 허연 기름 조각 + 方 fāng(모 방, 방향 방, 방법 방)

7–9급	
	몸(月)에 **좋게(吉)** 늘어진(冖) 긴머리(彡)처럼 부푸니 부풀 팽 膨脹 péngzhàng 图 팽창하다
péng	

7–9급	
膛	**몸(月)**에서 **집(堂)**처럼 중요 장기들이 모여 있는 가슴이니 가슴 **당** 또 가슴처럼 무엇이 들어있는 속이니 속 **당**
táng	+ 堂 táng(집 당, 당당할 당) 胸膛 xiōngtáng 図 가슴, 흉부

7-9급

荫
yìn
陰

풀(艹)로 그늘(阴)지게 덮으니 덮을 음
또 잘못을 덮어주며 비호하니 **비호할 음**

[번체] 蔭 - 풀(艹)로 그늘지게(陰) 덮으니 '덮을 음'
+ 비호(庇护 bìhù)하다 – 편들어서 감싸 주고 보호하다.
+ 阴 yīn(陰: 그늘 음), 庇 bì(덮을 비), 护 hù(護: 보호할 호)

树荫 shùyìn 명 나무 그늘

7-9급

脊
jǐ
脊

양쪽으로 똑같이(⟩ ⟨) 사람(人)의 몸(月)을 나누는 등마루니
등마루 척

+ 등마루 – 척추뼈가 있는 두두룩하게 줄진 곳

脊梁 jǐliang 명 척추, 등뼈

7-9급

肾
shèn
腎

칼(刂)을 손(又)에 잡고 요리하듯 몸(月)의 노폐물을 처리하는
콩팥이니 콩팥 신
또 콩팥 건강으로 말미암은 생식 기능이니 **생식 기능 신**

[번체] 腎 - 조정에서 궂은일을 하는 신하(臣)처럼 또(又) 몸(月)의 노폐물을
배설시키는 콩팥이니 '콩팥 신'
+ 콩팥(肾脏 shènzàng) – 혈액 속 노폐물을 걸러내어 오줌을 만드는 배설 기
관으로, '신장'이라고도 함

肾 shèn 명 신장

7-9급

贿
huì

재물(贝)을 **가지고(有)** 사사로이 주는 뇌물이나 선물이니
뇌물 회, 선물 회

+ 有 yǒu(있을 유, 가질 유)

受贿 shòuhuì 〔동〕 뇌물을 받다
贿赂 huìlù 〔동〕 뇌물을 주다 〔명〕 뇌물

7-9급

郁
yù

자원이 많이 **있는(有)** 고을(阝)은 번성하니 번성할 욱
또 번성하게 생각이 많아 답답하고 우울하니
답답할 울, 우울할 울

浓郁 nóngyù 〔형〕 흥미가 크다, 안개가 짙다, 색채가 농후하다
忧郁 yōuyù 〔형〕 우울하다, 침울하다
抑郁 yìyù 〔형〕 우울하다, 울적하다
抑郁症 yìyùzhèng 〔명〕 우울증

7-9급

髓
suǐ

뼈(骨)를 **따라(遀)** 가운데 차 있는 골수니 골수 수

+ 골수(骨髓 gǔsuǐ) – 뼈의 중심 공간에 차 있는 물질
+ 遀['随 suí(随: 따를 수)'의 획 줄임]

精髓 jīngsuǐ 〔명〕 정수[본질을 이루는 가장 중요한 요소], 정화

7-9급

棚
péng

나무(木)로 **무리**(朋)지어 나란히 만든 선반이니 선반 붕
또 선반처럼 둘러 친 막이나 천막이니 막 붕, 천막 붕

✦ 선반(架子 jiàzi) – 물건을 얹어 두기 위하여 까치발을 받쳐서 벽에 달아
 놓은 긴 널빤지
✦ 朋 péng(벗 붕, 무리 붕)

大棚 dàpéng 몡 비닐하우스

7-9급

绷
绷
bēng

실(纟) 여러 가닥을 **무리**(朋)지어 잡아당겨 팽팽하게 묶으니
잡아당길 붕, 팽팽할 붕, 묶을 붕

绷 bēng 통 묶다, 팽팽하게 잡아당기다, 단단히 조이다, 듬성듬성 꿰매다
绷带 bēngdài 몡 붕대

7-9급

鹏
鵬
péng

무리(朋)처럼 큰 **새**(鸟)는 붕새니 붕새 붕

✦ 붕새(大鹏 dàpéng) – 하루에 구만 리를 날아간다는 매우 큰 상상의 새
鹏程万里 péngchéngwànlǐ 정 앞날이 창창하다, 전도가 양양하다, 장래가
유망하다

7-9급

崩

bēng

산(山)처럼 무거운 것이 **무리(朋)**지어 누르면 무너지니
무너질 붕

崩潰 bēngkuì 图 붕괴하다, 파괴하다, 무너지다, 파산하다[주로 국가·정치·
경제·군사 등에 많이 사용함]

7-9급

蹦

bèng

발(𧾷)로 **무너지도록(崩)** 구르며 뛰니 뛸 붕

蹦 bèng 图 껑충 뛰다, 뛰어오르다

6급

额
额
é

손님(客)의 **머리**(页)에서 드러나는 이마니 이마 **액**
또 **손님**(客)의 **머리**(页) 수로 계산한 액수니 액수 **액**
또 이마처럼 드러나게 걸어놓은 현판이니 현판 **액**

名额 míng'é 圐 정원, 인원수
金额 jīn'é 圐 금액

6급

顽
顽
wán

자신만이 으뜸(元)가는 **머리**(页)라며 고집부리고 완고하니
완고할 **완**

✦ 완고(顽固 wángù) – 융통성 없이 올곧고 고집이 셈
✦ 固 gù(굳을 고, 진실로 고)

顽皮 wánpí 圐 아이가 장난이 심하다, 말을 듣지 않는다, 짖궂다
顽强 wánqiáng 圐 강인하다, 완강하다

꿀TIP '顽强'은 성격이나 속성이 굳세고 강인하는 것을 뜻하지만, '顽固 wángù(완고
하다)'는 사상이 보수적이고, 새로운 것을 받아들이기를 원하지 않는 것을 뜻
합니다. 주로 부정적인 것을 고집할 때에만 사용하지만, '固执 gùzhí(고집스
럽다)'처럼 좋은 것을 고집할 때에도 사용할 수 있습니다.

7-9급

颖
穎
yǐng

비수(匕) 같은 **벼**(禾)의 **머리**(页)인 이삭의 뾰족한 끝이니
이삭 **영**, 뾰족한 끝 **영**
또 잘 여문 이삭처럼 총명하니 총명할 **영**

脱颖而出 tuōyǐngérchū 圀 두각을 나타내다, 자기의 재능을 전부 드러내다
新颖 xīnyǐng 圐 참신하다, 새롭다[≒ 新鲜 xīnxiān 圐 신선하다]

꿀TIP 新颖은 일반적이지 않고, 신기하고 특이하는 것을 뜻하며, '风格新颖 fēnggé
xīnyǐng(스타일이 참신하다)'처럼 사용할 수 있습니다. 新鲜은 식품 등이 변
질되지 않거나, 어떤 대상이 막 출현하여 널리 보편화되지 않은 것을 뜻하며,
'新鲜经验 xīnxiān jīngyàn(신선한 경험)'처럼 사용할 수 있습니다.

7-9급

颓
颓
tuí

모지라진(秃) **머리**(页)처럼 납작하게 무너지니 무너질 **퇴**

✦ 모지라지다 – 물건의 끝이 닳아서 없어지다.
✦ 秃 tū(秃: 모지라질 독, 대머리 독) – 제목번호 278 참고

颓废 tuífèi 圐 의기소침하다

jiá

끼인(夹) 듯 양쪽 **머리(页)**카락 사이에 있는 뺨이니 뺨 협

+ 夹 jiā/jiá – 하나(一)처럼 양쪽(丷)으로 크게(大) 끼니 '낄 협'
[번체] 夾 – 크게(大) 두 사람(人人) 사이에 끼니 '낄 협'

脸颊 liǎnjiá 몡 볼, 뺨

guǎ

집(宀) 재산을 사람 **머리(頁)** 수대로 **칼(刀)**로 나누어 몫이 적으니
적을 과
또 **집(宀)**의 **머리(頁)** 같은 남편이 **칼(刀)** 들고 전쟁터에 나가
죽어 과부가 되니 과부 과

+ 頁(머리 혈, 페이지 엽)의 중국 한자(간체자)는 '页 yè'지만 여기서는 번체자
로 쓰였네요.

寡妇 guǎfù 몡 과부
孤陋寡闻 gūlòuguǎwén 성 학문이 얕고 견문이 좁다, 보고 들은 것이 적다

---

182 ▶ 巅巅 – 颠로 된 한자
전 전

diān

참(真)으로 빛나는 **머리(页)** 부분인 이마나 꼭대기니
이마 전, 꼭대기 전
또 꼭대기처럼 높은 것은 잘 넘어지니 넘어질 전

+ 页 yè(頁: 머리 혈, 페이지 엽), 真 zhēn(眞: 참 진)
颠倒 diāndǎo 동 (상하·전후의 위치가 원래와 달리) 뒤바뀌다, 상반되다,
전도되다, 어지럽고 어수선하다
颠覆 diānfù 동 전복하다, 생각을 뒤엎다

diān

산(山)의 **이마(颠)** 같은 꼭대기니 산꼭대기 전

巅峰 diānfēng 몡 산꼭대기, 산의 정상, (사물 등의) 전성기, 최고봉

7~9급

顷
頃
qǐng

비수(匕)처럼 번쩍 어떤 생각이 **머리**(页)에 스치는 잠깐이니
잠깐 **경**
또 잠깐 사이의 어떤 즈음이나 잠깐 사이에 만들어지는 이랑이니
즈음 **경**, 이랑 **경**

✦ 이랑(垄 lǒng) – 갈아 놓은 밭의 한 두둑과 한 고랑을 아울러 이르는 말

公顷 gōngqǐng 양 헥타르[면적의 단위]

꿀TIP 1헥타르는 1아르의 100배로 1만㎡입니다.

6급

倾
傾
qīng

사람(亻)은 **잠깐**(顷) 사이에 어느 쪽으로 기우니 기울 **경**

倾向 qīngxiàng 명 경향, 추세 동 (한쪽으로) 기울다, 쏠리다
倾家荡产 qīngjiādàngchǎn 성 가산을 탕진하다

7-9급

忌

jì

자기(己)를 마음(心)으로 생각하며 꺼리니 꺼릴 기

忌 jì 동 시기하다, 질투하다, 꺼리다, 삼가다, 싫어하다, 끊다

妒忌 dùjì 동 질투하다, 시기하다

忌讳 jìhuì 동 (말이나 행동을) 금기하다, 꺼리다

忌口 jìkǒu 동 (환자들을 치료할 때) 음식을 가리다

禁忌 jìnjì 명 금기

7-9급

怠

dài

누각(台)에서 놀기만 하는 마음(心)처럼 게으르니 게으를 태

✛ 台 tái/tāi(臺: 돈대 대, 누각 대, 颱: 태풍 태, 대만 대)

怠工 dàigong 동 일하는 태도가 태만하다

怠慢 dàimàn 동 대접이 소홀하다, 쌀쌀맞게 대하다

7-9급

惑

huò

혹시(或)나 하는 마음(心)으로 미혹하니 미혹할 혹

✛ 미혹하다(迷惑 míhuò) - ① 무엇에 홀려 정신을 차리지 못하다. ② 정신이 헷갈리어 갈팡질팡 헤매다.

✛ 或 huò(혹시 혹)

困惑 kùnhuò 형 곤혹하다

迷惑 míhuò 동 현혹시키다 형 어리둥절하다, 정신을 차리지 못하다

疑惑 yíhuò 명 의심, 의혹 동 의심을 품다, 의심하다

诱惑 yòuhuò 동 유혹하다, 매료시키다

迷惑不解 míhuòbùjiě 성 어찌 된 영문인지 모르다, 정신을 차리지 못하다

6급

悬
(懸)

xuán

고을(县)에서 **마음**(心) 나쁜 자들을 매달고 멀리하니

매달 현, 멀리할 현

+ 县 xiàn/xuán(縣: 고을 현)

悬 xuán 图 매달다, 걸다

悬挂 xuánguà 图 걸다, 매달다

7~9급

惫
(憊)

bèi

무엇을 **갖추고**(备) 대기해야하는 **마음**(心)처럼 고달프니

고달플 비

+ 备 bèi(備: 갖출 비)

疲惫 píbèi 형 (몸이나 마음이) 피곤하다, 고단하다

疲惫不堪 píbèibùkān 성 견디지 못할 정도로 피곤하다, 지나치게 힘겹다

6급

慧

huì

잡념을 **비**(彗)로 쓸어버린 **마음**(心)처럼 밝은 지혜니

밝을 혜, 지혜 혜

+ 彗 huì – 풀 무성한 가지 두 개(丰丰)를 묶어 손(彐)으로 잡은 모양에서
'비 혜, 꽁지별 혜'
+ 丰 fēng(풀 무성할 봉, 예쁠 봉, 豐: 풍성할 풍)

智慧 zhìhuì 명 지혜

7~9급

悠

yōu

아득하게(攸) **마음**(心)에 느껴질 정도로 멀리 생각하며 흔들리고
한가하니 멀 유, 흔들릴 유, 한가할 유

+ 攸 yōu – 사람(亻)이 지팡이(丨)로 땅을 치면서(攵) 사라져 아득하니
'아득할 유'
+ 丨 gǔn('뚫을 곤'이지만 여기서는 지팡이로 봄), 攵 pō(칠 복, = 攴)

悠久 yōujiǔ 형 유구하다, 오래되다

悠闲 yōuxián 형 한가하다, 여유롭다, 유유하다

转悠 zhuànyou 图 한가롭게 거닐다, 돌아다니다, 어슬렁거리다

忽悠 hūyou 图 낚이다, 속이다, 허세를 떨다

憾撼 – 感으로 된 한자
감 감

6급

憾

hàn

마음(忄)에 서운함이 느껴지도록(感) 섭섭하니 섭섭할 감

+ 感 gǎn(느낄 감, 감동할 감)
遗憾 yíhàn 혱 아쉽다, 유감스럽다

7~9급

撼

hàn

손(扌)짓을 알아차리고 느끼게(感) 흔드니 흔들 감

震撼 zhènhàn 동 뒤흔들다, 진동시키다

熄媳 – 息으로 된 한자
식 식

7~9급

熄

xī

불(火)이 타는 것을 쉬듯(息) 꺼지고 그치니 꺼질 식, 그칠 식

+ 息 xī(쉴 식, 소식 식, 숨 쉴 식, 자식 식, 늘어날 식)
熄火 xīhuǒ 동 불을 끄다

7~9급

媳

xí

여자(女) 중 자식(息)의 아내인 며느리니 며느리 식

媳妇 xífù 명 며느리, 아내

6급

忧
yōu

憂

마음(忄)에 **허물**(尤)이 생각나 근심하며 우울하니

근심할 우, 우울할 우

+ 尤 yóu(더욱 우, 드러날 우, 원망할 우, 허물 우)

担忧 dānyōu 통 걱정하다, 근심하다

忧郁 yōuyù 형 우울하다, 침울하다

7–9급

怖
bù

마음(忄)에 널리 **펴져**(布) 소문나는 것을 두려워하니

두려워할 포

+ 布 bù(베 포, 펼 포, 줄 포)

恐怖 kǒngbù 형 아주 무섭다, 공포를 느끼다

7–9급

恼
nǎo

惱

어떤 **마음**(忄)이 **정수리**(囟)에 계속 있어 괴로워하니

괴로워할 뇌

[번체] 惱 – 어떤 생각(忄)이 냇물(巛)처럼 정수리(囟)에 계속 흘러 괴로워하니
'괴로워할 뇌'

+ 정수리(头顶 tóudǐng) – 머리 위에 있는 자리

+ 囟[囟 xìn(정수리 신)의 변형], 巛 chuān(개미허리 천)

烦恼 fánnǎo 형 걱정스럽다, 괴롭다

苦恼 kǔnǎo 형 몹시 괴롭다

恼羞成怒 nǎoxiūchéngnù 성 부끄럽고 분해서 화를 내다, 화가 치밀어 오르다

꿀TIP 烦恼는 형용사로 사용되지만 '~ 的(~의) + 烦恼(걱정)'와 같이 명사로도 자
주 사용하여, '生活中的烦恼 shēnghuó zhōng de fánnǎo(생활 속의 걱정)' 등
처럼 사용할 수 있습니다.

7-9급

慷

kāng

마음(忄)이 **편안한**(康) 듯 호탕하니 호탕할 강
또 **마음**(忄)이라도 **편안하게**(康) 하려고 애쓰는 상황처럼 슬프니
슬플 강

+ 康 kāng(편안할 강)
慷慨 kāngkǎi 혱 대범하다, 후하게 대하다[↔ 小气 xiǎoqi 혱 인색하다]

7-9급

愣

lèng

마음(忄)이 **그물**(罒)로 **사방**(方)이 덮인 듯 멍청하니
멍청할 롱

愣 lèng 통 넋 놓다, 멍해지다
发愣 fālèng 통 넋을 놓다, 멍해지다

6급

愤

fèn

마음(忄)이 **크게**(贲) 쓰이도록 성내니 성낼 분

+ 贲 bēn/bì – 많은(卉) 재물(贝)을 들여 크게 꾸미니 '클 분, 꾸빌 비'
+ 卉 huì – 많은(十) 풀(艹)이니 '많을 훼, 풀 훼'
愤怒 fènnù 혱 분노하다

7-9급

惰

duò

마음(忄)이 **낮은**(左) 곳으로 늘어지는 **몸**(月)처럼 게으르니
게으를 타

+ 左 zuǒ(왼쪽 좌, 낮은 자리 좌)
懒惰 lǎnduò 혱 게으르다, 나태하다

7-9급

惧
懼
jù

마음(忄)에 **갖추지(具)** 못한 것이 생각난 듯 두려워하니

두려워할 구

[번체] 懼 – 마음(忄)이 두 눈(目目) 두리번거리는 새(隹)처럼 두려워하니
'두려워할 구'
+ 具 jù(갖출 구, 기구 구)

恐惧 kǒngjù 형 무섭다 동 겁먹다, 두려워하다
畏惧 wèijù 동 두려워하다, 무서워하다

[꿀TIP] 畏惧를 활용하여 '心生畏惧 xīn shēng wèijù(마음에 두려움이 생기다), 无所
畏惧 wúsuǒ wèijù(아무것도 두렵지 않다)'로 사용합니다.

6급

懒
懶
lǎn

마음(忄)에 **의지할(赖)** 무엇이 있는 듯 게으르니 게으를 라

+ 꼭 해야 한다는 간절함이 없이 이것 아니어도 의지할 무엇이 있다고 생각하면
게을러지지요.

懒 lǎn 형 게으르다, 나태하다
懒惰 lǎnduò 형 게으르다, 나태하다

[꿀TIP] 懒은 '懒得(lǎn de) + 동사 = ~하기 귀찮다'의 형식으로 사용하기도 합니다.

7-9급

慎
慎
shèn

마음(忄)까지 **참(真)**되게 하려고 삼가니 삼갈 신

慎重 shènzhòng 형 신중하다, 조심하다
不慎 búshèn 동 조심하지 않다, 부주의하다
谨慎 jǐnshèn 형 신중하다

6급

扣
kòu

손(扌)으로 **구멍**(口)을 채우니 채울 **구**
또 채우려고 빼거나 두드리니 뺄 **구**, 두드릴 **구**

扣 kòu 图 삭감하다, 공제하다
纽扣 niǔkòu 명 단추
扣人心弦 kòurénxīnxián 성 심금을 울리다, 감동적이다

7-9급

哄
hōng/hòng
/hǒng

입(口)으로 **함께**(共) 떠드니 떠들 **홍**(hōng)
또 함께 떠들어 떠들썩하니 떠들썩할 **홍**(hòng)
또 떠들썩하게 떠들며 속이니 속일 **홍**(hǒng)

哄 hōng/hǒng/hòng 의 [hōng] 왁자지껄, 와글와글, 와 图 [hōng] 달래다, 어
르다, 놀리다 图 [hòng] 떠들어 대다, 소란을 피우다
哄堂大笑 hōngtángdàxiào 성 떠들썩하게 크게 웃다, 폭소를 자아내다

7-9급

唬
hǔ/xià

입(口)으로 **범**(虎)처럼 소리 내어 우니 범 울 **호**(hǔ)
또 범처럼 으르렁거리며 으르니 으를 **하**(xià)

+ 图 吓 xià(嚇: 위협할 혁, 놀랄 혁)
+ 으르다(威胁 wēixié) – 상대편이 겁을 먹도록 무서운 말이나 행동으로 위
  협하다.
吓唬 xiàhu 图 깜짝 놀라게 하다, 겁주다, 위협하다

7-9급

嘲
cháo

입(口)으로 **아침**(朝)부터 지껄이며 조롱하니 조롱할 조

＋ 아침에는 삼가야 할 말도 있는데 아침부터 말함은 조롱함이지요.

嘲弄 cháonòng 图 비웃고 희롱하다

嘲笑 cháoxiào 图 비웃다

꿀TIP '嘲笑'는 '被 ＋ A ＋ 嘲笑(A로/으로부터 비웃음을 당하다)', 'A ＋ 嘲笑 ＋ B(A 이/가 B를 비웃다)'라는 표현을 사용하여 쉽게 작문할 수 있습니다.

7-9급

喉
hóu

입(口) 아래 **과녁**(侯)처럼 둥근 목구멍이니 목구멍 후

＋ 侯 hòu/hóu(과녁 후, 제후 후)

喉咙 hóulóng 图 목구멍, 인후

咽喉 yānhóu 图 인후, 인후와 후두

7-9급

喇
lǎ

입(口)을 **묶을**(束) 듯 공기를 모아 **칼**(刂)처럼 날카롭게 부는 나팔이니 나팔 라

또 라마교도 나타내어 라마교 라

＋ 라마교(喇嘛教 lǎmajiào) - 대승 불교가 티베트 고유 신앙과 동화하여 발달한 종교

喇叭 lǎba 图 경적, 나팔

7-9급

嘱
zhǔ

입(口)으로 **붙어살게**(属) 해달라고 부탁하니 부탁할 촉

＋ 属 shǔ/zhǔ(屬: 붙어살 속, 무리 속)

叮嘱 dīngzhǔ 图 신신당부하다, 거듭 부탁하다

遗嘱 yízhǔ 图 유언

嘱咐 zhǔfù 图 당부하다, 분부하다

6급

jí

선비(士)처럼 좋게 말하면(口) 길하고 상서로우니
길할 길, 상서로울 길

+ 길하다 – 운이 좋거나 일이 상서롭다.
+ 상서(祥瑞 xiángruì) – 복되고 좋은 일이 일어날 조짐
+ 祥 xiáng(祥: 상서로울 상), 瑞 ruì(상서로울 서)

吉利 jílì 혱 길하다

吉祥 jíxiáng 혱 상서롭다, 길하다, 운수가 좋다[↔ 不祥 bùxiáng 혱 불길
하다]

6급

潔

jié

물(氵)이 길하도록(吉) 깨끗하니 깨끗할 결

번체 潔 – 물(氵)로 많이(丰) 칼(刀)과 실(糸)을 씻은 듯 깨끗하니 '깨끗할 결'

廉洁 liánjié 혱 청렴하다

清洁 qīngjié 혱 청결하다, 깨끗하다

清洁工 qīngjiégōng 명 환경미화원, 청소부

7-9급

沽

gū

물(氵)도 **오래(古)** 뒤에는 사고팔아 구해야 하니
살 고, 팔 고, 구할 고

+ 오래 뒤가 아니라 지금도 물을 사고팔지요.

沽名钓誉 gūmíngdiàoyù 〔성〕 온갖 수단을 부려 명예를 추구하다

7-9급

菇

gū

풀(艹)처럼 **잠깐(姑)** 사이에 자라는 버섯이니 버섯 고

+ 버섯은 잠깐 사이에 자라지요.
+ 姑 gū(시어미 고, 할미 고, 잠깐 고)

蘑菇 mógu 〔명〕 버섯

6급

滴

dī

물(氵)이 방울져 **밑동(商)**으로 떨어지는 물방울이니 물방울 적

+ 商 dí - 머리 부분(亠)을 받친(丷) 성(冂) 모양으로 오래(古)된 밑동이나
　　　뿌리니 '밑동 적, 뿌리 적'
+ 〔비〕 商 shāng(장사할 상, 협의할 상)
+ 밑동 - 나무줄기의 밑 부분으로, 사물의 제일 중요한 부분을 가리키기도 함

滴 dī 〔동〕 액체가 한 방울씩 떨어지다 〔양〕 방울[떨어지는 액체를 세는 단위]

7~9급

zào

입(口)으로 **새 떼 지어 울듯**(喿) 떠드니 **떠들 조**

+ 喿 zào/qiāo – 새들의 입들(品)이 나무(木) 위에서 떼 지어 우니
　　　　'새 떼 지어 울 소'
+ 品 pǐn('물건 품, 등급 품, 품위 품, 품평할 품'이지만 여기서는 입들로 봄)

噪声 zàoshēng 몡 소음, 잡음
噪音 zàoyīn 몡 소음

7~9급

zào

불(火)에 **새 떼 지어 울듯**(喿) 소리 내며 타거나 마르니
탈 조, 마를 조

干燥 gānzào 혱 건조하다, 마르다
枯燥 kūzào 혱 무미건조하다, 지루하다

7~9급

zào

발(足)로 **새 떼 지어 우는**(喿) 소리를 내며 뛸 정도로 성급하니
성급할 조

+ 足[足 zú(발 족, 넉넉할 족)가 부수로 쓰일 때의 모양]

焦躁 jiāozào 혱 초조하다
暴躁 bàozào 혱 성미가 거칠고 급하다, 욱하다
烦躁 fánzào 혱 초조하다, 안절부절하다, 안달하다
浮躁 fúzào 혱 조급하다, 경솔하다, 경박하다

7~9급

sào/sāo

몸(月)이 **새 떼 지어 울듯**(喿) 소리 내며 (喿) 부끄러워하게 창피주니
부끄러워할 조, 창피 줄 조 (sào)
또 부끄러워할 정도로 냄새가 누리니 **누릴 조** (sāo)

+ 누리다 – 짐승의 고기에서 나는 기름기 냄새나, 단백질이 타는 냄새처럼 역
　겨운 냄새가 있다.

害臊 hàisào 혱 부끄럽다, 쑥쓰럽다

7~9급

zǎo

풀(艹) 중 물(氵)에서 **새 떼 지어 울듯**(喿) 모여 사는 마름이니
마름 조

+ 마름 – 진흙 속에 뿌리를 박고, 줄기는 물속에서 가늘고 길게 자라 물 위로
　나오며 깃털 모양의 물속뿌리가 있음

海藻 hǎizǎo 몡 해조류의 총칭[해초, 다시마 등]

7-9급

wú

입(口)을 하늘(天)에 대고 큰 소리쳤던 오나라니

큰 소리칠 화, 오나라 오

[번체] 吳 – 입(口) 벌리고 목을 뒤로 젖히며(ㄱ) 큰(大) 소리쳤던 오나라니
　　　'큰 소리칠 화, 오나라 오'

✦ 오(吴 Wú)나라 – 중국 춘추 시대에, 주나라 문왕(文王 Wénwáng)의 큰아버지인 태백(太白 Tàibái)이 세운 나라로, 장쑤(江苏省 Jiāngsūshěng), 안후이(安徽省 Ānhuīshěng), 저장(浙江省 Zhèjiāngshěng) 일대에 수도[지금의 장쑤 쑤저우(江苏苏州 Jiāngsū Sūzhōu)]를 세웠으며, 황허강(黄河 huánghé) 중류 유역의 주민과 풍속이 달라 만이(蛮夷 mányí)로 취급받았으며, 기원전 473년에 월(越 Yuè)나라의 구천(句践 gōujiàn)에 의해 멸망함

✦ ㄱ(목을 뒤로 젖힌 모양)

6급

yú

여자(女)들이 큰 소리치며(吴) 즐거워하니 즐거워할 오

娱乐 yúlè 명 오락, 예능 동 여가를 즐기다

文娱 wényú 명 레크레이션

7-9급

wū

하늘(一)과 땅(一)을 연결하여(|) 사람들(人人)의 악귀를 쫓는 무당이니 무당 무

巫婆 wūpó 명 무당, 점쟁이

7-9급

吕
呂
lǚ

등뼈가 서로 이어진 모양을 본떠서 등뼈 **려**
또 등뼈처럼 소리의 높낮음이 이어진 음률이니 음률 **려**, 성씨 **려**
+ 음률(音律 yīnlǜ) – 음악. 음악의 곡조

7-9급

侣
侶
lǚ

사람(亻)에게 **등뼈(吕)**처럼 이어진 짝이니 짝 **려**

情侣 qínglǚ 몡 커플, 연인
伴侣 bànlǚ 몡 배우자, 반려자, 동료

7-9급

铝
鋁
lǚ

쇠(钅) 중 **등뼈(吕)**처럼 오돌토돌한 부분을 가는 줄이니
갈 **려**, 줄 **려**
또 갈아 가공하기 쉬운 알루미늄이니 알루미늄 **려**

+ 줄(鑢 lǜ) – 쇠붙이를 가는 연장
+ 갈다(打磨 dǎmó) – 표면을 매끄럽게 하기 위하여 다른 물건에 대고 문지르다.
+ 鑢 lǜ(줄 려), 打 dǎ(칠 타, 공격할 타, 어조사 타, 다스 타), 磨 mó(磨: 갈 마, 맷돌 마)

铝 lǚ 몡 알루미늄

꿀TIP '알루미늄(aluminium, Al)'은 백색의 가볍고 부드러운 금속으로, 가공하기 쉽고 가벼우며 내식성이 있으며, 인체에 해가 없으므로 건축 · 화학 · 가정용 제품 등에 사용되고 있습니다.

6급

宫
宮
gōng

집(宀) 여러 칸이 **등뼈(吕)**처럼 이어진 궁궐이니 궁궐 **궁**

+ 천자(天子 tiānzǐ)가 거처하는 황궁(皇宫 huánggōng)은 9999칸, 임금(国君 guójūn)이 거처하는 궁궐(宫 gōng)은 999칸, 사대부(贵族 guìzú)의 집은 99칸까지 지었다고 하지요.

宫 gōng 몡 궁
宫廷 gōngtíng 몡 궁궐, 궁궐 가운데 있는 본당
宫殿 gōngdiàn 몡 궁전

7-9급

yuē

말할 때 **입**(口)에서 **소리**(一)가 나옴을 본떠서 가로 왈

+ 가로다 – '말하다'를 예스럽게 이르는 말

曰 yuē 图 말하다, 부르다

6급

chāng

해(日)처럼 밝게 **말하는**(曰) 사람이 빛나고 번창하니
빛날 **창**, 번창할 **창**

+ 긍정적이고 태도가 분명한 사람이 빛나고 번창하지요.

昌盛 chāngshèng 혱 창성하다, 흥성하다

7-9급

jīng

해가 셋(日日日)이나 빛난 듯 반짝이는 수정이니 수정 **정**
또 수정처럼 맑으니 맑을 **정**

+ 육면체인 수정에 해가 비치면 각 면에서 반짝이지요.

水晶 shuǐjīng 명 수정[석영이 육각기둥 꼴로 결정된 것]

晶莹 jīngyíng 혱 투명하게 반짝이다

液晶 yèjīng 명 액정[LCD]

结晶 jiéjīng 명 결정체, 결정, 소중한 성과 图 결정하다[화학 용어]

7–9급

绅
shēn

실(纟)로 만들어 펴(申) 두르는 큰 띠니 큰 띠 신
또 큰 띠로 모양을 낸 신사니 신사 신

＋ 신(紳 shēn) – 옛날 중국에서, 예복을 입을 때 허리에 매고 그 나머지를 드리운 폭이 넓은 띠, 큰 띠
＋ 申 shēn(펼 신, 아뢸 신, 아홉째 지지 신, 원숭이 신)

绅士 shēnshì 몡 신사, 유력 인사

6급

畅
chàng

펴지는(申) 햇살(㫃) 덕분에 화창하니 화창할 창

[번체] 暢 – 펴지는(申) 햇살(昜) 덕분에 화창하니 '화창할 창'
＋ 㫃 – 하늘(一)에 없던(勿) 해가 떠서 비치는 햇살이니 '햇살 양'
[번체] 昜 – 아침(旦)마다 없던(勿) 해가 떠서 비치는 햇살이니 '햇살 양'
＋ 一 yī('한 일'이지만 여기서는 하늘로 봄), 勿 wù(말 물, 없을 물), 旦 dàn(아침 단)

畅通 chàngtōng 톙 원활하다, 막힘없이 잘 통하다

酣畅 hānchàng 톙 기분이 좋다, 통쾌하다

6급

审
shěn

집(宀)에 펴(申)놓고 살피니 살필 심

[번체] 審 – 집(宀)에 번지(番)를 정하기 위하여 살피니 '살필 심'
＋ 番 fān/pān(차례 번, 번지 번)

审查 shěnchá 됭 심사하다, 검열하다

197

7-9급

淹

yān

물(氵)이 **덮어(奄)** 잠기니 잠길 엄

+ 奄 yǎn – 문득 크게(大) 펴서(电) 덮고 가리니 '문득 엄, 덮을 엄, 가릴 엄'
+ 电 diàn[電(번개 전, 전기 전)의 중국 한자(간체자)지만, 여기서는 申 shēn(펼 신, 아뢸 신, 아홉째 지지 신, 원숭이 신)의 변형으로 봄]

淹 yān 图 (물에) 젖거나 잠기다, 침수하다, 익사하다

7-9급

掩

yǎn

손(扌)으로 **덮어(奄)** 가리니 가릴 엄

掩盖 yǎngài 图 감추다, 덮어 가리다
掩护 yǎnhù 图 엄호하다, 몰래 보호하다
掩饰 yǎnshì 图 (결점·실수 등을) 감추다, 덮어 숨기다

7-9급

龟

guī/jūn

머리(⺈)와 **등판(曰)**과 **꼬리(乚)** 있는 거북이니
거북 **구**, 거북 **귀**(guī)
또 거북 등처럼 갈라지고 터지니 터질 **균**(jūn)

+ ⺈[人 rén(사람 인)의 변형으로 봄], 曰 yuē(가로 왈), 乚 háo/yǐ[乙yǐ(새 을, 둘째 천간 을, 둘째 을, 굽을 을)이 부수로 쓰일 때의 모양]은 거북의 몸을 나타냄

龟 guī 图 거북

198

6급

舌

shé

혀(千)가 입(口) 밖으로 나온 모양을 본떠서 혀 설

╇ 千 qiān('일천 천, 많을 천'이지만 여기서는 밖으로 나온 혀로 봄)

舌头 shétou 명 혀

꿀TIP 舌头의 头는 단어를 구성하는 명사나 대명사의 접미사일 경우, 경성으로 발음합니다.

6급

刮
颳

guā

혀(舌)로 입안을 긁듯이 칼(刂)로 긁고 씻으니 긁을 괄, 씻을 괄
또 씻듯이 살랑살랑 바람이 부니 바람 불 괄

刮 guā 동 바람이 불다, (칼로) 깎다, 벗기다

7-9급

舔

tiǎn

혀(舌)로 욕되게(忝) 핥아 먹으니 핥을 첨, 먹을 첨

╇ 忝 tiǎn – 젊은이(天)에게 마음(忄) 써줌이 황송하니 '황송할 첨'
　　　　　　또 젊은이(天)의 마음(忄)처럼 실수를 잘하여 욕되는 경우가 많으니
　　　　　　'욕될 첨'

╇ 忄(마음 심 발)

舔 tiǎn 동 핥다

199

7-9급

甘

gān

쭉 내민 혀에 단맛을 느끼는 혀 앞부분을 본떠서 달 **감**
또 단맛처럼 기쁘니 기쁠 **감**

+ 혀의 앞부분에서 단맛을 느끼니, 쭉 내민 혀 모양 앞부분에 一 yī(한 일)을
  그어 만든 한자

甘心 gānxīn 통 만족해하다, 달가워하다

7-9급

酣

hān

술(酉)도 **기쁘게**(甘) 마시며 흥겨우니 흥겨울 **함**
또 흥겨움이 무르익은 절정이니 절정 **함**

+ 번체자에서는 '흥겨울 감, 흥겨울 함'으로 사용하지만, 여기서는 중국 한자
  (간체자)의 병음을 따라서 '흥겨울 함'으로 풀었습니다.

酣畅 hānchàng 형 기분이 좋다, 통쾌하다
酣睡 hānshuì 통 깊이 잠들다, 숙면하다, 푹 자다

7-9급

钳
鉗

qián

쇠(钅)로 만들어 **기쁘게**(甘) 사용하는 집게나 펜치니
집게 **겸**, 펜치 **겸**

钳子 qiánzi 명 집게, 펜치

6급

谋
謀

móu

말(讠)이나 행동을 **아무**(某)도 모르게 꾀하고 도모하니
꾀할 **모**, 도모할 **모**

+ 某 mǒu – 달콤한(甘) 나무(木) 열매는 아무나 찾으니 '아무 모'
+ 아무 – 어떤 사람이나 사물 등을 특별히 지정하지 않고 가리킬 때 쓰는 말

阴谋 yīnmóu 명 음모

7-9급

堪

堪

kān

흙(土)처럼 심하게(甚) 다루어도 견디니 견딜 감

＋ 甚 shèn/shén(甚: 심할 심)

堪称 kānchēng 〔동〕 ~라고 할 만하다

难堪 nánkān 〔형〕 난처하다, 난감하다

不堪 bùkān 〔동〕 ~할 수 없다, 감당할 수 없다 〔형〕 (부정적인 의미로) 몹시 심하다

〔TIP〕 '不堪'을 활용하여 '不堪压力 bùkān yālì(스트레스를 감당할 수 없다), '疲惫不堪 píbèi bùkān(고통이 몹시 심하다)' 등의 표현으로 사용할 수 있습니다.

7-9급

勘

勘

kān

심하게(甚) 힘(力)으로 조사하고 생각하여 마치니
조사할 감, 생각할 감, 마칠 감

勘探 kāntàn 〔동〕 탐사하다, 조사하다

201

7-9급

瞒

mán

눈(目)에 풀(艹)처럼 보이도록 양(两)쪽으로 쌓아 속이니

속일 만

[번체] 瞞 – 눈(目)을 그릇(ㅁ)의 양(兩)면처럼 이중으로 뜨고 속이니 '속일 만'
✦ 两 liǎng(兩: 두 량, 짝 량, 양 량)

瞒 mán 图 감추다, 숨기다

隐瞒 yǐnmán 图 (진상을) 숨기다, 속이다

7-9급

睦

mù

눈(目)을 언덕(坴)처럼 높이 뜨고 대하며 화목하니 화목할 목

✦ 坴 lù – 흙(土)이 양쪽으로 나뉘어(八) 또 흙(土)이 쌓인 언덕이니 '언덕 륙'
✦ 번체자에서는 '八 bā(여덟 팔, 나눌 팔)'를 '儿 ér(접미사 아, 사람 인 발,
   兒: 아이 아)'로 봅니다.

和睦 hémù 혱 화목하다

7-9급

瞻

zhān

눈(目)으로 살펴(詹) 보니 볼 첨

✦ 詹 zhān – 사람들(勹 儿)이 언덕(厂) 위아래에 이르러 말하며(言) 살피니
   '이를 첨, 살필 첨'

瞻仰 zhānyǎng 图 참배하다, 우러러보다

7-9급

瞩 mù

눈(目)을 붙인(属) 듯 고정하고 주시하니 주시할 촉

+ 属 shǔ/zhǔ(屬: 붙어살 속, 무리 속)

瞩目 zhǔmù [동] 눈여겨 보다, 주목하다

举世瞩目 jǔshìzhǔmù [성] 전 세계 사람들이 주목하다

6급

盲 máng

망한(亡) 눈(目)이면 장님이니 장님 맹

또 장님처럼 볼 수 없어 무지하니 무지할 맹

+ 亡 wáng/wú(망할 망, 달아날 망, 죽을 망)

盲人 mángrén [명] 시각 장애인

6급

督 dū

아저씨(叔)가 보고(目) 감독하니 감독할 독

+ 叔 shū(작은 아버지 숙, 아저씨 숙)

监督 jiāndū [명] 감독 [동] 감독하다

基督教 jīdūjiào [명] 기독교

7-9급

鼎 dǐng

아궁이에 걸어 놓은 큰 솥을 본떠서 솥 정, 클 정

大名鼎鼎 dàmíngdǐngdǐng [성] 명성이 높다, 명성이 자자하다

7~9급

眉

méi

눈썹(尸)이 눈(目) 위에 있음을 본떠서 눈썹 미

眉毛 méimao 몡 눈썹
眉开眼笑 méikāiyǎnxiào 솅 싱글벙글하다, 몹시 좋아하다
愁眉苦脸 chóuméikǔliǎn 솅 수심에 찬 얼굴, 찡그린 눈썹과 고통스러운 얼굴

7~9급

媚

mèi

여자(女)가 눈썹(眉)을 그리고 아첨하는 모양이 예쁘니
아첨할 미, 예쁠 미

明媚 míngmèi 혱 (경치가) 화창하다, 쾌청하다, (눈동자가) 맑고 매력적이다

6급

狠

hěn

사나운 개(犭)도 달려들다가 멈출(艮) 정도로 사납고 모지니
사나울 한, 모질 한
또 사납게 끊으며 단호하니 단호할 한

+ 艮 gèn/gěn(멈출 간, 어긋날 간, 딱딱할 간, 괘 이름 간)
狠 hěn 혱 모질다, 잔인하다, 단호하다 동 모질게 마음먹다

7~9급

痕

hén

병(疒)이 멈추고(艮) 나아도 남는 흉터니 흉터 흔
또 흉터처럼 남는 흔적이니 흔적 흔

痕迹 hénjì 몡 흔적, 자취
裂痕 lièhén 몡 갈라진 틈
伤痕 shānghén 몡 상처 자국, 상흔, 흠집

7-9급

墾 kěn

머물러(艮) 흙(土)을 파 개간하니 **개간할 간**

[번체] 墾 – 발 없는 벌레(豸)처럼 한곳에 머물러(艮) 흙(土)을 파 개간하니
'개간할 간'

+ 豸 zhì/zhài(사나운 짐승 치, 발 없는 벌레 치)

开垦 kāikěn 〔동〕개간하다[황무지를 경작할 수 있는 땅으로 만듦]

7-9급

恳 kěn

재난이 **그치기(艮)**를 바라는 **마음(心)**이 간절하니
간절할 간

[번체] 懇 – 발 없는 벌레(豸)처럼 계속 머물러(艮) 먹이를 구하는 마음(心)이
간절하니 '간절할 간'

诚恳 chéngkěn 〔형〕간절하다, 진실하다, 성실하다
恳求 kěnqiú 〔동〕간절히 부탁하다, 간청하다

---

208 ▶ **郎廊** – 郎으로 된 한자
랑 랑

참고자

郎 láng

어짊(良)이 고을(阝)에서 뛰어난 사내니 **사내 랑**

+ HSK 4급에 해당되는 한자지만 해당 차시의 다른 한자 어원 풀이를 위해 인
  용하였습니다.
+ 良[良 liáng(좋을 량, 어질 량)의 변형], 阝 fù(고을 읍 방)

新郎 xīnláng 〔명〕신랑

7-9급

廊 láng

집(广)에서 주로 **사내(郎)**가 거처하는 행랑이니 **행랑 랑**
또 행랑처럼 만든 복도니 **복도 랑**

+ 행랑(行廊 xíngláng) – 복도
+ 广 ān/guǎng(집 엄, 넓을 광, 廣 : 많을 광)

走廊 zǒuláng 〔명〕복도, 회랑

7~9급

撫

fǔ

손(扌)으로 불만이 **없도록**(无) 어루만지니 어루만질 무

+ 无 wú/mó – 하늘 땅(二) 사이에 사람(儿) 하나 없으니 '없을 무'

抚摸 fǔmō 图 쓰다듬다, 어루만지다

抚恤 fǔxù 图 (국가 또는 단체) 공무상 장애를 입은 사람, 공무상 희생자 및
병사한 사람의 가족에게 위로하고 물질로 돕다

安抚 ānfǔ 图 위로하다, 위안하다

抚养 fǔyǎng 图 (아이를) 부양하다, 정성들여 기르다

抚养费 fǔyǎngfèi 圀 양육비

7~9급

漑

gài

물(氵)을 그침(艮)이 **없게**(无) 대니 물댈 개

+ 旣 jì(旣: 이미 기)를 이 한자에서는 나누어 풀었어요.

+ 旣[艮 gèn/ gěn(멈출 간, 어긋날 간, 딱딱할 간, 괘 이름 간)의 변형으로 봄]

灌溉 guàngài 图 (논밭에) 물을 대다, 관개하다

7~9급

慨

kǎi

마음(忄) 속으로 **이미**(旣) 때가 늦었음을 슬퍼하니 슬퍼할 개
또 마음(忄) 속으로 **이미**(旣) 준비한 듯 관대하니 관대할 개

感慨 gǎnkǎi 图 감개하다, 감격하다

慷慨 kāngkǎi 혱 대범하다, 후하게 대하다[↔ 小气 xiǎoqi 혱 인색하다]

7~9급

jué

손(爫)에 **법망(罒)**을 잡고 **머물러(艮) 법도(寸)**에 맞게 일하는
벼슬이니 벼슬 작
또 **손(爫)**에 **그릇(罒)**을 잡고 **머물러(艮) 조금씩(寸)** 따라 마시는
술잔이니 술잔 작

◆ '술잔 작'의 어원 풀이에서는 罒 wǎng(그물 망) 부분을 皿 mǐn(그릇 명)의 변
형으로 풀었습니다.

◆ 법망(法網 fǎwǎng) – '법의 그물'로, 죄 지은 사람에게 제재를 할 수 있는
법률이나 그 집행 기관을 비유적으로 이르는 말

◆ 爫 zhǎo/zhuǎ('손톱 조, 발톱 조, 발 조'지만 여기서는 손으로 봄),
罒 wǎng(그물 망, = 网, 㓁), 艮[艮 gèn/gěn(멈출 간, 어긋날 간, 딱딱할
간, 괘 이름 간)의 변형으로 봄], 寸 cùn(마디 촌, 법도 촌), 法 fǎ(법 법),
网 wǎng(網: 그물 망)

爵士 juéshì 똉 재즈

7~9급

jué/jiáo

입(口)에 대기만 하는 **술잔(爵)**처럼 삼키지 않고 씹으며 맛보니
씹을 작, 맛볼 작

嚼 jiáo 똉 (음식물을) 씹다

饵
ěr

잘 **먹도록(饣) 귀(耳)**처럼 부드럽게 만든 먹이나 케이크니
먹이 **이**, 케이크 **이**
또 **먹을(饣)** 것을 **귀(耳)**처럼 꿰어 놓은 미끼니 미끼 **이**

+ 耳 ěr(귀 이)
诱饵 yòu'ěr 명 (사람을 꾀어 내기 위한) 미끼

耿
gěng

귀(耳)까지 **불(火)**로 비추는 빛이니 비출 **경**, 빛 **경**
또 빛나도록 솔직하고 곧으니 솔직할 **경**, 곧을 **경**
또 **귀(耳)**까지 **불(火)**처럼 붉어지게 불안하니 불안할 **경**

耿直 gěngzhí 형 정직하고 솔직하다, 바르고 곧다

椰
yē

뜻을 나타내는 **나무 목(木)**과 음을 나타내는 **어조사 야(耶)**를
합하여 야자수 **야**

椰子 yēzi 명 코코넛

慑
shè

마음(忄)속으로만 **속삭일(聂)** 정도로 말도 못하고 두려워하니
두려워할 **섭**

+ 聂 niè – 귀(耳)들을 대고 소곤거리며 속삭이니 '소곤거릴 섭, 속삭일 섭'
[번체] 聶 – 귀들(聶)을 대고 소곤거리니 '소곤거릴 섭'
威慑 wēishè 동 무력으로 위협하다

娶骤 – 取로 된 한자
취 취

7-9급

娶

qǔ

취하여(取) 여자(女)에게 장가드니 장가들 취

+ 取 qǔ(취할 취, 가질 취)

娶 qǔ 图 장가가다, 아내를 맞이하다

7-9급

骤

骤

zhòu

말(马)이 모여(聚) 달리듯 빠르니 말 달릴 취, 빠를 취

+ 聚 jù – 취하려고(取) 우두머리(丿)를 따라(ㅣ) 양쪽(㕇)으로 모이니 '모일 취'

骤然 zhòurán 图 갑자기, 별안간

步骤 bùzhòu 명 순서, 단계, 차례, 절차

暴风骤雨 bàofēngzhòuyǔ 성 세찬 비바람

213 **沮祖** – 且로 된 한자
저 조

7-9급

沮

jǔ

물(氵)이 또(且) 앞길을 막아 기가 꺾이니 막을 저, 꺾일 저

+ 且 qiě/jū(또 차, 구차할 차)

沮丧 jǔsàng 형 낙담하다, 풀이 죽다

6급

祖

祖

zǔ

보면(礻) 또(且) 절해야 하는 할아버지니 할아버지 조
또 할아버지 위로 대대의 조상이니 조상 조

祖父 zǔfù 명 할아버지, 조부

祖母 zǔmǔ 명 할머니, 조모

祖国 zǔguó 명 조국

6급

hào

쟁기(耒)로 밭갈 듯 기계로 **털(毛)**을 가공하면 줄어드니

줄어들 모

또 줄어들게 소비하니 소비할 모

+ 쟁기(犁 lí) – 논밭을 가는 농기구
+ 毛 máo(털 모), 耒 lěi(耒: 가뢰 뢰, 쟁기 뢰)

消耗 xiāohào 통 소모하다, 소모시키다

끝TIP '消耗'와 함께 호응하는 표현으로는 '消耗体力 xiāohào tǐlì(체력을 소모하다)', '消耗能源 xiāohào néngyuán(에너지를 소모하다)', '消耗热量 xiāohào rèliàng(열량을 소모하다)' 등으로 사용할 수 있습니다.

7-9급

máo

긴(镸) 머리(彡)**털(毛)**을 다듬은 짧은 머리니 짧은 머리 모

+ 镸 cháng[長 cháng/zhǎng(길 장, 자랄 장, 어른 장)의 옛날 한자], 彡 shān/xiǎn(터럭 삼, 긴머리 삼)

时髦 shímáo 형 현대적인, 유행의

7-9급

qiào

손(扌)으로 **솜털(毳)**처럼 가볍게 비트니 비틀 효

+ 지레질하다 – 지렛대로 물건을 움직여 옮기다.
+ 毳 cuì(솜털 취)

撬 qiào 통 (막대나 칼, 송곳 등의 한쪽 끝을 틈이나 구멍 틈새에 끼워 넣고) 비집어 열다, 다른 한쪽을 힘주어 열다

7-9급

qíng

공경하듯(敬) 받들어 손(手)으로 드니 들 경

+ 手 shǒu(손 수, 재주 수, 재주 있는 사람 수), 敬 jìng(공경할 경)

引擎 yǐnqíng 몡 엔진, 내연 기관

6급

chēng

손(扌)과 발바닥(掌)으로 버티니 버틸 탱

+ 掌 zhǎng(손바닥 장, 발바닥 장)

撑 chēng 동 받치다, 지탱하다, 버티다, 펴다

支撑 zhīchēng 동 (무너지지 않게) 받치다, 지탱하다

6급

扎

zhā/zā

손(扌) 구부려(乚) 찌르고 파고드는 것도 참으니

찌를 찰, 파고들 찰, 참을 찰(zhā)

또 손(扌)으로 구부려(乚) 묶은 묶음이니 묶을 찰, 묶음 찰(zā)

+ 乚 háo/yǐ[乙 yǐ(새 을, 둘째 천간 을, 둘째 을, 굽을 을)이 부수로 쓰일 때의 모양]

扎 zhā 图 (뾰족한 물건으로) 찌르다, 파고 들다
扎实 zhāshi 圈 (학문·일 등의 기초가) 탄탄하다, (사물이) 견고하다

6급

拐

guǎi

손(扌)이나 입(口)으로만 힘(力) 써야할 듯이 다리를 저니

다리 절 괴

또 손(扌)으로 입(口)을 틀어막고 힘(力)으로 속이며 방향을 바꾸니 속일 괴, 방향 바꿀 괴

拐杖 guǎizhàng 圕 지팡이, 단장[短杖]
拐 guǎi 图 방향을 바꾸다, 꺾어 돌다

6급

拨
撥

bō

손(扌)으로 일어나는(发) 것을 다스려 뒤집으니

다스릴 발, 뒤집을 발

+ 发 fā(發: 쏠 발, 일어날 발, 髮: 머리털 발)
拨打 bōdǎ 图 전화를 걸다, 전화번호를 누르다

7-9급

拽

zhuài

손(扌)으로 끌어(曳) 잡아당기니 잡아당길 예

+ 曳 yè - 물건(曰)에 끈(乀)을 매어(丿) 잡아당기니 '잡아당길 예'
+ 曰 yuē('가로 왈'이지만 여기서는 물건의 모양으로 봄)
拽 zhuài 图 잡아당기다, 세차게 끌다

7–9급

挪

nuó

손(扌)으로 **그곳(那)**으로 옮겨 유용하니 옮길 **나**, 유용할 **나**

+ 유용(挪用 nuóyòng)하다 – 어떤 돈이나 물건을 다른 용도로 사용하다.
+ 那 nà/nèi/nā(어찌 나, 저것 나, 그곳 나)

挪 nuó 통 옮기다, 움직이다

7–9급

撒

sǎ/sā

손(扌)으로 **흩어(散)** 뿌리니 흩뿌릴 **살**(sǎ)
또 손(扌)으로 **흩어지게(散)** 엎지르거나 낭비하니
엎지를 살, 낭비할 **살**(sā)

+ 散 sàn/sǎn(흩어질 산)

撒 sā 통 흩뿌리다, 엎지르다
撒谎 sāhuǎng 통 거짓말을 하다, 허튼소리를 하다

[이합동사] '撒谎'은 '撒(흩뿌리다, 엎지르다)+谎(거짓말)'이 합쳐진 이합 동사로, 목적어를 취할 수 없음.

6급

撤

chè

손(扌)으로 **길러서(育)** 쳐(攵) 거두니 거둘 **철**

+ 育 yù(기를 육), 攵 pō(칠 복, = 攴)
撤离 chèlí 통 떠나다, 철수하다
撤销 chèxiāo 통 취소하다, 철회하다

213

7-9급

抖
dǒu

손(扌)으로 **싸우듯**(斗) 흔들어 털며 폭로하니

흔들 두, 털 두, 폭로할 두

또 흔들리며 벌벌 떠니 떨 두

✦ 斗 dòu(말 두, 鬥: 싸울 투)

抖 dǒu 圄 떨다, 흔들다, 털다

发抖 fādǒu 圄 (벌벌·부들부들·달달) 떨다, 떨리다

颤抖 chàndǒu 圄 덜덜 떨다, 부들부들 떨다

6급

拖
tuō

손(扌)으로 **사람**(人)이 **또한**(也) 끄니 끌 타

✦ 也 yě(또한 야, 어조사 야)

拖 tuō 圄 끌다, 잡아당기다, 시간을 끌다

拖鞋 tuōxié 圀 슬리퍼

7-9급

拟
nǐ

손(扌)으로 **써**(以) 비교하고 헤아리니 비교할 의, 헤아릴 의

또 비교하고 헤아려 모방하며 무엇을 하려하니

모방할 의, ~하려 할 의

[번체] 擬 - 손(扌)으로 진짜인가 의심하며(疑) 비교하고 헤아리니
'비교할 의, 헤아릴 의'

✦ 以 yǐ(써 이, 까닭 이), 疑 yí(의심할 의)

拟 nǐ 圄 ~하려하다, ~할 예정이다

拟定 nǐdìng 圄 초안을 세우다, 입안하다

虚拟 xūnǐ 圀 가상의, 허구적인

模拟 mónǐ 圄 모의하다, 모방하다 圀 시뮬레이션

7-9급

捷
jié

(상대의) **손**(扌)을 **하나**(一)씩 **손**(彐)에 잡고 **점**(卜)치듯 헤아리면
그 **사람**(人)의 마음을 빨리 알아 이기니 빠를 첩, 이길 첩

✦ 卜 bǔ/pú/bo(점 복)

快捷 kuàijié 圀 빠르다, 신속하다, 민첩하다

7–9급

chān

손(扌)으로 **참여하듯(参)** 잡고 섞으니 섞을 삼

+ 参 cān/sān/shēn(參: 참여할 참, 가지런할 참, 인삼 삼)

掺 chān 图 부축하다, 돕다, (한데) 섞다, 타다

7–9급

lǎn

손(扌)으로 **보이는(览)** 것을 잡아당겨 가지니
잡아당길 람, 가질 람

+ 览 lǎn – 보고(ⱅ) 또 보니(见) '볼 람'
+ ⱅ[览 lǎn(覽: 볼 람)의 획 줄임], 见 jiàn/xiàn(見: 볼 견, 뵐 현, 보일 현)

揽 lǎn 图 끌어(잡아)당기다, 떠맡다, 묶다, 인수하다

招揽 zhāolǎn 图 (손님을) 끌어 모으다, 끌다

一揽子 yìlǎnzi 匓 일괄의, 전부의

大包大揽 dàbāodàlǎn 셩 모든 일을 도맡아 하다, 모든 책임을 떠맡다

6급

tàn

손(扌)으로 **덮이고(冖) 나누어져(八)** 있는 **나무(木)**를 찾으니
찾을 탐

[번체] 探 – 손(扌)으로 덮인(冖) 듯 숨어있는 사람(儿)과 나무(木)를 찾으니
'찾을 탐'

+ 间 深 shēn(深: 깊을 심)
+ 冖 mì(덮을 멱), 儿 ér(접미사 아, 사람 인 발, 兒: 아이 아)

探索 tànsuǒ 图 탐색하다, 찾다

探讨 tàntǎo 图 연구 토론하다, 탐구하다

7–9급

shuān

손(扌)으로 **온전하게(全)** 가려 묶으니 가릴 전, 묶을 전

拴 shuān 图 (끈으로) 묶다, 붙들어매다, 얽매어 자유롭게 행동할 수 없다

6급

捉

zhuō

손(扌)으로 **발**(足)목을 잡으니 **잡을 착**

捉 zhuō 图 잡다, 체포하다, 포획하다

6급

捐

juān

(비린내 나는 고기가 싫어서) **손**(扌)으로 **입**(口)에 든 **고기**(月)를
꺼내 버리니 **버릴 연**
또 버리듯 좋은 일에 기부하니 **기부할 연**

捐 juān 图 헌납하다, 던지다, 포기하다
捐款 juānkuǎn 图 돈을 기부하다
捐贈 juānzèng 图 기부하다
捐助 juānzhù 图 재물을 기부하여 돕다

7-9급

攒

zǎn/cuán

손(扌)으로 무언가 **도우려고**(贊) 모으니 **모을 찬**(zǎn)
또 모아서 조립하니 **조립할 찬**(cuán)

+ 贊 zàn(贊: 도울 찬, 찬양할 찬)
攒 zǎn 图 저축하다, 모으다

6급

叹

嘆

tàn

입(口)으로 소리 내고 **오른손(又)**을 두드리며 탄식하거나 감탄하니
탄식할 탄, 감탄할 탄

[번체] 嘆 – 입(口)으로 진흙(堇)에 빠짐을 탄식하니 '탄식할 탄'
　　　 또 탄식하듯이 감탄하니 '감탄할 탄'
+ 又 yòu(오른손 우, 또 우), 堇[堇 jǐn/jìn/qín(진흙 근)의 변형]

叹气 tànqì 图 한숨 쉬다, 탄식하다

[이합 동사] 叹气는 叹(쉬다, 탄식하다)+气(한숨)가 합쳐진 이합 동사로 목적어
　　　　　 를 취할 수는 없으나, 횟수를 나타내는 수량사로 쓸 때는 '叹一口气
　　　　　 tàn yìkǒuqì(한숨을 한 번 쉬다)'처럼 叹과 气사이에 수량사를 넣어
　　　　　 야 합니다.

7-9급

叙

敍 敘

xù

남은(余) 것을 **오른손(又)**으로 펴고 베푸니 **펼 서, 베풀 서**

[번체] 敍/敘 – 남은(余) 것을 털어(攴·攵) 펴고 베푸니 '펼 서, 베풀 서'
+ 攵 pō(칠 복, = 攴)

叙述 xùshù 图 서술하다, 기술하다, 차지하다

7-9급

邓

鄧

Dèng

오른손(又)을 불끈 쥐듯 힘 있게 **고을(阝)**에 있었던 등나라니
등나라 등, 성씨 등

+ 등(邓 Dèng)나라 – 춘추 전국 시대 제(齐 Qí)나라와 초(楚 Chǔ)나라 사이에
　　끼어 있던 작은 나라로, 지금의 허난성(河南省 Hénánshěng) 뤄허시(漯河市
　　Luòhéshì)에 위치하였으며, 이곳은 조조(曹操 Cáo Cāo)가 도읍으로 삼았던
　　허창(许昌 Xǔchāng)의 바로 남쪽이기도 합니다. 등나라는 기원전 678년 초
　　나라에 의해 멸망하였습니다.

[꿀TIP] 덩샤오핑(邓小平 Dèng Xiǎopíng)은 중화인민공화국의 제2대 주요 지도
　　　자(1904-1997)로, 중국 혁신과 현대화의 길을 개척한 중심 인물이었습
　　　니다. 덩샤오핑 정치의 핵심은 '도광양회'로 요약되며, 도광양회(韬光养晦
　　　tāoguāngyǎnghuì)는 '자신의 재능을 밖으로 드러내지 말고 실력을 쌓으면서
　　　때를 기다리며 실력을 기른다'는 의미의 성어인데, 1980년 말~1990년대 이
　　　시기의 중국 외교 방침을 지칭하는 용어로 사용되었습니다. 이후 중국을 개혁
　　　개방의 길로 이끈 덩샤오핑이 중국의 외교 방향을 제시한 28자 방침을 사용
　　　하면서 전 세계적으로 알려졌으며, 덩샤오핑의 도광양회 방침은 경제 성장을
　　　위해서 불필요한 대외 마찰을 줄여야겠다는 현실론에 입각한 것으로 '100년
　　　간 이 기조를 유지하라'는 특별한 당부를 내리기까지 했습니다. 덩샤오핑 이
　　　후, 1990년대까지 미국에 대항하지 않고 경제 성장에 전념했습니다.

圣 ^聖

shèng

또(又) 흙(土)처럼 자신을 낮추는 성스러운 성인이니
성스러울 성, 성인 성

[번체] 聖 – 귀(耳)를 보이듯(呈) 기울여 잘 들어주는 성스러운 성인이니
　　'성스러울 성, 성인 성'
+ 성인(圣人 shèngrén) – 덕과 지혜가 뛰어나 모든 사람의 스승이 될 만한 사람
+ 자기주장을 내세우지 않고 남의 말을 많이 들어주는 분이 성스럽고 성인이지요.
+ 呈(보일 정, 드릴 정: 呈 chéng)

圣诞节 Shèngdàn jié 몡 성탄절, 크리스마스

---

222 ▶ **桑嗓缀** – 桑으로 된 한자와 缀
　　　상 상 철

桑

sāng

손들(又又又)처럼 생긴 잎을 따 누에를 먹이는 뽕**나무(木)**니
뽕나무 상

沧桑 cāngsāng 몡 세상의 온갖 풍파

桑拿 sāngná 몡 사우나

[꿀TIP] 沧桑은 '沧海桑田 cānghǎisāngtián(상전벽해)'의 줄임말로, 넓은 바다가 변하여 뽕나무밭이 되다라는 뜻에서, 곧 여러 차례의 세상사의 변화를 겪으며 생활 경험이 풍부하다라는 의미의 '산전수전을 다 겪다'라는 뜻입니다. 비슷한 뜻의 성어로는 '沧桑之变(cāngsāngzhībiàn), 饱经沧桑(bǎojīngcāngsāng), 桑田碧海(sāngtiánbìhǎi)'가 있습니다.

嗓

sǎng

입(口) 안에 뽕(桑)잎처럼 부드러운 목구멍이니 목구멍 상
또 목구멍으로 내는 목소리니 목소리 상

嗓子 sǎngzi 몡 목, 목구멍

缀

zhuì

실(纟)로 죽 **이어(叕)** 꿰매니 이을 철, 꿰맬 철

+ 叕 zhuó – 또(又)또(又)또(又)또(又) 연하여 잇거나 철하니 '이을 철, 철할 철'
点缀 diǎnzhuì 동 꾸미다, 장식하다

7-9급

舅

jiù

절구(臼)에 곡식을 넣고 조심해서 찧듯이 조심히 대해야 할
남자(男)는 시아버지나 외삼촌이니 시아버지 **구**, 외삼촌 **구**

+ 절구(臼杵 jiùchǔ) – 곡식을 찧거나 빻는데 쓰는 도구
+ 臼 jiù(절구 구), 男 nán(사내 남)

舅舅 jiùjiu 명 외삼촌

7-9급

嫂

sǎo

여자(女) 중 나보다 **늙은(叟)** 형의 부인은 형수니 형수 **수**

+ 叟 sǒu – 절구(臼)에 절굿공이(丨)를 손(又)으로 잡고 절구질하는 늙은이니 '늙은이 수'
+ 丨 gǔn['뚫을 곤'이지만 여기서는 절굿공이로 봄]

嫂子 sǎozi 명 형수, 올케[형이나 오빠의 부인]

7-9급

艘

sōu

배(舟)를 **늙은이(叟)**처럼 하나하나 세는 단위인 척이니 척 **소**

+ 舟 zhōu(배 주)

艘 sōu 명 척[선박을 헤아리는 데 쓰임]

7-9급

mán

풀(艹) 중 **길게**(曼) 뻗어가는 덩굴이니 덩굴 만
또 덩굴처럼 사방으로 퍼지니 퍼질 만

+ 曼 màn – 말하면(曰) 그 말이 그물(罒)처럼 또(又) 길고 넓게 퍼지니
  '길 만, 넓을 만'

蔓延 mànyán 图 만연하다, 널리 번지다

6급

饅

mán

먹을(饣) 것을 **넓게**(曼) 펴서 만든 만두니 만두 만

饅头 mántou 图 만두, 찐빵

꿀TIP '饅头'는 밀가루를 발효시켜 찐 음식으로 둥글고 부푼 모양입니다. 원래 속이 있는데 북쪽 지역에서는 속 없는 것을 '찐빵'이라 하고, 속이 있는 것을 '만두'라고 합니다.

6급

坡

pō

흙(土)이 **가죽**(皮)처럼 단단히 쌓인 고개나 언덕이니
고개 **파**, 언덕 **파**

+ 皮 pí (가죽 피, 피부 피)

坡 pō 圓 비탈, 언덕

山坡 shānpō 圓 산비탈

6급

波

bō

물(氵)의 **가죽**(皮), 즉 표면에서 치는 물결이니 물결 **파**

+ 물의 표면이 가죽인 셈이지요.

波动 bōdòng 圖 오르내리다, 기복이 있다

波浪 bōlàng 圓 파도, 물결

微波炉 wēibōlú 圓 전자레인지

7-9급

皱

皺

zhòu

꼴(刍)처럼 **가죽**(皮)이 주름진 주름이니 주름 **추**

+ 刍 chú – 사람(ク)이 손(⺕)으로 잡아 베는 꼴이니 '꼴 추'
[번체] 芻 – 베어 싸(勹) 놓은 풀(屮)과 싸(勹) 놓은 풀(屮)이니 '꼴 추'
+ 꼴 – ① 사물의 생김새나 됨됨이 ② 말과 소에 먹이는 풀. 여기서는 ②의 뜻
+ ク[人 rén(사람 인)의 변형으로 봄], 勹 bāo(쌀 포), 屮[屮(싹 날 철, 풀 초)의
  변형으로 봄]

皱 zhòu 圖 찌푸리다, 찡그리다, 구겨지다, 주름지다

7-9급

颇

頗

pō

머리털 없이 살**가죽**(皮)만 있는 **머리**(页)처럼 자못 치우쳐 보이니
자못 **파**, 치우칠 **파**

+ 자못 – 생각보다 매우
+ 页 yè(頁: 머리 혈, 페이지 엽)

颇 pō 圖 상당히, 꽤

꿀TIP 颇는 '치우치다'라는 의미도 가지고 있기 때문에, '偏颇 piānpō(편파적이다,
한쪽으로 치우치다)'라는 단어로 쓰이기도 합니다.

疲 pí

병(疒)처럼 살**가죽(皮)**에 드러나도록 피곤하니 **피곤할 피**

✦ 피곤하면 얼굴빛부터 달라지지요.
✦ 疒 nè(병들 녁)

疲倦 píjuàn 匽 피곤하다, 지치다

疲劳 píláo 匽 피곤하다, 늘어지다

精疲力竭 jīngpílìjié 젱 기진맥진하다, 녹초가 되다

---

226 **叛扳贩** – 反으로 된 한자
반 반 판

叛 pàn

반(半)씩 나누어도 **거꾸로(反)** 배반하니 **배반할 반**

✦ 半 bàn(半: 반 반), 反 fǎn(거꾸로 반)

叛逆 pànnì 匽 배반하다, 반역하다

背叛 bèipàn 匽 배신하다, 배반하다[↔ 忠诚 zhōngchéng 匽 충성하다, 충실하다]

扳 bān

손(扌)을 **거꾸로(反)** 하여 잡아당기니 **잡아당길 반**

또 잡아당겨 잃었던 것을 되찾으니 **되찾을 반**

扳 bān 匽 젖히다, 돌리다, 틀다, (손가락 등을) 꼽다

贩 fàn

재물(贝)을 **거꾸로(反)** 주듯 팔며 장사하니 **팔 판, 장사할 판**

贩卖 fànmài 匽 (주로 불법적인 것을) 판매하다

商贩 shāngfàn 몡 장사꾼, 소상인

小贩 xiǎofàn 몡 행상인, 영세 상인

6급

zhī

나무(木) 줄기에서 갈라져(支) 나온 가지니 가지 지

+ 支 zhī(받칠 지, 가를 지, 지출할 지)

枝 zhī 명 가지 양 송이, 자루

7-9급

zhī

몸(月)에서 갈라져(支) 나온 사지니 사지 지

+ 사지(四肢 sìzhī) – 동물의 네 다리 또는 사람의 두 팔과 두 다리

肢体 zhītǐ 명 사지, 몸통

7-9급

qí

어느 곳에서 그쳐(止) 갈라지니(支) 갈라질 기

歧视 qíshì 통 차별 대우하다, 경시하다[↔ 尊重 zūnzhòng 형 존경하다, 존중하다]

分歧 fēnqí 명 (사상·의견·기록 등이) 차이, 불일치 형 (사상·의견·기록 등이) 불일치하다, 어긋나다[↔ 一致 yīzhì 형 (언행 또는 의견 등이) 일치하다 부 함께, 일제히]

7-9급

jiāo

나무(木)에 열리는 열매 중 **아저씨(叔)** 같은 어른이 좋아하는 산초나 고추나 후추니 산초 **초**, 고추 **초**, 후추 **초**

✚ 叔 shū(작은 아버지 숙, 아저씨 숙)

辣椒 làjiāo 몡 고추

7-9급

jì

집(宀)에 **아저씨(叔)**도 없는 듯 고요하고 쓸쓸하니
고요할 **적**, 쓸쓸할 **적**

寂静 jìjìng 톙 조용하다, 고요하다[≒ 平静 píngjìng 톙 평온하다]

寂寞 jìmò 톙 쓸쓸하고 외롭다

꿀TIP '寂静'은 주변 환경이 적막함을 나타낼 때 사용하며, '平静'은 사람의 심리 상태가 편안함을 나타낼 때 사용합니다.

7~9급

隶

隷

lì

씻기 위하여 **손(⺕)**이 **물(氺)**에 이르러 미치니 미칠 **이**
또 항상 주인 곁에 미쳐 있는 종이니 종 **예**

[번체] 隸 – 나무(木)처럼 항상 보이는(示) 곳에 미쳐(隶) 있는 종이니
　　　'미칠 이, 종 예'

✦ 미치다 – (어느 곳에) 이르다. 닿다

✦ ⺕[크(고슴도치 머리 계, 오른손 우)의 변형으로 봄]

奴隶 núlì 명 노예

7~9급

逮

逮

dài

미치도록(隶) 가서(辶) 잡으니 잡을 **체**

逮 dài 동 잡다, 붙잡다, 이르다

逮捕 dàibǔ 동 체포하다[↔ 释放 shìfàng 동 석방하다]

7~9급

兼
jiān

이쪽저쪽(ヽヽ)에있는 것을 한(一) 손(彐)에 두 개(丨丨)씩
나누어(八) 잡아 겸하니 **겸할 겸**

[번체] 兼 – (많이) 나뉜(八) 것을 한(一) 손(彐)에 두 개(丨丨)씩 나누어(八)
　　　잡아 겸하니 '겸할 겸'

兼 jiān [동] 겸하다
兼顾 jiāngù [동] 여러 가지 방면으로 동시에 고려하다
兼任 jiānrèn [동] 몇 개의 직책을 맡다, 겸임하다
兼容 jiānróng [동] 동시에 여러 가지를 용납하다
兼职 jiānzhí [명] 임시직, 아르바이트, 파트타임 근무 [동] 겸직하다

꿀TIP 兼职은 본업이 없는 단순한 파트타임 아르바이트 또는 본업이 있지만 투잡,
쓰리잡 개념의 부업(겸직)에서 사용할 수 있고, 일반적으로 알고있는 '打工
(dǎgong 아르바이트)'은 일반적인 아르바이트를 의미하지만 항상 파트타임
아르바이트만 의미하는 것은 아니고, 정식 일자리에서도 사용합니다. 단! 문
법적으로 사용할 때 打工은 동사로만 쓰이는 반면, 兼职은 동사와 명사로 쓰
입니다.

6급

谦
qiān

말(讠)이 학식과 인품을 **겸한(兼)** 사람처럼 겸손하니
겸손할 겸

谦虚 qiānxū [형] 겸손하다, 겸허하다
谦逊 qiānxùn [형] 겸손하다

6급

赚
zhuàn/zuàn

돈(贝)도 **겸하여(兼)** 버니 돈 벌 잠(zhuàn)
또 돈을 벌려고 속이니 속일 잠(zuàn)

赚 zhuàn [동] (돈을) 벌다, 이윤을 얻다
赚钱 zhuànqián [동] 돈을 벌다, 이윤을 남기다

6급

歉
qiàn

겸하여(兼) 양식조차 **모자라게(欠)** 흉년드니 흉년들 겸
또 흉년이라 줄 것이 없어 미안하니 미안할 겸

+ 欠 qiàn(하품 흠, 모자랄 흠)
抱歉 bàoqiàn [형] 미안해하다, 미안하게 생각하다
道歉 dàoqiàn [동] 사과하다, 사죄하다

廉

lián

집(广) 살림까지 **겸하여(兼)** 생활이 검소하고 청렴하니

청렴할 렴

또 (이익을 조금 남기고) 청렴하게 팔아 값싸니 **값쌀 렴**

+ 广 ān/guǎng(집 엄, 넓을 광, 廣 : 많을 광)

廉洁 liánjié 혱 청렴하다

廉正 liánzhèng 혱 청렴결백하다

廉政 liánzhèng 몡 청렴한 정치 혱 정치를 청렴하게 하다

廉价 liánjià 혱 저렴하다, 헐값이다 몡 저렴한 가격

---

231 ▷▷ **唐塘** – 唐으로 된 한자
　　　　당 당

唐

táng

집(广)에서라도 **손(⺕)**에 **회초리(l)** 들고 **입(口)**으로 갑자기

소리치면 황당하니 갑자기 당, 황당할 당, 당나라 당

+ 황당(荒唐 huāngtáng)하다 – 터무니 없다. (행위가) 방종하다.

+ 당(唐 Táng)나라 – 7세기 경부터 중국을 지배하며 문물과 제도를 발전시켰
던 나라로, 도읍을 장안(长安 Cháng'ān)에 정하고 618년에 건국하여 907년에
멸망하기까지 290년간 20대의 황제에 의하여 통치되었습니다. 중국의 통일
제국으로는 한(汉 Hàn)나라에 이어 제2의 최성기를 이루기까지 당의 여러 가
지 사회 제도는 우리나라를 비롯하여 동아시아 여러 나라에 많은 영향을 끼
쳐 그 주변 민족이 정치·문화적으로 성장하는 데 모범이 되었습니다.

塘

táng

흙(土)으로 **갑자기(唐)** 막혀 물이 고인 연못이니 연못 당

池塘 chítáng 몡 (비교적 작고 얕은) 연못

7-9급

津

jin

물(氵)이 붓(聿)으로 그린 듯이 가늘게 흐르는 곳에 생긴 나루니
나루 **진**
또 물(氵)이 붓(聿)으로 그린 듯이 가늘게 흐르는 진액이나 침이나
땀이니 진액 **진**, 침 **진**, 땀 **진**
또 진액이 넘쳐 윤택하니 윤택할 **진**

+ 옛날 배는 작아서 물이 깊지 않고 물살이 세지 않은 곳이 배를 대기에 좋았
  음을 생각하고 만든 한자
+ 聿 yù – 오른손(⺕)에 잡고 쓰는 붓을 본떠서 '붓 율'

津贴 jīntiē 명 수당, 보조금
津津有味 jīnjīnyǒuwèi 성 아주 맛있다, 흥미진진하다[↔ 枯燥无味
kūzàowúwèi 형 무미건조하다]

7-9급

肆

sì

길게(镸) 붓(聿)으로 그리듯 제멋대로 하니 제멋대로 할 **사**
또 제멋대로 늘어놓고 파는 가게니 가게 **사**

+ 镸 cháng[長 cháng/zhǎng(길 장, 자랄 장, 어른 장)의 옛날 한자]

大肆 dàsì 부 함부로, 제멋대로
放肆 fàngsì 형 건방지다, 제멋대로 하다

7-9급

肇

zhào

문(户)을 쳐(攵) 열고 붓(聿)으로 계획을 쓰며 시작하니
시작할 **조**

肇事 zhàoshì 동 사고를 일으키다, 말썽을 일으키다

7-9급

jìn

물(氵)이 손(크)에 덮이는(冖) 손(又)처럼 점점 잠겨 적시니

잠길 **침**, 적실 **침**

✚ 크 (고슴도치 머리 계, 오른손 우), 冖 mì(덮을 멱), 巾 jīn(수건 건)

浸泡 jìnpào 〔동〕 (오랜 시간 물에) 담그다, 잠그다
沉浸 chénjìn 〔동〕 빠져들다, 잠기다, 몰두하다

6급

qīn

사람(亻)이 손(크)에 덮인 손(又)처럼 남의 땅을 침범하니

침범할 **침**

侵犯 qīnfàn 〔동〕 (타국의 영역을) 침범하다

7-9급

qǐn

집(宀)에서 나무 조각(爿)으로 만든 침대에 손(크)에 덮인(冖)
손(又)처럼 누워 자니 잘 침

✚ 爿 pán(爿: 나무 조각 장, 장수 장 변)

寝室 qǐnshì 〔명〕 침실
废寝忘食 fèiqǐnwàngshí 〔성〕 먹고 자는 것을 잊다, 전심전력하다

7-9급

啸
xiào

입(口)을 **오므리고**(肃) 휘파람부니 휘파람불 소
또 입(口)을 **오므리며**(肃) 울부짖으니 울부짖을 소

◆ 肃 sù – 손(⇒)으로 노(丨)를 잡고 이쪽저쪽(丿 丶)으로 저을 때처럼
　　엄숙하니 '엄숙할 숙'
　　또 엄숙하게 척결하여 오그라드니 '척결할 숙, 오그라들 숙'
[번체] 肅 – 손(⇒)으로 노(丨)를 깊은 연못(淵)에서 저을 때처럼 엄숙하니
　　'엄숙할 숙'
　　또 엄숙하게 척결하여 오그라드니 '척결할 숙, 오그라들 숙'
◆ 잘못하면 물에 빠지니 엄숙해야지요.
◆ ⇒[고슴도치 머리 계, 오른손 우(⇒)의 변형으로 봄], 丨 gǔn('뚫을 곤'이지
　　만 여기서는 막대나 배 젓는 노로 봄), 淵[淵(연못 연)의 획 줄임]

海啸 hǎixiào 명 해일, 쓰나미

7-9급

萧
xiāo

풀(艹)이 **오그라들며**(肃) 쓸쓸하게 시드니

쓸쓸할 소, 시들 소

萧条 xiāotiáo 형 적막하다, 쓸쓸하다, 불경기이다, 불황이다

7-9급

潇
xiāo

물(氵)도 맑고 풀(艹)도 **엄숙하게**(肃) 난 강 이름이니

맑을 소, 강 이름 소

潇洒 xiāosǎ 형 멋스럽다, 소탈하다

7-9급

jūn

다스리며(尹) 입(口)으로 명령하는 임금이니 임금 군
또 임금처럼 섬기는 남편이나 그대니 남편 군, 그대 군

+ 尹 yǐn – 오른손(⇒)에 지휘봉(ノ) 들고 다스리는 벼슬이니
'다스릴 윤, 벼슬 윤'
+ ⇒[고슴도치 머리 계, 오른손 우(彐)의 변형으로 봄]

君子 jūnzǐ 몡 군자, 학식과 덕망이 높은 사람[↔ 小人 xiǎorén 몡 소인, 소
인배]

7-9급

jiǒng

구멍(穴) 속에 숨은 임금(君)처럼 군색하고 어려우니
군색할 군, 어려울 군

+ 군색(困窘 kùnjiǒng)하다 – 형편이나 입장이 곤란하거나 난처하다.
+ 困 kùn(곤란할 곤)

窘迫 jiǒngpò 톙 매우 난처하다, 생활이 곤궁하다

6급

yǐn

언덕(阝)에 급히(急) 숨으니 숨을 은
또 숨은 듯 들려오는 소리가 은은하니 은은할 은

[번체] 隱 - 언덕(阝)을 손톱(爫)처럼 움푹 파이게 만들어(工) 손(크)과 마음(心) 까
지 숨으니 '숨을 은'
또 숨은 듯 들려오는 소리가 은은하니 '은은할 은'
+ 急 jí(急: 급할 급), 크[고슴도치 머리 계, 오른손 우(크)의 변형으로 봄]

隐藏 yǐncáng 통 숨기다, 감추다, 비밀로 하다
隐私 yǐnsī 명 프라이버시, 사적인 비밀

7-9급

yǐn

병(疒)이 숨은(隐) 듯 몸에 밴 중독이니 중독 은
또 중독된 것처럼 무엇에 빠진 마니아니 마니아 은

+ 마니아(发烧友 fāshāoyǒu) - 어떤 한 가지 일에 몹시 열중하는 사람이나 그런 일
+ 发 fā(發: 쏠 발, 일어날 발, 髮: 머리털 발), 烧 shāo(燒: 불사를 소), 友 yǒu
(벗 우)

瘾 yǐn 명 중독
过瘾 guòyǐn 형 끝내주다, 짜릿하다
上瘾 shàngyǐn 통 중독되다

6급

niǔ

손(扌)으로 추하게(丑) 비트니 비틀 뉴
또 손발이 비틀려 삐니 삘 뉴

+ 丑 chǒu – 오른손(⺕)에 쥔 고삐(丨)에 매인 소처럼 추하니 '소 축, 추할 추'
　　　　또 추한 모양으로도 연기하는 광대니 '광대 추'
　　　　또 소는 12지지의 둘째 지지니 '둘째 지지 축'
+ 酉 yǒu(술 그릇 유, 술 유, 닭 유, 열째 지지 유)

扭 niǔ 통 (몸을) 비비 꼬다, (발목 등이) 삐다, 삐긋하다

7~9급

niǔ

실(纟) 여러 가닥을 꼬아 만든 소(丑)를 매는 끈이니
맬 뉴, 끈 뉴

+ 纟 sī[糸 mì/sī(실 사, 실 사 변)의 간체자], 丨 gǔn('뚫을 곤'이지만 여기서는 소고삐로 봄)

纽带 niǔdài 명 연결 고리, 공감대
纽扣 niǔkòu 명 단추
枢纽 shūniǔ 명 사물의 중요 관건, 요점

233

6급

gū

자식(子)이 부모를 잃어 말라 버린 줄기에 **오이**(瓜)만 앙상하게 매달린 모양처럼 외롭게 부모가 없으니

외로울 고, 부모 없을 고

+ 瓜 guā – 넝쿨에 오이나 박이 열린 모양을 본떠서 '오이 과, 박 과'

孤独 gūdú 휑 고독하다, 외롭다

孤儿 gū'ér 몡 고아

7–9급

hú

활(弓) 중 굽은 **오이**(瓜)처럼 굽은 활이니

굽을 호, 굽은 활 호

+ 요즘은 재배 기술이 발달하여 반듯하지만 오이는 원래 잘 굽으니 그것을 생각하고 만든 한자

括弧 kuòhú 몡 괄호[문장 부호로 쓰이는 각종 괄호의 총칭]

7-9급

爪

zhǎo/zhuǎ

손톱이나 발톱을 본떠서 **손톱 조, 발톱 조**
또 조수의 발도 뜻하여 **발 조**

+ 조수(鸟兽 niǎoshòu) – 새와 짐승
+ 구어체에서는 zhuǎ로 발음하고 뒤에 '～儿(ér)'을 붙여 새나 짐승의 발(톱),
  기물의 다리나 발을 나타내기도 합니다.
+ 부수로는 '⺥(zhǎo/zhuǎ)'의 모양입니다.

爪子 zhuǎzi 명 짐승의 발톱과 발가락

6급

援

yuán

손(扌)으로 끌어당겨(爰) 도우니 당길 원, 도울 원

+ 비 授shòu (줄 수, 가르칠 수)
+ 爰 yuán – 손(⺥)으로 한(一) 명의 벗(友)을 이에 끌어당기니 '이에 원, 끌 원,
          당길 원'

救援 jiùyuán 통 구조하다
援助 yuánzhù 통 지원하다, 도와주다
支援 zhīyuán 통 지원하다

7-9급

瞬

shùn

눈(目) 깜짝할 사이에 무궁화(舜)는 피고 지니 눈 깜짝할 순

+ 舜 shùn – 손톱(⺥) 같은 꽃잎에 덮여(冖) 어긋나게(舛) 여기저기 꽃피는
          무궁화니 '무궁화 순'
          또 중국에서 성군(圣君)으로 꼽히는 순임금이니 '순임금 순'
+ 冖 mì(덮을 멱), 舛 chuǎn(어긋날 천), 圣 shèng(聖: 성스러울 성, 성인 성),
  君 jūn(임금 군, 남편 군, 그대 군)

瞬间 shùnjiān 명 순간, 눈 깜짝하는 사이
一瞬间 yíshùnjiān 명 순식간

7-9급

tuǒ

손톱(爫)을 가꿈도 **여자(女)**에게는 온당하니 온당할 타

+ 온당(稳当 wěndang)하다 – 굳건하고 타당하다.
+ 稳 wěn(穩: 평온할 온), 当 dàng(當: 마땅할 당, 당할 당)

妥 tuǒ 〔형〕 알맞다, 적합하다

妥当 tuǒdang 〔형〕 알맞다, 타당하다

妥善 tuǒshàn 〔형〕 적절하다, 나무랄 데 없다

妥协 tuǒxié 〔동〕 타협하다, 타결되다[↔ 斗争 dòuzhēng 〔동〕 투쟁하다, 싸우다]

稳妥 wěntuǒ 〔형〕 알맞다, 타당하다

7-9급

馁

něi

밥(饣)을 먼저 먹어야 **온당할(妥)** 정도로 굶주리니 굶주릴 뇌
또 굶주려 용기를 잃으니 용기 잃을 뇌

气馁 qìněi 〔동〕 낙심하다, 낙담하다, 주눅들다

7-9급

俘

fú

사람(亻)이 새 **알 깔**(孚) 때의 모양으로 앉혀 사로잡으니
사로잡을 부

+ 孚 fú – 새가 발톱(爫)으로 알(子)을 품어 굴리며 알 까게 기르는 모양이
　　미쁘니 '알 깔 부, 기를 부, 미쁠 부'
+ 알은 품으면서 적당히 굴려 고루 따뜻하게 해야 부화되지요.
+ 미쁘다 – 믿음직스럽다.
+ 爫 zhǎo/zhuǎ[爪 zhǎo/zhuǎ(손톱 조, 발톱 조, 발 조)]가 부수로 쓰일 때의
　모양], 子 zǐ('아들 자, 자네 자, 첫째 지지 자, 접미사 자'지만 여기서는 알
　로 봄)

俘获 fúhuò 몡 포로와 전쟁 때에 적에게서 빼앗은 물품

俘虏 fúlǔ 몡 포로 통 포로로 잡다

6급

浮

fú

물(氵) 위에 새 **알 깔**(孚) 때의 모양으로 뜨니 **뜰 부**

浮 fú 통 뜨다, 띄우다
浮躁 fúzào 혱 조급하다, 경솔하다, 경박하다

6급

乳

rǔ

기를(孚) 때 **꼭지**(乚)로 먹이는 젖이니 **젖 유**

+ 乚 háo/yǐ[乙 yǐ(새 을, 둘째 천간 을, 둘째 을, 굽을 을)이 부수로 쓰일 때
　의 모양이지만 여기서는 꼭지로 봄]

乳制品 rǔzhìpǐn 몡 유제품

7~9급

稻

dào

벼(禾)의 껍질을 **손톱**(爫)으로 까듯 **절구**(臼)에 넣어 찧는 벼니

벼 도

＋ 舀 yǎo – 손(爫)으로 절구(臼)에서 퍼내니 '퍼낼 요'
＋ 爫 zhǎo/zhuǎ('손톱 조, 발톱 조, 발 조'지만 여기서는 손으로 봄), 臼 jiù(절구 구), 禾 hé(벼 화)

稻草 dàocǎo 명 볏짚
水稻 shuǐdào 명 논벼

7~9급

滔

tāo

물(氵)이 **퍼낸**(舀) 듯이 둑을 넘치니 물 넘칠 도

滔滔不绝 tāotāobùjué 성 쉴 새없이 말하다, 끊임없이 계속되다[↔ 哑口无言 yǎkǒuwúyán 성 벙어리와 같이 말을 하지 못하다, 말문이 막히다]

꿀TIP '滔滔不绝'는 부사로 쓰이는 '不停 bùtíng(계속해서)'으로 바꿔서 사용할 수 있습니다.

6급

蹈

dǎo

발(𧾷)로 절구의 곡식이 찧어져 **퍼낼**(舀) 때까지 밟으니

밟을 도

＋ 옛날에는 디딜방아로 방아를 찧었는데, 절구 속에 곡식을 넣고 발로 방아를 밟아 찧었지요.
＋ 𧾷 zú[足 zú(발 족, 넉넉할 족)이 부수로 쓰일 때의 모양]

舞蹈 wǔdǎo 명 무용, 무도 동 춤추다, 무용하다

7-9급

觅 觅

mì

손톱(爫)으로 긁어 **보며(见)** 찾으니 찾을 **멱**

寻觅 xúnmì 图 찾다

7-9급

揽 攬

jiǎo

손(扌)으로 **잠(觉)**을 깨도록 어지럽게 흔드니
어지러울 교, 흔들 교

✦ 觉 jué/jiào(覺: 깨달을 각, 잠 교)
揽 jiǎo 图 휘젓다, 뒤섞다
揽拌 jiǎobàn 图 휘젓다, 반죽하다

6급

踩

cǎi

발(⻊)로 **캐면서(采)** 밟으니 밟을 **채**

✦ ⻊ zú[足 zú(발 족, 넉넉할 족)이 부수로 쓰일 때의 모양], 采 cǎi/cài(캘
채, 수집할 채, 모양 채)
踩 cǎi 图 밟다, 딛다, 디디다

7-9급

睬

cǎi

눈(目)으로 무엇을 **캐려는(采)** 듯 주목하니 주목할 **채**

✦ 주목(注目 zhùmù)하다 – 주시하다, 시선을 고정하다.
理睬 lǐcǎi 图 상대하다, 거들떠보다

6급

guì

발(⻊)을 **위험한**(危) 자세로 무릎 꿇으니 **무릎 꿇을 궤**

跪 guì 屠 무릎을 꿇다, 꿇어 있다

6급

tā/tà

발(⻊)을 **활발하게**(沓) 움직이며 성실하니 **성실할 답**(tā)
또 발(⻊)을 **활발하게**(沓) 움직여 밟으니 **밟을 답**(tà)

+ 沓 tà/dá - 물(水)이 햇(日)볕에 증발하며 활발하게 수증기가 겹치니
'활발할 답, 겹칠 답'

踏实 tāshi 阁 (마음이) 편안하다, (태도 등이) 착실하다, 성실하다
踏 tà 屠 밟다, 짓밟다

6급

蹲

dūn

발(⻊)로 **높이**(尊) 뛸 듯이 웅크리니 **웅크릴 준**

+ 尊 zūn(尊: 높일 존, 존경할 존)
蹲 dūn 屠 웅크리고 앉다, 쪼그리고 앉다

6급

蹭

蹭

cèng

발(⻊)을 **거듭**(曾) 디디며 비틀거리거나 꾸물대니
비틀거릴 층, 꾸물댈 층
또 발(⻊)에 **거듭**(曾) 무엇을 묻히니 **묻힐 층**

+ 曾 zēng/céng(曾: 일찍 증, 거듭 증)
蹭 cèng 屠 꾸물대다, 비비다, 문지르다, 빌붙다, 공짜로 얻어먹다

7-9급

辽
遼

liáo

불까지 **밝히며(了) 가(辶)**야할 정도로 머니 멀 **료**

[번체] 遼 – 불까지 밝히며(尞) 가(辶)야할 정도로 머니 '멀 료'
+ 尞 liáo – 크게(大) 양쪽(丷)에 해(日)처럼 작은(小) 것까지 보이도록 햇불을
밝게 밝히니 '햇불 료, 밝을 료, 밝힐 료'
+ 了 le/liǎo(마칠 료, 밝을 료, 어조사 료)

辽阔 liáokuò [형] (평야·벌판·수면 등이) 광활하다. 아득히 넓다

7-9급

迈
邁

mài

많이(万) 뛰어(辶)다니며 힘쓰는 모양이 고매하니

힘쓸 **매**, 고매할 **매**

또 힘을 많이 써 늙으니 늙을 **매**

+ 고매(高迈 gāomài)하다 – 탁월하다. 늙다. 어떠한 한계나 표준을 뛰어넘다.
+ 万 wàn/mò(萬: 많을 만, 일만 만)

迈 mài [동] 내디디다 [양] 마일[mile]

迈进 màijìn [동] 앞으로 내딛다. 돌진하다

年迈 niánmài [형] 연로하다. 나이가 많다

7-9급

逆
逆

nì

거꾸로(屰) 가며(辶) 거스르고 배반하니

거스를 **역**, 배반할 **역**

+ 屰 nì/jǐ – 사람이 거꾸로 선 모양에서 '거꾸로 설 역'

逆 nì [명] 반대 방향 [동] 저촉하다, 거스르다

叛逆 pànnì [동] 배반하다, 반역하다

7-9급

逊
遜

xùn

손자(孙)처럼 따르며(辶) 겸손하니 겸손할 **손**
또 **손자(孙)** 같은 사람이 **따르며(辶)** 모방한 듯 뒤떨어지니

뒤떨어질 **손**

+ 孙 sūn(孫: 손자 손)

谦逊 qiānxùn [형] 겸손하다

逊色 xùnsè [형] 뒤떨어지다. 다른 것에 비해 못해 보이다 [명] 손색

241

7~9급

逸
yì

토끼(兔)처럼 약한 짐승은 도망가(辶) 숨는 것이 뛰어난 꾀며
그래야 편안하니 숨을 일, 뛰어날 일, 편안할 일

+ 兔 tù(토끼 토)

安逸 ānyì 휑 안일하다, 편안하고 한가하다

7~9급

逗
dòu

콩(豆)처럼 굴려가며(辶) 놀리거나 웃기니 놀릴 두, 웃길 두

+ 豆 dòu(제기 두, 콩 두)

逗 dòu 통 놀리다, 약 올리다, 웃기다

7~9급

逞
chěng

(무엇이든) 드리며(呈) 다닐(辶) 수 있으면 마음도 쾌하니
쾌할 령
또 마음이 쾌하면 활동도 왕성하니 왕성할 령

+ 쾌(快 kuài)하다 – 상쾌하고 기분이 좋다. 마음이 유쾌하다.
+ 呈 – 입(口)에 맞는 음식을 왕(王)께 보이고 드리니 '보일 정, 드릴 정'
[번체] 呈 – 입(口)에 맞는 음식을 짊어지고(壬) 가서 보이고 드리니
　　　'보일 정, 드릴 정'
+ 壬 rén(간사할 임, 짊어질 임, 아홉째 천간 임)

逞能 chěngnéng 통 (재능이나 능력을) 과시하다, 뽐내다

逞强 chěngqiáng 통 잘난 체하다, 억지부리다

7-9급

qiǎn

중심(中) 되는 **한(一)** 사람을 뽑아 **언덕(𠂤)** 너머로 **가게(辶)** 보내니
보낼 견

+ 町 遺 yí(遺: 남길 유, 잃을 유)
+ 𠂤 [쌓일 퇴, 언덕 퇴(𠂤)의 획 줄임], 𠂤 [흙이 비스듬히(丿) 쌓인 모양에서 '쌓일
  퇴, 언덕 퇴'로, 堆 duī(언덕 퇴)의 원자인 㠯 duī(퇴)의 획 줄임]

消遣 xiāoqiǎn 통 소일하다, 심심풀이로 하다

派遣 pàiqiǎn 통 파견하다

7-9급

qiǎn

말(讠)로 귀양 **보낼(遣)** 듯 심하게 꾸짖으니 꾸짖을 견

谴责 qiǎnzé 통 비난하다, 질책하다

7-9급

chě

손(扌)으로 **그치도록(止)** 당겨 찢으니 **당길 차, 찢을 차**

+ 止 zhǐ(그칠 지)

扯 chě 〔동〕당기다, 끌어당기다

牵扯 qiānchě 〔동〕연루되다, 관련되다

7-9급

chǐ

귀(耳)로 듣는 것조차 **그쳐야(止)** 할 정도로 부끄러우니
부끄러울 치

+ 번체자의 속자인 '恥(부끄러울 치)'와 같은 의미의 중국 한자(간체자)입니다.
+ 恥 chǐ – 잘못을 귀(耳)로 들은 듯, 마음(心)에 부끄러우니 '부끄러울 치'

耻辱 chǐrǔ 〔명〕치욕

耻笑 chǐxiào 〔동〕멸시와 비웃다

可耻 kěchǐ 〔형〕수치스럽다, 치욕스럽다

不耻下问 bùchǐxiàwèn 〔성〕자기보다 아랫사람에게 물어 보는 것을 부끄러워
하지 않는다

6급

shè

물(氵)길을 **걸어서(步)** 건너니 **건널 섭**

+ 步 bù(걸음 보, 걸을 보)

涉及 shèjí 〔동〕다루다, 관련되다

干涉 gānshè 〔동〕간섭하다

탄 치 간

6급
诞
诞
dàn

말(讠)을 늘이듯(延) 길게 울면서 태어나니 **태어날 탄**

+ 延 yán – 비뚤어져(丿) 하던 일을 그치고(止) 길게 걸으면서(廴) 시간을 끌고
　늘이니 '끌 연, 늘일 연'

诞辰 dànchén 몡 탄신, (윗사람이나 존경하는 사람의) 생일

诞生 dànshēng 동 탄생하다, 태어나다

圣诞节 Shèngdàn jié 몡 성탄절, 크리스마스

荒诞 huāngdàn 동 황당하다

7-9급
齿
齒
chǐ

씹기를 그치고(止) 벌린 **입(凵)에** 보이는 **이(人)니 이 치**

번체 齒 – 그쳐(止) 윗니(人人)와 나란히(一) 아랫니(人人)가 벌린 입(凵)
　　속에 있는 이니 '이 치'

+ 凵 kǎn/qiǎn(입 벌릴 감, 그릇 감), 人 rén('사람 인'이지만 여기서는 이로 봄)

牙齿 yáchǐ 몡 치아

7-9급
啃
kěn

입(口)으로 즐겨(肯) 물고 뜯어먹으니 **물 간, 뜯어먹을 간**

+ 肯 kěn(즐길 긍, 동의할 긍)

啃 kěn 동 갉아먹다, 뜯어먹다

꿀TIP 啃을 활용하여 '啃啮 kěnniè(갉아먹다, 뜯어먹다), 啃食 kěnshí(베어먹다)'
　　등의 표현으로 사용할 수 있습니다.

7-9급

wāi

아니(不) 바르게(正) 비뚤어져 기울고 어긋나니
비뚤 **왜**, 기울 **왜**, 어긋날 **왜**

+ 正 zhèng/zhēng(바를 정, 딱 정, 바로 정, 정월 정)

歪 wāi 휑 비뚤다, 비스듬하다, 바르지 않다

歪曲 wāiqū 통 (사실이나 내용을 고의로) 왜곡하다, 곡해하다

7-9급

惩
懲

chéng

불러서(征) 뉘우치는 마음(心)이 들도록 징계하니 징계할 징

+ 征 zhēng(徵: 정벌할 정, 부를 징)

惩处 chéngchǔ 통 처벌하다

惩罚 chéngfá 통 징벌하다[↔ 奖励 jiǎnglì 통 장려하다, 격려하다, 표창하다]

7~9급

泣
qì

물(氵)이 **서**(立) 있는 모양으로 눈물 흘리며 우니 **울 읍**

+ 누워서 울어도 물은 서 있는 모양이지요.
+ 立 lì(설 립)

哭泣 kūqì 통 (작은 소리로) 흐느껴 울다, 훌쩍이다

可歌可泣 kěgēkěqì 성 대단히 감동적이다. 감격적이고 눈물겹다

+ '可歌可泣'의 원래 의미는 '노래 부르게 할 만하고 눈물짓게 할 만하다'라는 뜻입니다.

7~9급

粒
lì

쌀(米)을 하나하나 **세운**(立) 낟알이니 **낟알 립**

粒 lì 명 알갱이, 알 양 알, 톨

6급

啦
lā

입(口)으로 **끄는**(拉) 소리를 내는 어조사니 **어조사 라**

+ 拉 lā – 손(扌)으로 세워(立) 끌거나 운반하니 '끌 랍, 운반할 랍'

啦 lā 조 了(le)와 啊(a)의 합음사로 두 개의 의미를 모두 갖고 있음

꿀TIP '와르르, 팍, 퍽, 펄렁' 등의 갑자기 나는 소리를 나타낼 때에는 주로 한자를 반복하여 사용합니다.

7~9급

竖
shù

칼(刂)을 **오른손**(又)으로 **세우니**(立) **세울 수**
또 서 있는 더벅머리니 **더벅머리 수**

번체 豎 – 신하(臣)가 오른손(又)으로 일으켜 세우니(立) '세울 수'
또 서 있는 더벅머리니 '더벅머리 수'

竖 shù 통 똑바로 세우다 형 세로의[↔ 橫 héng 형 가로의 통 가로지르다]

橫七竖八 héngqīshùbā 성 어수선하게 흩어져 있는

6급

zhàng

위험한 **언덕(阝)**에 **글(章)**을 써 붙여 막으니 **막을 장**

+ 章 zhāng(글 장, 문장 장)
故障 gùzhàng 명 (기계 등의) 고장, 결함
障碍 zhàng'ài 명 장애물 동 방해하다
屏障 píngzhàng 명 장벽, 보호벽

7–9급

zhāng

글(章)을 **붓(彡)**으로 써서 드러나게 밝히니
드러날 창, **밝힐 창**

+ 彡 shān/xiǎn('터럭 삼, 긴머리 삼'이지만 여기서는 털로 만든 붓으로 봄)
表彰 biǎozhāng 동 표창하다

6급

dì

머리 부분(亠)을 받치고(丷) 덮어(冖) 수건(巾)같은 관을 쓴 제왕이니 제왕 **제**

+ 亠 tóu(머리 부분 두), 冖 mì(덮을 멱), 巾 jīn(수건 건)

皇帝 huángdì 명 황제
上帝 shàngdì 명 하느님

7-9급

缔

dì

실(纟)로 하는 일 중 제왕(帝)처럼 최고는 맺는 것이니 맺을 **체**
또 맺은 약속대로 제한하고 금지하니 제한할 **체**, 금지할 **체**

取缔 qǔdì 동 (공개적으로) 단속하다, 금지를 명하다[↔ 取消 qǔxiāo 동 취소하다]

> **꿀TIP** 取缔는 '取缔无照商贩 qǔdì wúzhào shāngfàn(무면허 상인을 단속하다)'처럼 정부 기관의 명령을 통해 금지시킬 때 사용할 수 있고, 取消는 '取消资格 qǔxiāo zīgé(자격을 취소하다)'와 같이 조직이나 개인의 제도 · 자격 · 규정 등의 효력을 없앨 때 사용합니다.

7-9급

蒂

dì

풀(艹) 열매에서 제왕(帝)처럼 중요한 꼭지니 꼭지 **체**

+ 열매는 꼭지로 영양분을 받으며 자라니 꼭지가 중요하지요.

根深蒂固 gēnshēndìgù 성 기초가 튼튼하여 쉽게 흔들리지 않다

+ '根深蒂固'는 노자(老子 Lǎozǐ)에서 유래되었으며, 원래 의미는 '뿌리가 깊고 꼭지가 단단하기 때문에, 어떠한 사상이 견고해도 쉽게 동요되거나 바뀌지 않는다.'라는 뜻입니다.

6급

bàng

사람(亻)이 **넓게**(旁) 마음 써야하는 곁이니 곁 **방**

╋ 旁 páng – 서(^立) 있는 방향(方)의 곁이 두루 넓으니 '곁 방, 두루 방, 넓을 방'
╋ 立 [立 lì(설 립)의 변형으로 봄]
傍晚 bàngwǎn 뗑 저녁 무렵, 해 질 무렵, 황혼

7-9급

bǎng/páng

몸(月)에서 **넓게**(旁) 펴진 어깨뼈니 어깨뼈 **방**(bǎng)
또 **몸**(月)에서 **넓게**(旁) 늘어나는 오줌보니 오줌보 **방**(páng)

肩膀 jiānbǎng 뗑 어깨
翅膀 chìbǎng 뗑 (새·곤충 등의) 날개

6급

bǎng

나무(木) 판에 써 붙여 **널리**(旁) 알리는 방이니
알릴 **방**, 방 **방**

╋ 榜은 요즘의 광고 같은 것입니다.
榜样 bǎngyàng 뗑 본보기, 모범
排行榜 páihángbǎng 뗑 순위 차트, 랭킹

7-9급

bàng

말(讠)로 이것저것 **넓게**(旁) 끄집어내며 헐뜯으니 헐뜯을 **방**

诽谤 fěibàng 통 (없는 것을 꾸며 대어) 비방하다, 중상모략하다

7-9급

bàng

돌(石) 등의 무게를 **널리**(旁) 통하게 재는 저울이니 저울 **방**
또 무게 단위인 파운드니 파운드 **방**

╋ 중량 단위인 '파운드(pound)'와 글자 크기 단위인 '포인트(point)'에 쓰이는
글자
磅 bàng 향 (중량 단위인) 파운드, (글자 크기를 나타내는) 포인트

쇠(钅)로 둘레를 두루(旁) 깎으니 깎을 방
또 영국의 화폐인 파운드의 음역으로도 쓰여 파운드 방

✦ 磅은 무게 단위고 镑은 영국의 화폐 단위입니다.
英镑 yīngbàng 명 (영국의 화폐 단위) 파운드

bàng

---

256 ▷ **铲萨 厦** – 产으로 된 한자와 厦
산 살   하

쇠(钅)로 무엇을 만들려고(产) 깎거나 파니 깎을 산, 팔 산
또 깎거나 팔 때 쓰는 대패나 삽이니 대패 산, 삽 산

✦ 产 chǎn(産: 낳을 산, 생산할 산)
铲 chǎn 동 (삽으로) 깎다, 파다
铲子 chǎnzi 명 삽

chǎn

풀(艹) 같은 채소와 곡식을 언덕(阝)에서 생산하여(产) 먹으며
수도하는 보살이니 보살 살

菩萨 púsà 명 보살

sà

헛간(厂)처럼 넓어서 여름(夏)도 지낼 만한 큰 집이니 큰집 하

✦ 夏 xià(여름 하)

shà/Xià

7-9급

辟
闢
bì/pì

몸(尸)과 입(口)으로 **어려움**(辛)을 물리치니 **물리칠 벽**
또 이렇게 물리치는 임금이니 **임금 벽**(bì)
또 물리치고 한쪽만 열어 치우치니 **열 벽, 치우칠 벽**(pì)

[번체] 闢 – 문(門)을 열어 물리치니(辟) '열 벽, 물리칠 벽'

开辟 kāipì 〔동〕(길을) 열다, 개척하다

开天辟地 kāitiānpìdì 〔성〕천지개벽, 유사 이래

7-9급

僻
pì

사람(亻)이 한쪽으로 **치우치니**(辟) 치우칠 벽

僻静 pìjìng 〔형〕으슥하다, 외지고 조용하다

偏僻 piānpì 〔형〕외지다, (성격이) 편벽되다

7-9급

臂
bì

양쪽으로 **치우치게**(辟) 달린 **몸**(月)의 팔이니 **팔 비**

+ 팔은 위아래로가 아니라 좌우로 있음을 생각하고 만든 한자

手臂 shǒubì 〔명〕팔뚝, 조수

7-9급

譬
pì

직설적인 말은 **물리치고**(辟) **말하며**(言) 비유하니 **비유할 비**

+ 비유(譬喩 pìyù) – (직접 말하지 않고) 그와 비슷한 다른 현상이나 사물을 끌어다 표현하는 일
+ 喩 yù(喩: 비유할 유, 깨우칠 유)

譬如 pìrú 〔동〕예를 들다 〔접〕만약, 예를 들어

譬如说 pìrú shuō 〔접〕예를 들어 말하면

7-9급

劈
pī/pǐ

물리치려고(辟) **칼**(刀)로 쪼개니 **쪼갤 벽**

劈 pī 〔동〕(도끼 등으로) 쪼개다, 패다, 가루를 내다

7-9급

宰

zǎi

집(宀)안일을 **고생하며**(辛) 주재하니 **주재할 재**
또 주재하여 잡거나, 나라일을 주재하는 재상이니
잡을 재, 재상 재

+ 辛 xīn(고생할 신, 매울 신)

主宰 zhǔzǎi 图 지배하다, 좌지우지하다

宰 zǎi 图 (동물이나 가축을) 잡다, 도살하다, 죽이다

任人宰割 rènrénzǎigē 셍 날 잡아 잡수 한다, 남에게 자유를 뺏겨 권리나
인격이 짓밟히다

7-9급

辜

gū

오래(古) 동안 **고생스럽게**(辛) 괴롭히는 허물이나 죄니
허물 고, 죄 고

无辜 wúgū 톙 무고하다, 죄가 없다 몡 무고한 사람

辜负 gūfù 图 (호의·기대·도움 등을) 저버리다

꿀TIP '辜负' 뒤에 '期望 qīwàng(기대), 信任 xìnrèn(신임), 信赖 xìnlài(신뢰), 好意 hǎoyì
(호의) 등과 호응하여 아래와 같이 사용합니다.
辜负期望 gūfù qīwàng(기대를 저버리다) / **辜负信任** gūfù xìnrèn(신임을 저
버리다) / **辜负信赖** gūfù xìnlài(신뢰를 저버리다) / **辜负好意** gūfù hǎoyì(호
의를 저버리다)

7-9급

凿

záo

풀 무성한(丵) 곳에 **입 벌린**(凵) 모양의 구멍을 뚫으려고
파헤치니 **뚫을 착, 파헤칠 착**
또 구멍을 뚫는 끌이나 정이니 **끌 정, 정 정**

[번체] 鑿 - 풀 무성하듯(丵) 많은 곡식을 절구(臼)에 넣고 절구 공이로 치듯이(殳)
쇠(金)로 쳐 뚫으니 '뚫을 착'
+ 丵 zhuó - 고생할 신, 매울 신(辛) 위에 점 셋(ᵞ)을 더붙여 풀 무성한 모양
을 나타내어 '풀 무성할 착'
+ 殳 shū(칠 수, 창 수, 몽둥이 수)

凿 záo 图 구멍을 파다, 뚫다

确凿 quèzáo 톙 확실하다, 근거가 있다

7-9급

辨
biàn

어려운 일 틈에 **끼어(辛辛) 칼(刂)**로 딱 자르듯이 시비를 분별하니 **분별할 변**

+ 辛 xīn(고생할 신, 매울 신) 둘을 어려운 일 틈으로 보았어요.
+ 刂[刂 dāo(칼 도 방)의 변형으로 봄]

辨别 biànbié 통 분별하다, 판별하다
辨认 biànrèn 통 식별하다, 판별하다
分辨 fēnbiàn 통 분별하다, 구분하다

7-9급

辫
biàn

고생하고(辛) 고생하며(辛) 실(纟)로 머리를 땋으니 **머리 땋을 변**

+ 纟 sī[糸 mì/sī(실 사, 실 사 변)의 간체자]

辫子 biànzi 명 땋은 머리, 변발, 약점

7-9급

瓣
bàn

매운 것들(辛辛)과 함께 무친 **오이(瓜)** 조각이니 **조각 판** 또 조각처럼 꽃을 이루는 화판이니 **화판 판**

+ 화판(花瓣 huābàn) – 꽃잎. 꽃을 이루고 있는 낱낱의 조각 잎
+ 瓜 guā(오이 과, 박 과)

花瓣 huābàn 명 꽃잎

6급

旺

wàng

해(日)나 **왕**(王)처럼 왕성하니 왕성할 왕

✦ 王 wáng/wàng(임금 왕, 으뜸 왕, 구슬 옥 변)

兴旺 xīngwàng 혱 창성하다, 흥성하다, 번창하다

7-9급

枉

wǎng

나무(木)에 가로 막히면 **왕**(王)도 굽히니 굽힐 왕

冤枉 yuānwang 혱 억울하다 통 억울한 누명을 씌우다

7-9급

琢

zhuó/zuó

구슬(王)을 돼지(豕)가 발로 땅을 **찍듯이**(丶) 정으로 쪼며
다듬으니 쫄 **탁**, 다듬을 **탁**(zhuó)
또 쪼듯이 깊이 생각하니 깊이 생각할 **탁**(zuó)

✦ 쪼다 – 뾰족한 끝으로 쳐서 찍다.

琢磨 zhuómó 통 깊이 생각하다, 궁리하다, 사색하다

7-9급

呈
呈

chéng

입(口)에 맞는 음식을 **왕**(王)께 보이고 드리니 보일 정, 드릴 정

[번체] 呈 – 입(口)에 맞는 음식을 짊어지고(壬) 가서 보이고 드리니
　　　'보일 정, 드릴 정'

✦ 壬 rén(간사할 임, 짊어질 임, 아홉째 천간 임)

呈现 chéngxiàn 통 나타나다, 드러나다

辞呈 cíchéng 명 사표, 사직서

255

6급

huáng

밝은(白) 지혜로 왕(王)들을 지도하는 황제니 황제 황

+ 작은 나라의 임금은 왕(王 wáng), 큰 나라의 임금은 황제(皇帝 huángdì)라 하지요.
+ 白 bái(흰 백, 밝을 백, 깨끗할 백, 아뢸 백), 帝 dì(제왕 제)
皇帝 huángdì 명 황제

7–9급

huáng

불(火)이 황제(皇)처럼 빛나니 빛날 황

辉煌 huīhuáng 형 (빛이) 휘황찬란하다, (성취·성과가) 눈부시다

꿀TIP 辉煌은 빛이나 성과가 눈부시다는 의미이고, 제목번호 004의 灿烂 cànlàn (찬란하다)은 문화유산이나 역사가 찬란하다는 의미입니다.

7–9급

kuàng

나무(木)로 문을 바르게(匡) 만든 문틀이니 문틀 광
또 문틀 같은 테두리니 테두리 광

+ 匡 kuāng – 은밀히(匚) 왕(王)을 도와 바르게 바루니 '도울 광, 바룰 광'
+ 바루다 – 비뚤어지거나 구부러진 것, 잘못된 것을 바로잡다.
+ 匚 xì(감출 혜, 덮을 혜)
框 kuàng 명 테[틀], 문틀
框架 kuàngjià 명 골격, 프레임

7–9급

kuāng

대(竹)로 일에 도움(匡) 되도록 만든 광주리니 광주리 광

筐 kuāng 명 광주리, 바구니

6급

나무(木) 중 주인(主)처럼 큰 역할을 하는 기둥이니 기둥 주

✦ 圓 桂 guì(계수나무 계)- 제목번호 010 참고
✦ 主 zhǔ(주인 주)

柱子 zhùzi 圓 기둥

zhù

7-9급

손(扌)으로 주(主)된 부분을 잡고 버티며 지탱하니
버틸 주, 지탱할 주

拄 zhǔ 圄 (지팡이로) 짚다, 몸을 지탱하다

zhǔ

6급

말(马)을 주인(主)에게 맡기고 머무르니 머무를 주

✦ 말로 이동하던 옛날에 어디를 가면 말을 주인에게 맡기고 머물렀다는 데서
  만들어진 한자
✦ 住 zhù(멈출 주, 살 주, 사는 곳 주)는 터 잡고 사는 곳이고, 驻 zhù(머무를
  주)는 임시로 머무르는 곳입니다.

驻 zhù 圄 주둔하다, 체류하다

zhù

6급

mài

6급

zhài

주인(主)이 천천히(夊) 거두는 보리니 보리 맥

[번체] 麥 - (여름이) 오기(夾) 전에 천천히(夊) 거두는 보리니 '보리 맥'

+ 보리는 가을에 심어 여름이 오기 전 늦은 봄에 거두지요.
+ 夊 zhǐ/zhōng(천천히 걸을 쇠, 뒤져올 치), 夾 jiā[夹 jiā(낄 협, 겨드랑 이 협)이지만, 여기서는 '来 lái(來: 올 래)'의 번체자 변형으로 봄]

小麦 xiǎomài 명 밀

사람(亻)이 책임지고(责) 갚아야 할 빚이니 빚 채

+ 责 zé/zhài(責: 꾸짖을 책, 책임 책)

债 zhài 명 빚, 부채

265 素嗉 – 素로 된 한자
소 소

6급

素

sù

주된(主) **실**(糸)의 색은 희니 흴 **소**

또 흰색은 모든 색의 바탕이 되고 요소가 되며 소박하니

바탕 **소**, 요소 **소**, 소박할 **소**

素质 **sùzhì** 명 소양, 자질

要素 **yàosù** 명 요소

因素 **yīnsù** 명 원인, 조건, 요소

元素 **yuánsù** 명 화학 원소, 요소

维生素 **wéishēngsù** 명 비타민

朴素 **pǔsù** 형 소박하다, 화려하지 않다[↔ 华丽 huálì 형 화려하다/奢侈 shēchǐ 형 사치스럽다]

7-9급

嗉

zhài

입(口)으로 먹은 모이를 **그대로**(素) 넣어두는 닭의 모이주머니니

모이주머니 **소**

7-9급

廷

tíng

임무를 **짊어지고(壬)** 가서(廴) 일하는 조정이나 법정이니

조정 **정**, 법정 **정**

+ [비] 延 yán(끌 연, 늘일 연)
+ 조정(朝廷 cháotíng) – 임금이 정사를 펴며 의식을 행하였던 곳
+ 壬 rén(간사할 임, 짊어질 임, 아홉째 천간 임), 廴 yǐn/yìn(길게 걸을 인),
  朝 cháo(아침 조, 조정 조, 뵐 조)

宮廷 gōngtíng [명]궁궐, 궁전

7-9급

赁
貰

lìn

무엇을 **맡기고(任)** 재물(贝)을 빌리니 **빌릴 임**

또 무엇을 **맡고(任)** 재물(贝)을 빌려주니 **빌려줄 임**

[번체] 賃 – 맡은(任)일을 하고 품삯(貝)을 받는 품팔이니 '품삯 임, 품팔이 임'
+ 중국어에서는 주로 '빌리다, 빌려주다'로 쓰입니다.
+ 任 rèn/rén(맡을 임), 贝 bèi(貝: 조개 패, 재물 패, 돈 패)

租赁 zūlìn [동]임대하다, 빌려 쓰다, 임차하다

[꿀TIP] 租赁은 주로 '租赁业 zūlìnyè(임대업)', '租赁服务 zūlìn fúwù(임대 서비스,
렌탈 서비스)' 등으로 사용됩니다.

7-9급

卜
葡
bǔ/bo

(옛날에 점치던) 갈라진 거북 등 모양을 본떠서 점 복(bǔ)
또 갈라진 무로도 보아 무 복(bo)

[번체] 蔔 – 풀(艹) 잎이 땅을 싸듯(勹) 덮고 속을 채우며(畐) 자라는 무니 '무 복'
✦ 옛날에는 거북 등껍데기를 불태워 갈라진 모양을 보고 점을 쳤답니다.
✦ 勹 bāo(쌀 포), 畐 fú/bì(찰 복) – 제목번호 093 참고

占卜 zhānbǔ [통] 점치다
萝卜 luóbo [명] 무

[풀TIP] '萝卜'의 번체자는 '蘿蔔(나복)'입니다. 두 한자 모두 복잡하기 때문에 '蘿(무 나)'를 새로운 모양의 중국 한자(간체자)[萝 luó]로 만들었고, '蔔(무 복)'은 비슷한 발음(bo)의 '卜 bǔ/bo'를 중국 한자(간체자)로 활용한 것이죠.

7-9급

仆
僕
pū/pú

사람(亻)이 점(卜)치듯 자세히 살펴려고 엎드리니
엎드릴 부(pū)
또 엎드리듯 구부리고 일하는 종이니 종 부(pú)

✦ 번체자에서는 '엎드릴 부, 종 복'으로 사용하지만, 여기서는 중국 한자(간체자)의 병음을 따라 풀었습니다.

公仆 gōngpú [명] 공무원

7-9급

朴
樸
pǔ

나무(木) 껍질이나 **점(卜)**칠 때 쓰는 거북 등처럼 갈라져 투박하고 순박하니 순박할 박

朴实 pǔshí [형] 꾸밈이 없다, 소박하다[↔ 华丽 huálì [형] 화려하다]
朴素 pǔsù [형] 소박하다, 화려하지 않다[↔ 奢侈 huálì [형] 사치스럽다/↔ 华丽 huálì [형] 화려하다]
质朴 zhìpǔ [형] 소박하다
纯朴 chúnpǔ [형] 순박하다, 성실하고 꾸밈이 없다
古朴 gǔpǔ [형] 소박하고 고풍스럽다

[풀TIP] '朴实'은 주로 사람의 성격이나 예술·풍격이 성실하고 과장되지 않다는 의미일 때 사용되고, '朴素'는 사람의 옷차림이나 장식, 또는 생활 양식 등이 소박하고 수수하다는 의미일 때 사용됩니다.

pū
撲

손(扌)으로 **점(卜)**치듯 살핀 것을 두드리며 달려드니

두드릴 박, 달려들 박

[번체] 撲 – 손(扌)으로 번거롭게(業) 두드리니 '두드릴 박'

＋ 業 pú – 풀 무성하듯(丵) 크게(大) 번거로우니 '번거로울 복'

＋ 丵 zhuó – 고생할 신, 매울 신(辛) 위에 점 셋(⺍)을 더 붙여 풀 무성한 모양을
　　　　　　나타내어 '풀 무성할 착'

扑 pū [동] 갑자기 달려들다, 돌진하여 덮치다

---

268 ▶ **粘阽 沾帖钻 惦** – 占으로 된 한자와 惦
　　　　점 점　첨 첩 찬　점

7-9급

zhān
黏

쌀(米)밥이 **점령하듯(占)** 달라붙게 끈끈하니

붙을 점, 끈끈할 점

＋ 占 zhān/zhàn(점칠 점, 점령할 점)

粘 zhān [동] 달라붙다, (풀, 테이프 등으로) 붙이다

7-9급

diàn

옆에 있는 **언덕(阝)**까지 **점령당하여(占)** 위태하니 위태할 점

또 위태할 정도로 임박하니 임박할 점

7-9급

zhān
霑

물(氵)이 **점령하여(占)** 젖으니 젖을 첨

[번체] 霑 – 비(雨)와 물(氵)이 점령하여(占) 젖으니 '젖을 점'

沾 zhān [동] 젖다, 적시다

沾光 zhānguāng [동] 덕을 보다, 은혜를 입다

7-9급

帖

tiě

수건(巾) 같은 천에 **점령하듯(占)** 글을 적은 문서니 문서 **첩**
또 문서로 만든 초대장이니 초대장 **첩**

帖子 tiězi 〔명〕 (온라인) 게시글
请帖 qǐngtiě 〔명〕 청첩장, 초대장

6급

钻 〔鑽〕

zuān/zuàn

쇠(钅)로 **점령하여(占)** 구멍을 뚫듯이 파고드니
뚫을 **찬**, 파고들 **찬**(zuān)
또 구멍을 뚫는 송곳이니 송곳 **찬**(zuàn)

〔번체〕 鑽 – 쇠(金)의 도움(贊)을 받아 뚫듯이 파고드니 '뚫을 찬, 파고들 찬'
또 구멍을 뚫는 송곳이니 '송곳 찬'
+ 先 xiān(먼저 선), 贊(도울 찬, 찬양할 찬: 赞 zàn)

钻 zuān 〔통〕 뚫다, 파고들다, 들어가다

7-9급

惦

diàn

마음(忄)이 **가게(店)**의 물건들처럼 펼쳐지며 염려하니
염려할 **점**

+ 店 diàn – 집(广)에 점령하듯(占) 물건을 진열하여 파는 가게니 '가게 점'

惦记 diànjì 〔통〕 늘 생각하다, 항상 마음에 두다, 걱정하다

7-9급

zhēn

점(卜)치듯 요모조모 따져 **재물**(贝)을 씀이 곧으니 곧을 정
또 곧은 충정이나 정조니 충정 정, 정조 정

✦ 정조(贞操 zhēncāo) - ① 신앙과 원칙에 충실한 덕목 ② 이성 관계에서 순
결을 지니는 일

忠贞 zhōngzhēn 혱 마음이 곧바르다, 지조가 굳다

7-9급

zhēn

사람(亻)이 **곧게**(贞) 일하는지 엿보니 엿볼 정

侦察 zhēnchá 동 적의 정세나 지형을 살피다

7–9급

zhuó

점(卜)치듯 미리 생각하고 **일찍**(早)부터 일하여 높고 뛰어나니
높을 **탁**, 뛰어날 **탁**

+ 早 zǎo(일찍 조)

卓越 zhuóyuè 〔형〕 탁월하다, 출중하다

7–9급

dào

마음(忄)에 **높아진**(卓) 감정으로 슬퍼하고 애도하니
슬퍼할 **도**, 애도할 **도**

+ 슬프면 마음이 격해지고 열도 나지요.

悼念 dàoniàn 〔동〕 애도하다, 추모하다
追悼会 zhuīdàohuì 〔명〕 추모회

7–9급

绰

chuò

묶은 끈(纟)이 **높이**(卓) 드러나도록 여유 있으니 여유 있을 **작**
또 여유 있게 너그러우니 너그러울 **작**

绰号 chuòhào 〔명〕 별명
阔绰 kuòchuò 〔형〕 호화스럽다, 사치스럽다

7–9급

zhào

그물(罒)처럼 **높이**(卓) 덮어 고기 잡는 가리니
덮을 **조**, 가리 **조**

+ 가리(筌鱼 quányú) – 통발 비슷하게 대로 엮어 만든 고기 잡는 기구

罩 zhào 〔동〕 덮다, 씌우다
口罩 kǒuzhào 〔명〕 마스크
笼罩 lǒngzhào 〔동〕 뒤덮다

<6급>

徒
tú

한갓 **걷거나(彳) 달리는(走)** 무리니
한갓 도, 걸을 도, 무리 도

+ 彳 chì(조금 걸을 척), 走 zǒu(달릴 주, 걸을 주)
徒弟 túdì 몡 제자
歹徒 dǎitú 몡 악당, 나쁜 사람

<7-9급>

陡
dǒu

언덕(阝)이 위로 **달려간(走)** 듯 갑자기 솟아 험하니
갑자기 두, 험할 두

陡 dǒu 혱 가파르다 뷔 갑자기

<7-9급>

赴
fù

달려서(走) 점(卜)친 곳에 가 힘쓰니 갈 부, 힘쓸 부

赴 fù 동 ～로/으로 가다, 향하다
赶赴 gǎnfù 동 급히 달려가다
奔赴 bēnfù 동 서둘러 가다, 급히 가다
前赴后继 qiánfùhòujì 성 용기내어 계속 전진하다
全力以赴 quánlìyǐfù 성 (어떤 일에) 최선을 다하다, 전력투구하다

<7-9급>

趁
chèn

달리듯(走) 사람(人)이 **머리털(彡)** 휘날리며 쫓고 따르니
쫓을 진, 따를 진

趁 chèn 개 ～을/를 이용하다, ～을/를 틈타
趁机 chènjī 동 기회를 틈타다
趁早 chènzǎo 뷔 일찌감치, 서둘러서
趁着 chènzhe 개 ～을/를 틈타서, ～을/를 이용해서

Zhào

달려가(走) 민원을 해결해주며 어질게(乂) 다스리던 조나라니

조나라 **조**, 성씨 **조**

[번체] 趙 - 잘 달리고(走) 몸집이 작은(肖) 민족이 세운 나라니
　　　 '조나라 조, 성씨 조'

✦ 조(赵 Zhào)나라 - 기원전 403년~기원전 222년 춘추 전국 시대(春秋战国 Chūnqiū Zhànguó) 제후국이었으며, 전국 칠웅(战国七雄 zhànguó qī xióng) 중 하나로, 지금의 허베이(河北 Héběi) 남부, 산시(山西 Shānxī) 중부와 북부에 위치하였습니다. 전국 후기에 동방 6개국 중에서 가장 강력한 나라였으며, 진(秦 Qín)나라와 수십 년간 패권을 다투다 진나라에 의해 멸망했습니다.

✦ 乂 yì(벨 예, 다스릴 예, 어질 예), 肖 xiào/xiāo(肖: 작을 초, 닮을 초)

tàng/tāng

달리기(走) 경주에서 숭상하듯(尚) 매기는 차례니

차례 **당**(tàng)

또 달려와(走) 높이(尚) 뛰어 건너니 건널 당(tāng)

✦ 왕래한 횟수나 정기적인 교통수단의 운행 횟수를 세는 데 쓰입니다.

✦ 尚 shàng(尚: 오히려 상, 높을 상, 숭상할 상)

趟 tàng [양] 차례, 번[사람이나 차의 왕래하는 횟수를 세는 데 쓰임]

[꿀TIP] 趟은 동작과 관련된 횟수를 나타내는 동량사입니다. 동량사는 '동사 + 수사 + 양사' 형태로 '去一趟 qù yī tàng(한 번 가다)'처럼 쓸 수 있습니다. 趟은 왕복을 의미하여 동사 '去 qù/来 lái' 등과 함께 사용합니다.

7~9급

丁

dīng/zhēng

고무래를 본떠서 고무래 정, 넷째 천간 정
또 고무래처럼 튼튼한 장정이니 장정 정(dīng)
또 쩡쩡거리는 소리로도 쓰여 쩡쩡 정(zhēng)

✚ 고무(耙子 pázi) – 곡식을 말릴 때 넓게 펴서 고르는 도구로, 단단한 나무로 튼튼하게 만듦

丁 dīng 명 장정, 성년 남자, 천간의 넷째

꿀TIP '丁'을 활용하여 '壯丁 zhuàngdīng(장정)', '园丁 yuándīng(정원사, 원예사)'으로 사용할 수 있습니다.

7~9급

叮

dīng

입(口)으로 장정(丁)처럼 힘 있게 캐물으며 신신당부하니
캐물을 정, 신신당부할 정
또 입(口)으로 장정(丁)처럼 세게 무니 물 정

叮嘱 dīngzhǔ 동 신신당부하다, 거듭 부탁하다

7~9급

盯

dīng

눈(目)으로 장정(丁)처럼 똑바로 보니 똑바로 볼 정

盯 dīng 동 주시하다, 응시하다

7~9급

钉

釘

dīng/dìng

쇠(钅)로 고무래(丁)처럼 만들어 박는 못이니 못 정(dīng)
또 못을 박으니 못 박을 정(dìng)

钉子 dīngzi 명 못

钉 dìng 동 못을 박다, (단추 등을) 달다, 고정시키다

碰钉子 pèng dīngzi 관 퇴짜 맞다, 거절당하다

7-9급

亭

tíng

높이(亠) 지어 **장정(丁)**들이 쉬도록 한 정자니 정자 **정**

+ 亠[高 gāo(높을 고)의 획 줄임]

报亭 bàotíng 몡 신문·잡지 가판점

7-9급

拧

擰

nǐng/níng

손(扌)으로 사용하기 **편하게(宁)** 비틀어 짜니 비틀 **녕**, 짤 **녕** (nǐng)
또 비틀어 짜듯 한쪽으로만 고집스러우니 고집스러울 **녕** (nìng)

+ 宁 níng/nìng(寧: 편안할 녕, 어찌 녕, 차라리 녕)

拧 níng 통 짜다, 꼬집다

拧 nǐng 통 틀다, 비틀다

---

273 呵苛 – 可로 된 한자
가 가

7-9급

呵

hē

입(口)으로 **가히(可)** 소리치며 꾸짖거나 깔깔 웃으니
꾸짖을 **가**, 깔깔 웃을 **가**

+ 가히 – 능히, 넉넉히
+ 可 kě(옳을 가, 가히 가, 허락할 가)

呵护 hēhù 통 보호하고 도와주다, 애호하다, 보살피다

7-9급

苛

kē

풀(艹)만 **가히(可)** 먹도록 한 것처럼 가혹하니 가혹할 **가**

+ 가혹(苛酷 kēkù) – 몹시 모질고 독함
+ 艹 cǎo(초 두), 酷 kù(가혹할 혹)

苛刻 kēkè 혱 가혹하다, (조건·요구가) 너무 지나치다

7–9급

畸
jī

밭(田) 중 **기이하게(奇)** 남은 뙈기밭이니 뙈기밭 **기**

또 뙈기밭처럼 생긴 기형이니 기형 **기**

+ 뙈기밭(畦田 qítián) – 큰 토지에 딸린 조그마한 밭. 토지를 크게 나누고 남은 자투리 밭
+ 기형(畸形 jīxíng) – ① 생물의 생김새 등이 정상과는 다른 모양 ② 사물의 구조나 발전이 비정상적인 모양
+ 奇 qí/jī(기이할 기, 홀수 기, 우수리 기)

畸形 jīxíng 혱 기형적인, 비정상적인

7–9급

倚
yǐ

사람(亻)은 **기이한(奇)** 것에 잘 치우치고 의지하니

치우칠 **의**, 의지할 **의**

倚 yǐ 통 기대다, 의지하다

7–9급

伺
cì/sì

사람(亻)이 **맡아서(司)** 보살피니 보살필 **사**(cì)

또 **사람(亻)**이 **맡은(司)** 일을 잘 하나 엿보니 엿볼 **사**(sì)

+ 司 sī(맡을 사)

伺候 cìhou 통 모시다, 시중들다, 돌보다

伺机 sìjī 통 기회를 엿보다

7–9급

饲
飼
sì

먹이(饣)를 **맡아(司)** 먹이고 기르니 먹일 **사**, 기를 **사**

+ 饣 shí[食(밥 식, 먹을 식, 먹일 사 변)의 간체자]

饲料 sìliào 몡 사료, 먹이

饲养 sìyǎng 통 사육하다

7-9급

炬
jù

불(火)을 **크게**(巨) 밝힌 횃불이나 등불이니 횃불 **거**, 등불 **거**
또 등불처럼 켜는 초니 초 **거**

+ 巨 jù(클 거)

火炬 huǒjù 圐 횃불, 성화봉

7-9급

矩
jǔ

榘

화살(矢)처럼 만들어 **큰**(巨) 것도 법에 따라 재는 곱자니
법 **구**, 곱자 **구**

+ 곱자(矩尺 jǔchǐ) – 나무나 쇠를 이용하여 90° 각도로 만든 ㄱ 자 모양의 자
+ 矢 shǐ(화살 시)

规矩 guīju 圐 법칙, 규칙 圀 모범적이다

6급

渠
qú

물(氵)이 **크게**(巨) 나무(木) 옆을 흐르는 도랑이니 도랑 **거**

渠道 qúdào 圐 경로, 관개 수로

7-9급

chén

임금 앞에 엎드려 눈을 크게 뜬 신하를 본떠서 **신하 신**

大臣 dàchén 명 대신, 중신[군주 국가의 고급 관리]
功臣 gōngchén 명 공신[국가와 국민에게 중대한 공헌을 한 사람]

6급

cáng/zàng

풀(艹)로 덮어 숨겨(臧) 감추니 감출 장(cáng)
또 감추듯 저장하는 곳간이니 곳간 장(zàng)

✚ 臧 zāng – 나무 조각(爿)이나 창(戈)으로 신하(臣)를 숨겨줌이 착하니
　　　　　'숨길 장, 착할 장'
✚ 爿 pán(爿 : 나무 조각 장, 장수 장 변), 戈 gē(창 과)

藏 cáng 통 숨기다, 숨다
藏匿 cángnì 통 숨기다, 은닉하다
埋藏 máicáng 통 묻히다, 매장되다[지하자원 등이 땅속에 묻혀 있음]
收藏 shōucáng 통 소장하다, 보관하다
隐藏 yǐncáng 통 숨기다, 감추다, 비밀로 하다
蕴藏 yùncáng 통 매장되다, 묻히다

7-9급

wǎ

지붕에 엇갈리게 겹쳐놓은 기와를 본떠서 **기와 와**
또 기와처럼 구워 만든 질그릇이나 실패니 **질그릇 와, 실패 와**

瓦 wǎ 명 기와 형 흙으로 구운
꿀TIP '瓦'에는 '瓦解 wǎjiě(와해시키다, 와해되다)라는 단어가 있습니다. 瓦解는
　　　기와가 풀어지거나 그릇이 깨지듯 붕괴하거나 또는 상대방의 힘이 그렇게 되
　　　도록 하는 것을 뜻합니다. 瓦解는 목적어를 가질 수 있는 동사로 문장에서는
　　　'计划被瓦解了 jìhuà bèi wǎjiě le(계획이 와해되었다.)'처럼 사용합니다.

7-9급

讥 讥 jī 譏

말(讠)로 기미(几)를 살피며 나무라니 살필 기, 나무랄 기

✛ 几 jī/jǐ(안석 궤, 책상 궤, 幾: 몇 기, 기미 기, 살필 기)
讥笑 jīxiào 图 비웃다, 놀리다

7-9급

饥 jī 饿 飢

밥(饣)을 못 먹어 책상(几)에 기대야 할 정도로 굶주리니
굶주릴 기
또 굶주리며 살아야 하는 흉년이니 **흉년 기**

饥饿 jī'è 图 굶주리다, 배고프다
忍饥挨饿 rěnjīái'è 图 배고픔을 참다, 배고픔에 시달리다

7-9급

凯 kǎi 凱

(전쟁에 이겨 즐거우니) 어찌(岂) 안석(几)에만 앉아 있겠냐며
승전가를 부르며 개선하니 승전가 개, 개선할 개

✛ 개선(凯旋 kǎixuán)하다 – 전쟁에서 이기고 돌아오다.
✛ 岂 qī/kǎi(岂: 어찌 기) – 제목번호 004 참고
凯歌 kǎigē 图 개선가, 승리의 노래

273

7~9급

冗
冘
rǒng

쓰지 않고 **덮어(冖)**만 놓은 **안석(几)**처럼 쓸데없이 번잡하니
쓸데없을 용, 번잡할 용

冗长 rǒngcháng 阌 (이야기, 연설 등을) 장황하게 늘어놓다, 지루하다

7~9급

禿
禿
tū

벼(禾)가 **안석(几)**처럼 꼿꼿이만 서게 열매 없이 모지라지니
모지라질 독
또 머리털이 모지라진 대머리니 대머리 독

[번체] 禿 – 벼(禾)가 사람(儿)처럼 꼿꼿이만 서게 열매 없이 모지라지니
　　　'모지라질 독'
　　　또 머리털이 모지라진 대머리니 '대머리 독'
+ 모지라지다 – 물건의 끝이 닳아서 없어지다.
+ 벼가 익으면 고개를 숙여야 하는데 안석이나 사람처럼 꼿꼿이만 서 있음은
　병에 걸려 열매가 익지 않았거나 모지라진 것이지요.
+ 儿 ér(접미사 아, 사람 인 발, 兒: 아이 아)

禿 tū 阌 민둥민둥하다, 머리카락이 없다

[꿀TIP] '禿'는 주로 '禿山 tūshān /禿岭 tūlǐng(민둥산)'으로 사용됩니다.

7~9급

壳
殼
ké/qiào

군사(士)들이 **덮어(冖)** 지키듯 **안석(几)**처럼 편안히 속을 둘러싼
껍질이니 껍질 각

[번체] 殼 – 군사(士)들이 덮어(冖) 지키듯 하나(一)의 안석(几)처럼 편안히
　　　속을 둘러싸 쳐도(殳) 끄떡없는 껍질이니 '껍질 각'
+ 두 가지의 발음 중 '겉으로 드러난 단단한 껍질'을 나타낼 때는, qiào라고 발
　음합니다. 아래와 같은 단어들이 해당됩니다.
　甲壳 jiǎqiào(새우 · 게 등의 동물 겉껍질)/地壳 dìqiào(지구의 바깥쪽을
　차지하는 부분)/金蝉脱壳 jīnchántuōqiào(매미가 허물을 벗다)

壳 qiào 몡 딱딱한 껍질

贝壳 bèiké 몡 조개껍데기, 조가비

7~9급

凳
dèng

올라(登)가 **안석(几)**처럼 기대고 앉도록 만든 걸상이니 걸상 등

+ 登 dēng(오를 등, 기재할 등)

凳子 dèngzi 몡 (등받이와 팔걸이가 없는) 의자

7-9급

fèng

(신성하게 여겨) **안석(几)**에 **또(又)** 새기는 봉황새니

봉황새 봉

[번체] 鳳 – (신성하게 여겨) 안석(几)에 새기는 하나(一)의 새(鳥)는 봉황새니
      '봉황새 봉'

✚ 봉황새는 상서로운 새로 여겨 임금이 쓰는 물건이나 상장 같은 좋은 곳에
  새기지요.

凤凰 fènghuáng 명 봉황

꿀TIP 봉황은 중국의 전설에 나오는 상서로움을 상징하는 새입니다. 새의 왕으로 불
       렸으며, 아름다운 오색의 깃털을 갖고 있고 수컷을 '봉(凤 fèng)', 암컷을 '황
       (凰 huáng)'이라고 합니다.

7-9급

huáng

안석(几) 중 **황제(皇)**처럼 좋은 곳에 새기는 봉황새니

봉황새 황

✚ 皇 huáng(황제 황)

7-9급

pèi

사람(亻)이 **안석(几)**에 앉으며 **하나(一)**의 **수건(巾)**을 차니

찰 패

또 **사람(亻)**이 **안석(几)**에 앉아 **하나(一)**의 **수건(巾)**을 흔들며

감탄하니 감탄할 패

敬佩 jìngpèi 동 (장점·능력 등을) 인정하다, 존경하다, 탄복하다

佩服 pèifú 동 감탄하다, 탄복하다

钦佩 qīnpèi 동 탄복하다, 경복하다

7-9급

fěng

말(讠)을 **바람**(风)에 날리듯이 빗대어 말하거나 외니

빗대어 말할 풍, 욀 풍

+ 风 fēng/fěng(風: 바람 풍, 풍속 풍, 경치 풍, 모습 풍, 기질 풍, 병 이름 풍)
讽刺 fěngcì 몡 풍자 동 (비유·과장 등의 수법으로) 풍자하다

7-9급

piāo

표(票)가 **바람**(风)에 나부끼니 **나부낄 표**

+ 票 piào/piāo(표시할 표, 표 표, 티켓 표)
飘 piāo 동 (바람에) 흩날리다, 나부끼다, 냄새가 풍겨오다

7-9급

biāo

빠르게(猋) 부는 **바람**(风)은 폭풍이나 회오리바람이니

폭풍 표, 회오리바람 표

+ 猋 biāo – 개(犬)들이 달려오듯 빠르게 부는 바람이니 '빠를 표, 폭풍 표'
飙升 biāoshēng 동 (가격이) 급격히 오르다, (수량이) 급격히 많아지다

6급

yán

물(氵)이 **안석**(几)처럼 패인 **구멍**(口)을 따라 흐르듯 따르니
물 따를 연, 따를 연

沿 yán 图 따라가다 刑 ~을/를 따라, ~을/를 끼고
沿海 yánhǎi 명 연해, 바닷가 근처 지방[↔ 内地 nèidì 명 내지, 내륙]
沿着 yánzhe 刑 ~을/를 따라서

꿀TIP '沿着'는 강이나 길처럼 구체적으로 경과한 노선을 나타낼 때 쓰이며, '沿着
这条路一直走。yánzhe zhè tiáo lù yīzhí zǒu(이 길을 따라 쭉 가세요.)'처
럼 사용할 수 있습니다.

6급

gǔ

몸(月)에서 살이 많아 **칠**(殳) 수도 있는 넓적다리니
넓적다리 고
또 살이 많은 넓적다리처럼 이익이 나면 배당을 주는 주식이니
배당 고, 주식 고

+ 현대 중국어에서 넓적다리는 '大腿(dàtuǐ)'라하고, 股는 주로 '배당, 주식'의
  뜻으로 쓰입니다.
+ 殳 shū(칠 수, 창 수, 몽둥이 수)

股 gǔ 명 출자금, 주식
股东 gǔdōng 명 주주, 출자자
股票 gǔpiào 명 주식, 증권
炒股 chǎogǔ 图 주식 투자하다

7–9급

yì

잘 **가도록**(彳) **치면서**(殳) 부리니 부릴 역

退役 tuìyì 图 (운동선수 등이) 은퇴하다

7–9급

diàn

집(尸) 중 여러 사람들이 **함께**(共) **쳐서**(殳) 지은 대궐이나
큰집이니 대궐 전, 큰집 전

+ 중요한 분을 모시거나 울안에서 제일 큰 집이 殿 diàn(대궐 전, 큰집 전), 보통
  의 집은 堂 táng(집 당, 당당할 당)이나 家 jiā(집 가, 전문가 가)입니다.
+ 尸 shī('주검 시, 몸 시'지만 여기서는 집으로 봄), 共 gòng/gōng(함께 공)

殿堂 diàntáng 명 전당[궁전·사찰 등의 대규모 건축물], 홀
宫殿 gōngdiàn 명 궁전

7-9급

병(疒) 중 창(殳)들고 쳐들어오듯이 빨리 전염되는 전염병이니

전염병 역

防疫 fángyì 〔동〕 방역하다, 전염병을 예방하다
免疫 miǎnyì 〔동〕 면역하다
瘟疫 wēnyì 〔명〕 급성 전염병, 유행병
疫苗 yìmiáo 〔명〕 백신

yì

---

282 〉〉 **毁毅殷馨** – 殳로 된 한자2
훼 의 은 형

6급

절구(臼)처럼 만들어(工) 무엇을 넣고 치면(殳) 허니 헐 훼

+ 臼 jiù(절구 구), 殳 shū(칠 수, 창 수, 몽둥이 수)
毁 huǐ 〔동〕 부수다, 파괴하다, 훼손하다, 망가뜨리다

huǐ

7-9급

꼿꼿이 선(立) 돼지(豕)털처럼 창(殳) 들고 일어섬이 굳세니

굳셀 의

+ 豕 shǐ(돼지 시)
毅力 yìlì 〔명〕 굳센 의지, 끈기
毅然 yìrán 〔무〕 의연히, 결연히
剛毅 gāngyì 〔형〕 의지가 강하고 끈기 있다

꿀TIP 毅然을 활용하여 '毅然決然 yìránjuérán(의연하고 결연하다)'으로 사용할 수
있습니다.

yì

7-9급

밝게(白) 힘껏(力) 치며(殳) 일하듯 은근하고 성하니

은근할 은, 성할 은

+ 은근하다 – 야단스럽지 아니하고 꾸준하다.
+ 力[力 lì(힘 력)의 변형으로 봄]
殷勤 yīnqín 〔형〕 은근하다, 정성스럽다, 비위를 맞추다

yīn

경쇠(殸) 소리처럼 **향기**(香)가 뻗어와 향기로우니

향기로울 형

+ 경쇠(引磬 yǐnqìng) – 틀에 옥돌을 달아, 뿔 망치로 쳐 소리를 내는 아악기
+ 殸 qìng/kēng/sheng[磬 qìng(경쇠 경)의 획 줄임], 香 xiāng(향기 향)

温馨 wēnxīn 휑 아늑하다, 안락하다, 온화하고 향기롭다

xīn

 283 》 抗杭吭坑 – 亢으로 된 한자
　　　 항 항 항 갱

손(扌)으로 **높은**(亢) 자에 대항하니 대항할 항

+ 亢 kàng – 머리(亠) 아래에 안석(几)처럼 이어진 목이니 '목 항'
　　　　　또 목처럼 높으니 '높을 항'

抵抗 dǐkàng 통 저항하다, 대항하다
对抗 duìkàng 통 맞서다, 대항하다
反抗 fǎnkàng 통 저항하다, 반항하다[↔ 投降 tóuxiáng 통 항복하다, 투항
하다/屈服 qūfú 통 굴복하다]
抗议 kàngyì 통 항의하다

kàng

나무(木)를 높이(亢) 걸쳐놓고 건너거나 막으니

건널 항, 막을 항

또 중국의 지명 항저우니 항저우 항

+ 항저우(杭州 Hángzhōu) – 중국 동남해안과 저장성(浙江省 Zhèjiāngshěng)
　북부, 첸탕강(钱塘江 Qiántáng Jiāng) 하류 북안, 징항 대운하(京杭大运
　河 jīnghángdàyùnhé) 남단에 위치하고 있는 도시입니다. 고대 항저우는 '린
　안(临安 Lín'ān)', '첸탕(钱塘 Qiántáng)' 등으로 불렸습니다. 항저우는 저장
　성의 성도이자 저장성의 정치·경제·문화·금융 및 교통의 중심지입니다.

Háng

입(口)이나 **목**(亢)구멍으로 소리 내어 말하니

소리 낼 항, 말할 항

一声不吭 yìshēngbùkēng 성 한 마디도 하지 않고 잠자고 있다

kēng

7-9급

kēng

흙(土)을 **목(宂)**구멍처럼 움푹 파서 만든 구덩이니 구덩이 **갱**
또 구덩이에 묻으니 묻을 **갱**

坑 kēng 몡 구덩이, 구멍 됭 (사람을) 함정에 빠뜨리다

284 >> 凡帆巩 – 凡으로 된 한자
　　범 범 공

6급

fán

공부하는 **책상(几)**에 **점(丶)**이 찍힘은 무릇 보통이니
무릇 **범**, 보통 **범**
또 보통으로 통하는 모두니 모두 **범**

+ 무릇 – 종합하여 살펴보건대. 헤아려 생각하건대. 대체로 보아

凡是 fánshì 用 무릇, 대체로

平凡 píngfán 혱 평범하다, 보통이다[↔ 非凡 fēifán 혱 비범하다/伟大 wěi
dà 혱 위대하다]

꿀TIP 凡是은 대부분 문장의 제일 앞에 놓이며, 주로 '就(jiù), 都(dōu), 一律(yīlǜ),
没有(méiyǒu), 不(bù)'와 호응하여 사용합니다.

7-9급

fān

수건(巾) 같은 천으로 **모두(凡)** 이어 단 돛이니 돛 **범**

+ 巾 jīn(수건 건)

帆 fān 몡 돛

帆船 fānchuán 몡 돛단배, 요트

一帆风顺 yìfānfēngshùn 솅 일이 순조롭게 진행되다, 순풍에 돛을 올리다

6급

gǒng

전문 **일꾼(工)**이 **모두(凡)** 만들어 튼튼하니 튼튼할 **공**

[번체] 鞏 – 전문 일꾼(工)이 모두(凡) 가죽(革)으로 만들어 튼튼하니 '튼튼할 공'
+ 革 gé(가죽 혁, 고칠 혁)

巩固 gǒnggù 혱 튼튼하다, 공고하다 됭 견고하게 하다, 공고히 하다

7-9급

尸

shī

사람이 누워 있는 모양을 본떠서 주검 시, 몸 시

+ 사람이나 집과 관련된 한자에 부수로도 쓰입니다.

尸体 shītǐ 圐 (사람이나 동물의) 시체

7-9급

尼

ní

몸(尸)의 머리털을 **비수(匕)**로 깎은 여승이니 여승 니

+ 비수(匕首 bǐshǒu) – 칼날이 예리하고 길이가 짧은 칼
+ 匕 bǐ(비수 비, 숟가락 비)

尼龙 nílóng 圐 나일론

6급

泥

ní

물(氵)로 이겨 집의 **몸(尸)** 같은 벽에 **비수(匕)** 같은 흙손으로
바르는 진흙이니 진흙 니

泥 ní 圐 진흙
水泥 shuǐní 圐 시멘트

7-9급

涮

shuàn

물(氵)로 **닦고(刷)** 헹구니 헹굴 쇄
또 헹구듯 물에 담가 먹는 샤부샤부니 샤부샤부 쇄

+ 刷 shuā/shuà – (나무판의) 몸(尸)을 수건(巾)으로 닦고 칼(刂)로 새겨서
인쇄하니 '닦을 쇄, 인쇄할 쇄'

涮 shuàn 图 물에 살짝 데치다, 뜨거운 국물을 여러 번 부었다가 따라내어 덥게
하다

꿀TIP 보통 훠궈를 먹는다고 쓸 때, 동사 '吃 chī(먹다)'를 사용하지만, '涮'을 활용
하여 '涮火锅 shuàn huǒguō(훠궈를 먹다)'라고도 사용합니다.

7~9급

屠

tú

주검(尸)으로 **사람**(者)이 죽여 잡으니 **죽일 도, 잡을 도**

+ 尸 shī(주검 시, 몸 시)

屠杀 túshā 图 대량 학살하다, 참살하다

7~9급

尿

niào

주검(尸)으로 소화되어 나오는 **물**(水)이 오줌이니 **오줌 뇨**

尿 niào 图 소변 图 소변을 보다

糖尿病 tángniàobìng 图 당뇨병

7~9급

屉

tì

그릇의 **몸**(尸) 위에 이어지는 **세대**(世)처럼 여러 층으로 쌓아 놓고
쓰는 납작한 그릇이나 서랍이니 **납작한 그릇 체, 서랍 체**

+ 屉는 찬합 · 시루 · 찜통 · 쿠션 · 매트리스 등에 쓰입니다.

抽屉 chōuti 图 서랍

6급

屏

píng/bǐng

몸(尸)처럼 생긴 틀에 **나란히**(幷) 붙여 만든 병풍이나 담장이니
병풍 병, 담장 병(píng)
또 담장을 쌓아 근심을 없애니 **없앨 병(bǐng)**

+ 병풍(屏风 píngfēng) - 중국 전통 건물 내부의 바람을 막거나 또는 장식용
  가구

屏幕 píngmù 图 화면, 영사막, 스크린

荧屏 yíngpíng 图 텔레비전 스크린

屏障 píngzhàng 图 장벽, 보호벽

7-9급

妒

妬

dù

여자(女)가 **집**(户)에서 다른 것을 질투하니 **질투할 투**

[번체] 妬 – 여자(女)가 돌(石) 던지듯 질투하니 '질투할 투'
+ 户 hù(문 호, 집 호, 사람 호, 계좌 호)

妒忌 dùjì 图 질투하다

嫉妒 jídù 图 질투하다, 시기하다

7-9급

沪

滬

Hù

물(氵)이 **문**(户)처럼 드나드는 통발이니 **통발 호**
또 **물**(氵)길로 **문**(户)처럼 드나드는 상하이니 **상하이 호**

+ 통발(鱼笱 yúgǒu) – 가는 댓조각이나 싸리를 엮어서 통같이 만든 고기잡이 기구
+ 상하이(上海 Shànghǎi) – 중국 장쑤성(江苏省 Jiāngsūshěng) 동부에 양쯔 강(扬子江 Yángzǐ Jiāng) 하구에 위치하고 있는 항구 도시입니다. '沪(Hù)' 라는 약칭과 '申(Shēn)'이라는 별칭이 있으며, 아편 전쟁이 끝난 후 난징 조 약(南京条约 Nánjīng Tiáoyuē)에 의해 개항된 무역항입니다. 상하이는 원 래 이름 없는 어촌으로 면포를 생산하는 정도의 수공업이 발달한 도시였으 나, 개항 이후 중국 최대의 무역 도시로 발전하게 되었습니다.
+ 상하이의 배들은 황포강(黄浦江 Huángpǔ Jiāng)으로 드나들지요.

7-9급

芦

蘆

lú

풀(艹) 중 키가 커 **집**(户)의 지붕도 이는 갈대니 **갈대 로**

[번체] 蘆 – 풀(艹) 중 키가 커 항아리(卢)도 덮는 갈대니 '갈대 로'
+ 卢(항아리 로: 卢 lú)

芦花 lúhuā 图 갈대꽃

7-9급

煽

煽

shān

불(火)을 **부채**(扇)로 부치듯 부추기니 **부추길 선**

+ 불을 부채질하여 잘 타게 하듯이 무엇을 부추김을 생각하고 만든 한자
+ 扇 shàn/shān – 문(户)같은 틀에 깃(羽)처럼 가벼운 것을 엮어 만든 부채니 '부채 선'
+ 羽 yǔ(羽: 날개 우, 깃 우)

煽动 shāndòng 图 (남에게 나쁜 짓을 하도록) 선동하다, 부추기다

6급

biǎn

문(户)이 책(冊)처럼 작고 넓적하니 작을 편, 넓적할 편

+ 冊 cè[= 册 cè(책 책, 세울 책)]

扁 biǎn 혱 납작하다, 평평하다

6급

piān

사람(亻)은 작은(扁) 이익에도 잘 치우치니 치우칠 편

偏 piān 문 마침내, 뜻밖에

偏僻 piānpì 혱 외지다, (성격이) 편벽되다

7-9급

mēn/mèn (悶)

문(门) 안에만 갇혀 있는 **마음(心)**처럼 답답하게 번민하니
답답할 민, 번민할 민
또 답답하게 밀폐하니 밀폐할 민

✦ 성조에 따라 단어의 뜻이 달라집니다.

闷 mēn 혱 (공기가 통하지 않아) 답답하다, 갑갑하다

闷 mèn 통 밀폐하다

纳闷儿 nàmèner 통 답답하다, 궁금하다

沉闷 chénmèn 혱 (성격이) 명랑하지 않다, (분위기·날씨 등이) 음울하다[↔
活跃 huóyuè 혱 (행동·분위기가) 활발하다 통 활기차게 하다, 활발하게 하다]

烦闷 fánmèn 혱 번민하다, 고민하다[마음이 통쾌하지 않고, 유쾌하지 못함을
형용함]

7-9급

hé (閡)

문(门) 안에 **돼지(亥)**를 가두고 잠그니 잠글 애
또 잠긴 듯 막히고 간격이 생기니 막힐 애, 간격 생길 애

隔阂 géhé 명 (생각·감정의) 틈, 간격

6급

kuò (闊)

문(门) 안에서 같이 **살면(活)** 이해심이 넓게 트이니
넓을 활, 트일 활

✦ 活 huó(살 활)

阔 kuò 혱 (공간적으로) 넓다, 광활하다

宽阔 kuānkuò 혱 (폭이) 넓다, 드넓다

广阔 guǎngkuò 혱 넓다, 광활하다[≒ 广大 guǎngdà 혱 광대하다, 많다 ↔
狭小 xiáxiǎo 혱 비좁다, 협소하다]

꿀TIP '广阔'는 '视野广阔 shìyě guǎngkuò(시야가 넓다)' 등처럼 공간이나 면적
이 넓은 것을 나타낼 때 사용하며, '广大'는 공간이나 면적이 넓은 것을 포
함하여 사람의 수가 많은 것에도 사용할 수 있기 때문에 '广大群众 guǎngdà
qúnzhòng(많은 관중), 广大地区 guǎngdà dìqū(광대한 지역)'처럼 사용합니다.

chǎn

阐(闡)

마음의 **문(门)**을 **하나(单)**씩 열고 밝히니 열 천, 밝힐 천

＋ 单 dān/chán/shàn(單: 홑 단)

阐述 chǎnshù 图 상세히 논술하다, 명백하게 논술하다

zhá

闸(閘)

문(门) 중 **첫째(甲)**로 큰일을 하는 갑문이니 갑문 갑

＋ 갑문이 여러 문 중에서 제일 큰일을 한다고 생각하고 만든 한자
＋ 갑문(闸门 zhámén) – 운하나 방수로 등에서 물 높이가 일정하도록 물의 양을 조절하는 데 쓰는 문
＋ 甲 jiǎ(첫째 갑, 첫째 천간 갑, 갑옷 갑)

闸 zhá 图 수문, 댐, 둑, 브레이크

fá

阀(閥)

문(门)까지 **사람(亻)**이 **창(戈)** 들고 지키는 집의 문벌이니
문벌 벌
또 **문(门)**을 **사람(亻)**이 **창(戈)** 들고 지키듯 여닫는 밸브니
밸브 벌

＋ 문벌(门阀 ménfá) – 대대로 내려오는 그 집안의 사회적 신분이나 지위

阀门 fámén 图 밸브

lán

澜(瀾)

물(氵)결이 **막은(阑)** 곳도 넘치는 큰 물결이니 큰 물결 란

＋ 阑 lán – 문(门)을 가려(柬) 막으니 '막을 란'

波澜 bōlán 图 파도, 변천, 기복이나 변화

7-9급

gé

문(门)이 **각**(各) 방향에 있는 누각이니 **누각 각**

또 **문**(门) 안에 **각**(各) 부분의 일을 맡은 관료들의 모임인 내각이니

내각 각

✦ 各 gè/gě(각각 각)

内阁 nèigé 몡 내각[국가의 최고 행정 기관 총리와 여러 장관으로 구성함]

7-9급

gē

손(扌)으로 **누각**(阁)에 놓아두거나 버리니

놓아둘 각, 버릴 각

搁 gē 통 두다, 놓다

搁浅 gēqiǎn 통 (배가) 좌초하다

搁置 gēzhì 통 방치하다, 내버려 두다, 그만두다

耽搁 dānge 통 끌다, 지연하다, 지체시키다

7~9급

蘭

lán

이쪽저쪽(ㄨ)으로 하루 세(三) 번 이상 바라보는 난초나 목련이니

난초 란, 목련 란

[번체] 蘭 – 풀(艹) 중 문(門) 안에 장소를 가려(柬) 키우는 난초나 목련이니
　　　'난초 란, 목련 란'

◆ 柬 jiǎn(가릴 간, 편지 간) – 제목번호 052 참고

伊斯兰教 Yīsīlánjiào 	❸ 이슬람교

6급

欄

lán

(사람이 떨어지지 않도록) **나무(木)**로 만들어 **난초(兰)**도 놓는

난간이니 난간 란

또 난간처럼 출판물·신문 등에서 선이나 여백으로 나눈 난이니

난 란

[번체] 欄 – (사람이 떨어지지 않도록) 나무(木)로 막은(闌) 난간이나 테두리니
　　　'난간 란', 테두리 란'

◆ 闌 – 문(門)을 가려(柬) 막으니 '막을 란'

◆ 난(栏 lán) – 책·신문·잡지 등의 지면에 글이나 그림 등을 싣기 위하여
　마련한 자리

栏目 lánmù 	❸ (신문·잡지 등의) 프로그램, 란

7~9급

攔

lán

손(扌)으로 **난간(兰)**을 가로막으니 가로막을 란

[번체] 攔 – 손(扌)으로 난간을 가로막으니(闌) '가로막을 란'

拦 lán 	❸ 가로막다, 방해하다

阻拦 zǔlán 	❸ 막다, 저지하다

6급

伍

wǔ

사람(亻) **다섯**(五) 명씩 편성되는 대오나 조니 대오 **오**, 조 **오**

✚ 조(组 zǔ) – 일정한 목적을 위하여 조직된, 적은 사람들의 집단

队伍 duìwu 몡 부대, 행렬

6급

悟

wù

마음(忄)**에 나**(吾)**를 깨달으니 깨달을 오**

✚ 吾 wú/yù – 다섯(五) 손가락, 즉 손으로 자신을 가리키며 말하는(口) 나니
'나 오'

觉悟 juéwù 됨 깨닫다, 자각하다 몡 의식, 각오

7-9급

晤

wù

날(日)**마다 내**(吾)**가 만나고 면회하니 만날 오, 면회할 오**

会晤 huìwù 됨 만나다, 회견하다

7-9급

捂

wǔ

손(扌)**으로 나**(吾)**를 덮어 가리니 덮을 오, 가릴 오**
또 음식물을 덮어 놓고 띄우니 띄울 **오**
또 덮어 가두니 가둘 **오**

捂 wǔ 됨 가리다, 덮다, 막다

꿀TIP '捂' 뒤에 동작의 결과를 나타내는 결과 보어 '住 zhù'를 써서 '捂住 wǔzhù(틀어막다, 단단히 가리다)'라고도 사용합니다.

7~9급

叭

bā

입(口)을 **나누듯**(八) 벌리니 입 벌릴 팔
또 입(口)의 공기를 **나누어**(八) 부는 나팔이니 나팔 팔

喇叭 lǎba 圀 경적, 나팔

7~9급

扒

bā/pá

손(扌)으로 **나누어**(八) 긁으니 긁을 배 (bā)
또 긁듯이 스치며 소매치기하니 소매치기할 파 (pá)

✦ 번체자에서는 '소매치기할 파'라는 훈음은 없으며, 중국 한자(간체자)에만
해당됩니다.

扒 bā 圄 기대다, 붙잡다

7~9급

趴

pā

발(足)을 **나누듯**(八) 벌리고 엎드리니 엎드릴 파

趴 pā 圄 엎드리다

290

7-9급

讼

sòng

말하여(讠) 공평하게(公) 판정 받고자 소송하니 소송할 송

+ 公 gōng(공평할 공, 국가 공, 대중 공)
诉讼 sùsòng 屠 소송하다, 고소하다

7-9급

颂

sòng

대중(公)들이 **머리(页)** 들어 칭송하니 **칭송할 송**

歌颂 gēsòng 屠 찬미하다, 찬양하다

7-9급

翁

wēng

두루(公) 새의 **깃(羽)**처럼 수염 난 늙은이니 늙은이 옹

+ 羽 yǔ(羽: 깃 우, 날개 우)
富翁 fùwēng 뗑 부자

7-9급

bàn

손(扌)으로 **반**(半)씩 넣고 뒤섞어 버무리니
뒤섞을 반, 버무릴 반

+ 半 bàn(半: 반 반)
拌 bàn 동 뒤섞다, 버무리다
搅拌 jiǎobàn 동 휘젓다, 반죽하다

7-9급

pàn

밭(田)을 **반**(半)씩 이쪽저쪽으로 나누는 두둑이니 두둑 반

+ 두둑(埂子 gěngzi) – 밭이나 논의 경계를 표시하기 위하여 약간 높게 쌓은
  부분
+ 埂 gěng(두둑 경)
河畔 hépàn 명 강변, 강가

7-9급

xìn

피(血)까지 흘리며 **반**(半)으로 나뉘어 싸우니 싸울 흔
또 싸우는 틈이니 틈 흔

+ 血 xuè/xiě(피 혈)
挑衅 tiǎoxìn 동 도발하다, 도전하다

7-9급

穴

xué

(오래된) **집(宀)**에 **나누어진(八)** 구멍이니 구멍 혈
또 구멍이 길게 파인 굴이니 굴 혈

穴位 xuéwèi 명 혈자리

7-9급

腔

qiāng

몸(月) 속이 **비니(空)** 속 빌 강

腔 qiāng 명 신체 속 비어 있는 부분, 말투

口腔 kǒuqiāng 명 구강

7-9급

窍

窾

qiào

구멍(穴)처럼 **연장(工)**으로 **교묘하게(丂)** 뚫은 구멍이니
구멍 규
또 구멍을 뚫는 요령이니 요령 규

변체 窾 – 구멍(穴)처럼 밝게(白) 빛이 들어오도록(放) 뚫는 구멍이니 '구멍 규'
또 구멍을 뚫는 요령이니 '요령 규'

+ 工 gōng(일꾼 공, 일할 공, 연장 공), 丂 kǎo/qiǎo/yú(교묘할 교), 白 bái
(흰 백, 밝을 백, 깨끗할 백, 아뢸 백), 放 fàng(놓을 방)

窍门 qiàomén 명 요령, (문제를 해결할) 방법

诀窍 juéqiào 명 비결, 방법

6급

挖

挖

wā

손(扌)으로 **구멍(穴)**에서 **새(乙)**처럼 후벼내니 후벼낼 알

+ 乙 yǐ(새 을, 둘째 천간 을, 둘째 을, 굽을 을)

挖 wā 동 파내다, 깎아 내다

挖掘 wājué 동 발굴하다, 파내다

7-9급

窯

yáo

굴(穴)처럼 만들어 **장군**(缶) 같은 도자기를 구워내는 가마니
가마 요

+ 장군(缶 fǒu) – 물이나 술, 오줌 같은 액체를 담아서 옮길 때에 쓰는 그릇
으로, 달걀을 눕혀 놓은 모양임
+ 缶 fǒu(장군 부, 질그릇 부)

窯 yáo 명 (기와나 도기 등을 굽는) 가마

7-9급

窒

zhì

굴(穴)의 끝에 **이른**(至) 듯 막히고 막으니 막힐 질, 막을 질
또 욕심을 막아 억제하니 억제할 질

+ 至 zhì(이를 지, 지극할 지)

窒息 zhìxī 동 질식하다

7-9급

窺

kuī

구멍(穴)으로 **사내**(夫)가 엿**보니**(见) 엿볼 규

+ 夫 fū/fú(사내 부, 남편 부)

偷窺 tōukuī 동 몰래 훔쳐보다

7-9급

仇

chóu

사람(亻)이 **크게**(九) 죄 지으면 원수처럼 미워하니
원수 구, 미워할 구

+ 九 jiǔ(아홉 구, 클 구, 많을 구)

仇 chóu 명 원수, 원한, 앙심

仇恨 chóuhèn 통 증오하다, 적대감을 가지다, 원한을 가지다

仇人 chóurén 명 원수

报仇 bàochóu 통 복수하다, 보복하다[≒ 报复 bàofù 통 보복하다]

꿀TIP 报仇와 报复는 유의어지만 쓰임이 다릅니다. 报仇는 报(보복하다) + 仇(원수)가 합쳐진 이합 동사로, 목적어를 취할 수 없으므로, '为 A 报仇 wèi A bàochóu(A을/를 위해 복수하다)', '替 A 报仇 tì A bàochóu(A을/를 대신해서 복수하다)'처럼 사용합니다. 报复는 목적어를 가질 수 있는 동사이므로 '受到 报复 shòudào bàofù(보복을 당하다)' 등처럼 사용합니다.

6급

轨
軌

guǐ

수레(车)도 다니도록 **크게**(九) 만든 길이니 길 궤
또 길처럼 따라 가야할 법이니 법 궤

轨道 guǐdào 명 철로, 궤도

轨迹 guǐjì 명 궤적, 경로, 행적

7-9급

尬

gà

크게(九) **끼여**(介) 곤란하니 곤란할 개

+ 介 jiè(끼일 개, 소개할 개, 중개할 개)

尴尬 gāngà 형 (입장이) 곤란하다, 난처하다

7-9급

旭

xù

크게(九) **햇살**(日)을 빛내며 돋는 아침 해니
빛날 욱, 아침 해 욱

旭日 xùrì 명 아침 햇살, 막 떠오르는 태양

7~9급

抛

pāo

손(扌)으로 **크게**(九) **힘껏**(力) 던져 포기하니

던질 포, 포기할 포

抛 pāo 통 헐값에 팔다, 대량으로 팔다
抛开 pāokāi 통 던져 버리다, 내버리다
抛弃 pāoqì 통 버리다, 포기하다[≒ 放弃 fàngqì 통 포기하다]

꿀TIP 抛弃는 어떤 대상을 신경 쓰지 않거나 또는 부정적이거나 필요 없는 대상을 버린다는 의미이며, '抛弃孩子 pāoqì háizi(아이를 포기하다)'처럼 사용합니다. 放弃는 원래 있었던 권리나 주장, 기회 등을 포기한다는 의미로 '放弃机会 fàngqì jīhuì(원칙을 포기하다)'처럼 사용합니다.

---

300 ▶ **丸 垫挚** – 丸과 执으로 된 한자
환 점 지

7~9급

wán

많은(九) 것들이 **점**(丶)처럼 둥글둥글한 알이니

둥글 환, 알 환

+ 丶 zhǔ(점 주, 불똥 주)

丸 wán 명 환[둥글고 작은 물건] 양 알, 환[환약을 세는 단위]
定心丸 dìngxīnwán 관 안정제, 생각과 감정을 안정시키는 말이나 행동

7~9급

diàn

잡아(执) 들고 **흙**(土)으로 받치니 **받칠 점**

+ 执 zhí(執: 잡을 집, 집행할 집)

垫 diàn 통 괴다, 깔다 명 매트, 방석
垫底 diàndǐ 통 밑바닥을 깔다, 꼴찌하다, 최저 수준이다
垫子 diànzi 명 깔개, 방석, 매트

7~9급

zhì

잡아(执) **손**(手)으로 다룸이 성실하고 진지하니

성실할 지, 진지할 지

真挚 zhēnzhì 형 진실하다, 참되다
诚挚 chéngzhì 형 진지하다, 성실하고 진실하다

7-9급

泄

xiè

물(氵)이 새듯이 어느 **세상(世)** 밖으로 새니 샐 설
또 (맥·힘·기세 등이) 새서 맥 빠지니 맥 빠질 설

✦ 世 shì (세대 세, 세상 세)

泄 xiè 통 배출하다, (가스·물 등이) 새다, (말·기밀 등이) 누설되다, (기력·힘이) 빠지다, (울분·원한 등을) 풀다

泄漏 xièlòu 통 (남에게) 누설하다, 폭로하다

泄露 xièlòu 통 (비밀·기밀 등을) 누설하다, 폭로하다

✦ 露의 발음이 lù가 아니라 lòu로 발음된다는 점 유의하세요.

泄密 xièmì 통 비밀을 누설하다

宣泄 xuānxiè 통 (마음속에 쌓인 불만을) 털어버리다

发泄 fāxiè 통 (불만 등을) 털어놓다, 쏟아내다

泄气 xièqì 통 낙담하다, 기가 죽다

꿀TIP 泄露와 함께 주로 활용되는 표현이니 알아두세요.
泄露机密 xièlù jīmì(기밀을 누설하다)/泄露秘密 xièlù mìmì(비밀을 누설하다)/泄露用户信息 xièlòu yònghù xìnxī(사용자 정보를 누설하다)/泄露个人信息 xièlòu gèrén xìnxī(개인 정보를 누설하다)

[이합 동사] 泄气는 泄(빠지다, 새다)+气(기)가 합쳐진 이합 동사로 목적어를 취할 수 없음.

7-9급

碟

dié

돌(石)처럼 단단한 것을 **나뭇잎(枼)**처럼 넓게 갈아 만든 접시니
접시 접
또 접시처럼 생긴 음반이니 음반 접

✦ 枼[葉 yè(잎 엽)의 획 줄임]

光碟 guāngdié 명 CD, DVD

7-9급

谍

dié

말(讠)을 나뭇잎(枼)에 적어 보내려고 적을 몰래 염탐하는 간첩이니
염탐할 첩, 간첩 첩

间谍 jiàndié 명 간첩, 스파이

7-9급

殲
jiān

죽도록(歹) 많이(千) 쳐 다 죽이니 **다 죽일 섬**

[번체] 殲 – 죽도록(歹) 사람들(人人)이 창(戈)으로 부추(韭)처럼 가늘게 베어
다 죽이니 '다 죽일 섬, 다할 섬'

＋ 부추(韭菜 jiǔcài) – 동남아시아가 원산지로, 길이가 30cm 정도 되는 선
모양이며 두툼한 잎이 무더기로 뭉쳐 남

＋ 歹 dǎi(뼈 부서질 알, 죽을 사 변), 千 qiān(일천 천, 많을 천), 戈 gē(창
과), 韭 jiǔ(부추 구)

歼灭 jiānmiè 图 몰살하다, 모조리 없애다

7-9급

纖 縴
xiān/qiàn

실(纟)이 많이(千) 쪼개져 가느니 **가늘 섬**(xiān)
또 실(纟)을 많이(千) 꼬아 만든 동아줄이니 **동아줄 견**(qiàn)

[번체] 纖 – 실(糸)을 두 사람(人人)이 창(戈)으로 부추(韭)처럼 쪼개서 가느니
'가늘 섬'

縴 – 실(糸)로 무거운 것도 끌(牽) 수 있도록 만든 동아줄이니 '동아줄 견'

＋ 牽(끌 견: 牽 qiān)

纤维 xiānwéi 图 (천연 또는 인공의) 섬유

化纤 huàxiān 图 화학 섬유

7-9급

guāi

많이(千) 등져(北) 어긋나니 **어긋날 괴**
또 보통 사람과 어긋날 정도로 착하고 영리하니
착할 괴, 영리할 괴

＋ 北 běi/bèi(등질 배, 패배할 배, 북쪽 북)

乖 guāi 圈 (어린아이가) 얌전하다, 착하다, 말을 잘 듣다

乖巧 guāiqiǎo 圈 (언행 등이) 사랑스럽다, 똑똑하다

6급

遷
qiān

많이(千) 가(辶)면서 옮기니 **옮길 천**

[번체] 遷 – 덮듯(覀) 크게(大) 무릎 꿇어(㔾) 항복하고 옮겨 가니(辶) '옮길 천'

＋ 覀 yà[襾 yà(덮을 아)의 변형], 㔾 jié(무릎 꿇을 절, 병부 절, = 卩)

拆迁 chāiqiān 图 (집을) 헐어서 딴 곳으로 옮기다

7-9급

zhào

점치던 거북 등껍데기의 갈라진 모양에 나타난 조짐이니 조짐 조
또 큰 숫자인 조도 나타내어 조 조

+ 옛날에는 거북 등껍데기를 태워서 그 갈라진 모양을 보고 길흉화복(吉凶禍
福 jíxiōnghuòfú)의 조짐을 점쳤답니다.
+ 조짐(兆朕 zhàozhèn) – 좋거나 나쁜 일이 생길 기미가 보이는 현상
+ 朕 zhèn(朕: 나 짐, 조짐 짐)

兆头 zhàotou 圏 (사고 전의) 징조, 기미

预兆 yùzhào 圏 조짐, 징조 图 조짐을 나타내다, 징조를 보이다

---

303 〉〉 **垂唾锤捶** – 垂로 된 한자
　　　　수 타 추 추

7-9급

chuí

많은(千) 풀(艹)잎이 흙(土) 바닥에 드리우니 드리울 수

+ 艹 cǎo(초 두)는 주로 한자의 머리에 붙는 부수인데, 여기서는 가운데에 쓰
였네요.

垂 chuí 图 드리우다, 늘어뜨리다

垂头丧气 chuítóusàngqì 圈 의기소침하다, 풀이 죽고 기가 꺾이다

7-9급

tuò

입(口) 안에 드리워지게(垂) 나는 침이니 침 타

唾液 tuòyè 圏 타액, 침

7-9급

chuí

쇠(钅)를 일정한 무게로 만들어 드리우며(垂) 재는 저울추니
저울추 추
또 쇠(钅)로 만들어 드리우게(垂) 치는 철퇴나 망치니
철퇴 추, 망치 추

+ 철퇴(铁锤 tiěchuí) – 끝이 둥그렇고 울퉁불퉁한 여섯 자 정도 길이의 쇠
몽둥이
+ 옛날 저울은 추가 있어서 물건을 달 때 이 추를 반대쪽에 걸고 아래로 드리
웠지요.

锤子 chuízi 圏 쇠망치, 해머

7-9급

손(扌)을 **드리워**(垂) 두드리거나 채찍질하니
두드릴 추, 채찍질할 추
또 두드려 기절한 사람을 살리니 살릴 추

捶 chuí 图 두드리다, 치다, 다듬질하다

chuí

---

304 ▷ 宅诧 – 宅으로 된 한자
택(댁) 타

6급

지붕(宀) 아래 **의탁하여**(乇) 사는 집이니 집 택, 집 댁

+ 댁 – 남의 집을 높여 이르는 말
+ 宀 mián – 지붕을 본떠서 '집 면'
+ 乇 tuō – [천(千) 번이나 굽실거리며 부탁한다는 데서] 일천 천, 많을 천
　　(千)을 굽혀서 '부탁할 탁, 의탁할 탁'

住宅 zhùzhái 图 주택[주로 규모가 비교적 큰 것을 가리킴]

zhái

7-9급

들은 **말**(讠)을 **집**(宅)에서 이상하게 생각하며 놀라니
이상하게 생각할 타, 놀랄 타
또 이상하게 생각하도록 속이며 자랑하니 속일 타, 자랑할 타

诧异 chàyì 圈 의아해하다, 이상해하다
惊诧 jīngchà 圈 놀라며 의아하게 여기다

chà

7~9급

Sòng

지붕(宀)을 나무(木)로 받쳐 짓기를 시작한 송나라니 송나라 송

✛ 송(宋 Sòng)나라 – 중국 역사상 중요한 시대로 기원전 960년~1279년 시기이며, 북송과 남송이 나뉘어진 뒤 중국을 장악했습니다. 당나라 이후 50여 년 동안 혼란스러웠으며, 이 때 큰 5개의 나라(후량 – 后梁 Hòu Liáng, 후당 – 后唐 Hòu Táng, 후진 – 后秦 Hòuqín, 후한 – 后汉 Hòu Hàn, 후주 – 后周 Hòu Zhōu)가 맞교대하고 작은 나라 10국(오 – 吳 Wú, 남당 – 南唐 Nántáng, 오월 – 吳越 Wú Yuè, 민 – 闵 Mǐn, 형남 – 荆南 Jīngnán, 초 – 楚 Chǔ, 남한 – 南汉 Nánhàn, 전촉 – 前蜀 Qián Shǔ, 후촉 – 后蜀 Hòu Shǔ, 북한 – 北汉 Běihàn)이 서로 공존하던 5대 10국 시기에 통일한 왕조입니다. 후주(지금의 허베이성)의 절도사였던 조광윤이 송나라를 건국하면서 유학을 바탕으로 문치주의, 2모작기법, 차의 보급, 도자기 발달 등 문화와 농업 기술이 발달하였고, 중국의 3대 발명품인 화약, 나침반, 인쇄술이 발명되었지만, 군사력의 약화와 외교력 부재로 공격을 했던 거란(요나라)를 견제하려다가 여진(금나라)에게 공격을 받고 정강의 변으로 북방 유목 민족에게 시달리다가 몽골(징기스칸)에 의해 멸망했습니다.

7~9급

宪
（憲）

xiàn

집(宀)에서도 솔선하여 먼저(先) 지켜야하는 법이니 법 헌

[번체] 憲 – 집(宀)이나 나라의 어지러운(龶) 일을 법망(罒)으로 다스리기 위해 마음(心)을 다해 만든 법이니 '법 헌'

✛ 솔선(率先 shuàixiān)하다 – 남보다 앞장서서 먼저 하다.

✛ 先 xiān(먼저 선), 率 lù/shuài(비율 률, 거느릴 솔, 솔직할 솔), 龶[丰 fēng(풀 무성할 봉, 예쁠 봉, 豐: 풍성할 풍)의 변형이지만 풀은 무성하니 어지럽다는 뜻도 가지고 있음], 罒 wǎng(그물 망, = 网, 罓)

宪法 xiànfǎ 명 헌법

7~9급

淀
（澱）

diàn

물(氵)속에 자리를 정하고(定) 가라앉아 생긴 앙금이니
가라앉을 전, 앙금 전

✛ 앙금(滤渣 lùzhā) – 녹말 등의 아주 잘고 부드러운 가루가 물에 가라앉아 생긴 층

淀粉 diànfěn 명 전분, 녹말

沉淀 chéndiàn 동 쌓이다, 침전하다

301

6급

症
癥
zhèng

병(疒)을 **바르게**(正) 진단할 때 알아야 하는 증세니 **증세 증**

✚ 疒 nè – 병들어 머리 부분(亠)을 나무 조각(丬)에 기대고 있는 모양에서 '병들 녁'
✚ 亠 tóu(머리 부분 두), 丬 pán[爿(나무 조각 장, 장수 장 변)의 간체자]

症状 zhèngzhuàng 명 증상, 증세

抑郁症 yìyùzhèng 명 우울증

🔑TIP 症状은 '消除 xiāochú(해소하다)'와 짝을 이루어 '消除症状 xiāochú zhèngzhuàng(증상을 해소하다)'라는 표현으로 사용됩니다.

7-9급

癌
ái

병(疒) 중 치료하려면 **물건**(品)이 **산**(山)처럼 많이 들어가는 암이니 **암 암**

✚ 암에 걸리면 많은 것을 먹어야 하고 돈도 많이 든다는 데서 만들어진 한자
✚ 品 pǐn(물건 품, 등급 품, 품위 품, 품평할 품)

癌 ái 명 암

癌症 áizhèng 명 암의 통칭

7-9급

痹
痺
bì

병(疒)든 것처럼 **밭**(田)이나 **대**(廾)에 주저앉도록 저리니 **저릴 비**

[번체] 痺 – 병(疒)든 것처럼 낮게(卑) 주저앉도록 저리니 '저릴 비'
✚ 田 tián(밭 전), 廾 qí/jī(대 기), 卑 bēi(낮을 비)

麻痹 mábì 통 마비되다 형 경계를 늦추다, 경각심이 풀어지다

7-9급

痴
癡
chī

병(疒)으로 **아는**(知) 것이 없어져 어리석으니 **어리석을 치**

[번체] 癡 chī – 병(疒)인가 의심할(疑) 정도로 어리석으니 '어리석을 치'
✚ 知 zhī/zhì(알 지), 疑 yí(의심할 의)

痴呆 chīdāi 명 치매

痴迷 chīmí 통 푹 빠지다, 매혹되다, 사로잡히다

痴心 chīxīn 명 사랑에 푹 빠진

如醉如痴 rúzuìrúchī 성 무엇에 정신이 팔려 멍한 모양

7-9급

埧 壩

bà

흙(土)을 **조개**(贝)처럼 불룩하게 쌓아 물을 가둔 댐이니 **댐 파**
또 댐의 물처럼 평평한 평지니 **평지 파**

[번체] 壩 - 흙(土)으로 으뜸(覇)가게 튼튼히 막은 방죽이니 '방죽 파'
+ 贝 bèi(貝: 조개 패, 재물 패, 돈 패), 覇 bà(으뜸 패, 두목 패)

坝 bà 명 댐

堤坝 dībà 명 댐과 둑, 제방

7-9급

赂

lù

재물(贝)을 관계되는 **각각**(各)에게 뇌물로 주니 **뇌물 줄 뢰**

+ 各 gè/gě(각각 각)

贿赂 huìlù 동 뇌물을 주다 명 뇌물

7-9급

贬

biǎn

돈(贝)이 **모자라**(乏) 눈높이를 낮추니 **낮출 폄**

+ 乏 fá(가난할 핍, 모자랄 핍)

贬值 biǎnzhí 동 화폐 가치가 떨어지다, 평가 절하하다

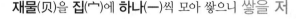

7–9급

zhù

貯

재물(贝)을 집(宀)에 하나(一)씩 모아 쌓으니 쌓을 저

[번체] 貯 – 재물(貝)을 집(宀)에 고무래(丁)로 당기듯이 모아 쌓으니 '쌓을 저'
+ 丁 dīng/zhēng(고무래 정, 넷째 천간 정, 장정 정, 쩡쩡 정)

貯藏 zhùcáng [동] 저장하다, 보관하다

7–9급

shàn

贍

재물(贝)을 살펴(詹) 관리해야 할 정도로 넉넉하고 풍부하니
넉넉할 섬, 풍부할 섬
또 넉넉하게 부양하고 공급하니 부양할 섬, 공급할 섬

+ 詹 zhān – 사람들(クル)이 언덕(厂) 위아래에 이르러 말하며(言) 살피니
'이를 첨, 살필 첨'
+ ク[人 rén(사람 인)의 변형으로 봄], 儿 ér(접미사 아, 사람 인 발, 兒: 아이 아)

贍养 shànyǎng [동] 부양하다, 먹여 살리다

[꿀TIP] 贍养은 성인이 된 자녀가 부모 또는 조부모를 모시는 것처럼 아랫사람이 윗사람을 보살필 때 사용하며, '抚养 fǔyǎng(부양하다, 정성들여 기르다)'은 부모가 자녀를, 또는 조부모가 손자손녀를 키우는 것처럼 윗사람이 아랫사람을 부양하는 것을 의미할 때 사용합니다.

7–9급

shú

赎

재물(贝)을 팔아(卖) 죄를 갚으니 죄 갚을 속
또 **재물(贝)을 팔아(卖) 대금을 치르고 저당을 찾으니**
저당 찾을 속

+ 卖 mài(賣: 팔 매)

赎 shú [동] 대금을 치르고 저당을 도로 찾다

6급

guàn

(옛날 돈인 엽전은 구멍이 있어서 일정한 양만큼 꿰어 보관했으니)

꿰어(毌) 놓은 돈(贝)의 무게 단위로도 쓰여

펠 관. 무게 단위 관

✦ 관(贯 guàn) – 동전 1천 닢을 꿴 한 꾸러미를 기준으로 정한 무게 단위로, 1관(一贯 yīguàn)이라고 하며, 1관은 3.75kg입니다.

✦ 毌 guàn/wān(꿰뚫을 관)

一贯 yíguàn 혱 (사상·성격·태도·정책 등이) 한결같다, 일관되다[↔ 偶尔 ǒuěr 혱 우발적인 튐 간혹, 이따금, 때때로]

7–9급

xián

칼(刂)을 손(又)에 들고 재물(贝)을 관리함이 어지니 어질 현

번체 賢 – 신하(臣)처럼 또(又) 재물(貝)을 벌어 봉사함이 어지니 '어질 현'
✦ 又 yòu(오른손 우, 또 우), 臣 chén(신하 신)

圣贤 shèngxián 몡 성인과 현인, 품성이 높고 재주가 뛰어난 사람

jiàn

jiàn

재물(贝)을 **쌓아**(戋)두지 않고 낭비하면 천하여 업신여기니
천할 천, 업신여길 천
또 천하여 값이 싸고 신분도 낮으니 값쌀 천, 낮을 천

+ 戋 jiān(戔: 쌓을 전, 해칠 잔) - 제목번호 431 참고

贱 jiàn 통 가격이 싸다, (지위·신분 등이) 낮다

물(氵)이 **천하게**(贱) 함부로 튀니 튈 천

溅 jiàn 통 (액체가) 튀다

7-9급

溃
潰

kuì

물(氵)이 함부로 흘러 **귀해지도록(贵)** 제방이 무너지니

무너질 궤

◆ 贵 guì(貴: 귀할 귀, 비쌀 귀)

崩溃 bēngkuì 〔동〕(정치·경제·군사 등이) 붕괴하다, 파산하다

7-9급

馈
饋

kuì

먹도록(饣) 귀한(贵) 것을 드리니 드릴 궤

反馈 fǎnkuì 〔동〕피드백하다, (정보·반응이) 되돌아오다

回馈 huíkuì 〔명〕보답, 답례

6급

赖
賴

lài

묶듯(束) 사귀어 맺은 **사람(ク)**과 모아놓은 **돈(贝)**에 힘입어

의지하니 힘입을 뢰, 의지할 뢰

[번체] 賴 - 묶듯(束) 갖추어 놓은 칼(刀)과 돈(貝)에 힘입어 의지하니
　　　'힘입을 뢰, 의지할 뢰'

◆ 束 shù(묶을 속), ク[人 rén(사람 인)의 변형으로 봄], 刀 dāo(칼 도)

赖 lài 〔동〕의지하다, (남에게 죄나 잘못을) 덮어씌우다, 전가시키다

依赖 yīlài 〔동〕의지하다, 기대다

307

7-9급

xūn

사람(员)이 **힘(力)**껏 일하여 세운 공이니 공 훈

+ 员 yuán/yún(員: 사람 원)

勋章 xūnzhāng 몡 훈장

7-9급

lè/lēi

가죽(革)으로 **힘(力)**지게 만든 굴레니 굴레 륵(lè)

또 굴레를 씌워 마소를 억지로 다스리니

억지로 할 륵, 다스릴 륵(lēi)

+ 굴레(笼头 lóngtou) – 말이나 소 등을 부리기 위하여 머리와 목에서 고삐에
  걸쳐 얽매는 줄

+ 革 gé(가죽 혁, 고칠 혁)

勒 lè 몡 말 머리에 씌우는 굴레 통 제지하다, 세우다

7-9급

jīn

대(艹) 줄기처럼 질겨 **몸(月)**에서 **힘(力)**쓰게 하는 힘줄이니

힘줄 근

筋 jīn 몡 근육, 힘줄, 인대

脑筋 nǎojīn 몡 두뇌, 지능

伤脑筋 shāng nǎojīn 관 골치를 앓다, 애를 먹다

7-9급

捞
捞
lāo

(물 같은 액체 속에서) **손(扌)**으로 **수고하여(劳)** 잡아 건지니
잡을 로, 건질 료

✦ 劳 láo(勞: 수고할 로, 일할 로)

打捞 dǎlāo 통 (물속에 가라앉은 물건을) 건져 내다, 인양하다

7-9급

唠
唠
láo/lào

입(口)을 **수고롭게(劳)** 떠들어 떠들썩하니 떠들썩할 로

✦ lào로는 주로 방언에서 쓰입니다.

唠叨 láodao 통 (끊임없이) 잔소리하다, 되풀이하여 말하다

6급

胁
脅
xié

몸(月)을 **다스려(办)** 옆구리에 끼고 위협하니
옆구리 협, 위협할 협

번체 脅 - 힘을 합하여(劦) 몸(月)을 으르고 협박하니 '으를 협, 협박할 협'
✦ 办 bàn(辦: 다스릴 판), 劦 xié/liè(힘 합할 협)

威胁 wēixié 통 (무력이나 권세로) 위협하다, 협박하다

6급

苏
蘇 蕶
sū

약효 좋은 **풀(艹)**로 **다스려(办)** 병에서 깨어나 소생하니
깨어날 소, 소생할 소

번체 蘇 - (못 먹어 영양실조에 걸린 사람이) 채소(艹)와 물고기(魚)와 곡식(禾)을
먹이면 깨어나 소생하니 '깨어날 소, 소생할 소'
✦ 艹 cǎo(초 두), 魚(鱼 yú: 물고기 어), 禾 hé('벼 화'로 곡식의 대표)

复苏 fùsū 통 회복하다, 회생하다 명 경기 회복

7-9급

讳
諱
huì

말(讠)을 **어긋나게(韦)** 하면 꺼리니 꺼릴 **휘**
또 꺼리며 함부로 부르지 않는 휘자니 **휘자 휘**

+ 韦 wéi – 하나(一) 하나(一) 힘(𠄌)들여 부드럽게 만든 다룸가죽이니
　　　'다룸가죽 위'
　　　또 다룸가죽은 부드러워 잘 어긋나니 '어긋날 위'
[번체] 韋 – 부드럽게 만든 다룸가죽이니 '다룸가죽 위'
　　　또 다룸가죽은 부드러워 잘 어긋나니 '어긋날 위'
+ 휘자(讳名 huìmíng) – 돌아가신 어른이나 높은 어른의 이름자로, 웃어른이나
　손윗사람의 이름을 피하여 존경을 표했음
+ 𠄌 [力 lì(힘 력)의 변형으로 봄]
忌讳 jìhuì 图 (말이나 행동을) 금기하다, 꺼리다

7-9급

韩
韓
Hán

해 돋는(𩗑) 동쪽의 **위대한(韦)** 한국이니 **한국 한, 성씨 한**

+ 원래는 '나라 이름 한'이지만 '한국 한'으로 바꾸어 풀었습니다.
+ 𩗑 – 나무 사이에 해(日) 돋는 모양에서 '해 돋을 간'
　　　(어원 해설을 위한 참고자료로 실제 쓰이는 한자는 아님)
+ 韦 wéi['다룸가죽 위, 어긋날 위'지만 여기서는 '伟 wěi(클 위, 위대할 위)'의
　획 줄임]

7-9급

纬
緯
wěi

실(纟) 중 날실과 **어긋나게(韦)** 짜지는 씨실이니 **씨실 위**

+ 베를 짤 때는 날실의 엇갈린 사이에 씨실을 담은 북이 왔다 갔다 하지요. 길
게 늘어뜨린 쪽의 실을 날실(经 jīng), 좁은 쪽의 실을 씨실(纬 wěi)이라 합
니다.
纬度 wěidù 图 위도

7-9급

韧
韌
rèn

가죽(韦)처럼 부드러우면서도 **칼날(刃)**에도 잘 베어지지 않고
질기니 **질길 인**

+ [반] 脆 cuì(가벼울 취, 약할 취)
韧性 rènxìng 图 질긴 정도, (물리적) 인성
坚韧 jiānrèn 图 (의지·정신력 등이) 강인하다

6급

qié

풀(艹) 열매 중 맛과 영양을 **더해주는**(加) 토마토나 가지니

토마토 **가**, 가지 **가**

✦ 加 jiā(더할 가)

番茄 fānqié 명 토마토
茄子 qiézi 명 가지

6급

jiā

좋은(吉) **풀**(艹)만 **더하여**(加) 먹으면 건강하여 아름다우니

아름다울 **가**

✦ 吉 jí(길할 길, 상서로울 길), 艹[艹 cǎo(초 두)의 변형으로 봄]

嘉宾 jiābīn 명 귀빈, 귀한 손님

7-9급

bó

몸(月)에서 **혜성**(孛)처럼 쭉 뻗은 목이니 목 **발**

✦ 孛 bèi/bó – 무엇에 많이(十) 싸여(冖) 태어나는 자식(子)처럼 떠가는 혜성
이니 '혜성 패'
또 혜성처럼 갑자기 안색이 변하니 '안색 변할 발'
✦ 혜성(彗星 huìxīng) – 가스 상태의 빛나는 긴 꼬리를 끌고 태양을 초점으
로 긴 타원이나 포물선에 가까운 궤도를 그리며 운행하는 천체. 꼬리별. 꽁
지별
✦ 彗 huì(비 혜, 꽁지별 혜), 星 xīng(별 성, 부스러기 성, 스타 성)

脖子 bózi 명 목

7-9급

bó

혜성(孛)처럼 갑자기 **힘**(力)쓰며 일어나니 갑자기 일어날 **발**

蓬勃 péngbó 형 왕성하다, 번영하다, 번창하다
朝气蓬勃 zhāoqìpéngbó 성 생기가 넘쳐 흐르다, 생기발랄하다

7-9급
烘
hōng

불(火)에 **함께**(共) 쬐여 말리니 **말릴 홍**
또 불(火)빛과 **함께**(共) 어울려 돋보이니 **돋보일 홍**

+ 共 gōng/gòng – 많은(卄) 사람들이 마당(一)에서 일을 나누어(八) 함께하니
    '함께 공'
+ 卄 niàn('스물 입'이지만 여기서는 '많은'의 뜻으로 봄], 一 yī('한 일'이지만
    여기서는 마당으로 봄)

烘干 hōnggān 图 (불이나 전기 기구로) 말리다, 건조시키다
暖烘烘 nuǎnhōnghōng 형 훈훈하다, 뜨끈뜨끈하다
烘托 hōngtuō 图 돋보이게 하다, 부각시키다

6급
洪
hóng

물(氵)이 넘쳐 많은 것을 **함께**(共) 쓸며 넓게 흐르는 홍수니
넓을 홍, 홍수 홍

洪水 hóngshuǐ 명 홍수

7-9급
拱
gǒng

양손(扌)을 **함께**(共) 펴 팔짱끼거나 둥글게 모은 아름이니
팔짱낄 공, 아름 공

+ 아름(围 wéi) – 두 팔을 둥글게 모아서 만든 둘레
拱 gǒng 图 두 손을 맞잡아 가슴에까지 올리다, (어깨 등을) 움츠리다, 웅크리다,
(앞쪽이나 위쪽으로) 밀다

7-9급
粪
fèn

먹은 **쌀**(米)이 다른 음식과 **함께**(共) 소화되어 나오는 똥이니
똥 분

[번체] 糞 – 쌀(米) 같은 곡식이 소화되어 다르게(異) 변하여 나오는 똥이니 '똥 분'
+ 昪 yì(異: 다를 이)
粪 fèn 명 똥, 비료
粪便 fènbiàn 명 대소변, 똥오줌

7-9급

撰

zhuàn

손(扌)으로 자연스럽고 **부드럽게(巽)**, 즉 매끄럽게 글 지으니
글 지을 **찬**

+ 巽 xùn – 미끄러운 뱀(巳)과 뱀(巳)이 함께(共)한 듯 유순하고 부드러우니
　　 '유순할 손, 부드러울 손'
+ 뱀이 잘 구부려지고 미끈함을 생각하고 만든 한자
+ 유순(柔順 róushùn)하다 – 성질이나 태도·표정 등이 부드럽고 순하다.
+ 巳 sì(뱀 사, 여섯째 지지 사), 柔 róu(부드러울 유), 顺 shùn(順: 순할 순)

撰写 zhuànxiě 〔동〕 집필하다, (문장을) 쓰다, 짓다

7-9급

恭

gōng

여럿이 **함께(共)** 사는 **마음(忄)**처럼 공손하니 공손할 **공**

+ 공손(恭逊 gōngxùn) – 공경하고 겸손함
+ 忄 – 心 xīn(마음 심, 중심 심)이 글자의 발로 쓰일 때의 모양으로 '마음 심 발'
+ 逊 xùn(遜: 겸손할 손, 뒤떨어질 손)

恭维 gōngwei 〔동〕 (잘 보이려고) 치켜세우다, 아첨하다

恭喜 gōngxǐ 〔동〕 축하하다

---

317 ▶ **巷港** – 巷으로 된 한자
　　　 항 항

7-9급

巷

xiàng

함께(共) 다니는 **뱀(巳)**처럼 길게 뻗은 거리니 거리 **항**
또 거리의 골목이나 좁은 길이니 골목 **항**, 좁은 길 **항**

大街小巷 dàjiēxiǎoxiàng 〔성〕 도시 곳곳의 거리, 골목골목

6급

港　港

gǎng

물(氵)에 **거리(巷)**의 차들처럼 배가 드나드는 항구니 항구 **항**
또 배가 드나드는 항구처럼 비행기가 드나드는 공항이니 공항 **항**

+ 번체자의 '己'부분을 '巳 sì(뱀 사, 여섯째 지지 사)'의 변형으로 봄

港口 gǎngkǒu 〔명〕 항구

港湾 gǎngwān 〔명〕 항만

6급

bào

(서로 상극인) 해(日)와 함께(共) 물(氺)이 만난 듯 사나우니
사나울 폭, 사나울 포
또 사나우면 잘 드러나니 **드러날 폭**

+ 오행(五行 wǔxíng)에서 불과 물은 상극(相克 xiāngkè)으로, 해도 불에 해
당하니 이런 어원이 가능하지요.

暴力 bàolì 명 폭력
暴雨 bàoyǔ 명 폭우
风暴 fēngbào 명 폭풍, 폭우
暴风雨 bàofēngyǔ 명 폭풍우
暴露 bàolù 동 폭로하다, 드러내다[≒ 揭露 jiēlù 동 폭로하다, 들추어내다]

> **꿀TIP** 暴露는 이전에 몰랐던 사람이나 목표·사상·신분·문제 등이 의도치 않게
> 밝혀지는 것을 의미하며, 의미에 있어서 좋지 않은 일에 해당 하는 것에는 모
> 두 사용할 수 있으며, 추상적인 일에도 사용 가능합니다. 揭露는 말이나 행동
> 으로 죄목·스캔들·비밀, 모순 등의 나쁜 일을 들추어내는 것을 의미합니다.
> 揭露는 반드시 동작의 주체가 사람이 되어야 하므로, '把 A 揭露出来 bǎ A
> jiēlù chūlái(A을/를 들추어 내다)/A 被 B 揭露 A bèi B jiēlù (B에 의해 A
> 이/가 폭로되다)'의 형태로 쓸 수 있습니다.

7-9급

bào/pù

해(日)가 **사납게**(暴) 내리 쪼이니 **쪼일 폭, 쪼일 포**

+ 단어에 따라 bào 또는 pù로 발음합니다.

曝光 bàoguāng 동 (사진에서) 드러나다, 노출하다

7-9급

pù

물(氵)이 **사납게**(暴) 떨어지는 폭포니 **폭포 폭**

瀑布 pùbù 명 폭포

> **꿀TIP** 瀑布는 '飞泻 fēixiè(쏟아져 내리다)'와 함께 사용하여 '瀑布飞泻 pùbù
> fēixiè(폭포가 쏟아져 내리다)'라고 사용하기도 합니다.

6급

불(火)을 붙이면 **사납게**(暴) 폭발하니 폭발할 폭
또 폭발하듯 터지게 튀기니 터질 폭, 튀길 폭

爆 bào 图 폭발하다, 터지다, 튀기다, 데치다
爆发 bàofā 图 폭발하다
爆炸 bàozhà 图 (큰 소리를 내며) 폭발하다, (수나 양이) 폭증하다

bào

---

319 契奠溪 汰 – 大로 된 한자와 太
　　　　계 전 계 　태

7-9급

어지럽지(丰) 않도록, **칼**(刀)로 **크게**(大) 새겨서 확실하게
맺은 문서니 맺을 계, 문서 계
또 확실하게 맺은 문서처럼 마음이 서로 통하니 통할 계

+ 丰 fēng(풀 무성할 봉, 예쁠 봉, 豐: 풍성할 풍) – 풀은 무성하니 어지럽다
　라는 뜻도 됨)
契机 qìjī 圆 계기, 동기
契约 qìyuē 圆 계약 图 계약하다
默契 mòqì 圈 손발이 잘 맞다, 호흡이 잘 맞다

qì

7-9급

우두머리(酋)가 **크게**(大) 자리를 다지고 제사지내니
다질 전, 제사지낼 전

+ 酋 qiú(酋: 우두머리 추)
奠定 diàndìng 图 다지다, 안정시키다
祭奠 jìdiàn 图 추모하다, 제사를 지내다

奠

diàn

7-9급

물(氵)이라고 **어찌**(奚) 말할 수 없는 작은 개울이니 개울 계

+ 奚 xī – 손톱(爫)으로 작고(幺) 큰(大)일을 어찌할까에서 '어찌 해'
+ 幺 yāo(작을 요, 어릴 요)
小溪 xiǎoxī 圆 시내, 개울

xī

7-9급

汰

tài

물(氵)로 큰(太) 것만 씻고 추리니 씻을 태, 추릴 태

淘汰 táotài 图 도태하다, 탈락되다

---

320 〉〉 **侠峡狭挟** – 夹으로 된 한자
협 협 협 협

7-9급

侠
侠

xiá

어려운 **사람(亻)**을 **끼고(夹)** 도우며 의로우니 의로울 협

✚ 夹 jiā/gā – 사내(夫)가 양쪽(ˇˇ)으로 끼니 '낄 협'
　　또 몸에서 끼인 곳에 있는 겨드랑이니 '겨드랑이 협'
[번체] 夾 – 크게(大) 두 사람(人人) 사이에 끼니 '낄 협'
侠义 xiáyì 图 의협심이 강하다

7-9급

峡
峡

xiá

산(山) 사이에 **끼인(夹)** 골짜기니 골짜기 협

峡谷 xiágǔ 图 협곡
海峡 hǎixiá 图 해협

7-9급

狭
狭

xiá

개(犭)도 **끼일(夹)** 정도로 좁으니 좁을 협

狭隘 xiá'ài 图 너그럽지 못하다, 편협하다
狭小 xiáxiǎo 图 좁고 작다, 협소하다
狭窄 xiázhǎi 图 비좁다, 협소하다[↔ 广阔 guǎngkuò 图 넓다, 광활하다]

손(扌)으로 당겨 **끼니**(夾) 낄 협

挟持 xiéchí 동 양 옆에서 끼어 잡다, 협박하다

xié

---

321 >> **莫膜寞** - 莫으로 된 한자1
막 막 막

풀(艹)에는 **해**(日)처럼 **큰**(大) 영향을 미치는 것이 없으니
없을 막
또 없으니 하지 말라는 데서 말 막
또 풀(艹)에는 **해**(日)가 가장 **큰**(大) 영향을 미치니 가장 막

mò

莫非 mòfēi 부 혹시~이/가 아닐까, 설마~은/는 아니겠지

莫过于 mòguòyú 동 ~보다 더한 것은 없다

莫名其妙 mòmíngqímiào 성 어리둥절하게 하다, 영문을 알 수 없다

变幻莫测 biànhuànmòcè 성 변화가 무상하여 예측할 수 없다

一筹莫展 yìchóumòzhǎn 성 속수무책이다, 전혀 방법이 없다

TIP 莫非는 문장 끝에 놓여 추측이나 반문의 어기를 나타내는 '不成 bùchéng'과
호응하여 '莫非~不成 mòfēi~bùchéng(설마 ~는 아니겠지?/설마~란 말인
가)'로 사용하기도 합니다.

몸(月) 속의 여러 기관들이 섞이지 **않도록**(莫) 경계를 이루는
얇은 막이니 막 막

膜 mó 명 막, 막과 같이 얇은 물질

mó

7-9급

寞

mò

집(宀)에 아무도 **없어**(莫) 고요하고 쓸쓸하니
고요할 막, 쓸쓸할 막

寂寞 jìmò 휑 쓸쓸하고 외롭다

---

322 ▶▶ **募暮慕墓** – 莫으로 된 한자2
　　　　　모 모 모 묘

7-9급

募

mù

없거나(莫) 모자란 **힘**(力)을 보충하려고 사람을 모집하니
모집할 모

募捐 mùjuān 동 기부금을 모으다
招募 zhāomù 동 (사람을) 모집하다

7-9급

暮

mù

없어지듯(莫) **해**(日)가 넘어가 저무니 저물 모

朝三暮四 zhāosānmùsì 성 쉽게 변덕을 부리거나 자주 말을 바꾸다

7-9급

慕

mù

제정신이 **없을**(莫) 정도의 **마음**(忄)으로 사모하니 사모할 모

✦ 누구를 사모할 때는 제정신이 아니지요.
✦ 忄(마음 심 발)

羨慕 xiànmù 동 부러워하다

6급

墓

없는(莫) 것처럼 **흙**(土)으로 덮은 무덤이니 **무덤 묘**

墓 mù 몡 무덤
墓碑 mùbēi 몡 묘비
坟墓 fénmù 몡 무덤

mù

---

323 ▶▶ **奉捧** – 奉으로 된 한자
　　　　봉 봉

6급

奉

하늘 땅(二) 같이 **큰**(大) 분께 **많이**(キ) 받들어 바치니
받들 봉, 바칠 봉

+ 二 èr('둘 이'지만 여기서는 하늘과 땅으로 봄), キ[千 qiān(일천 천, 많을
　천)의 변형으로 봄]

奉献 fèngxiàn 몡 공헌 동 공손히 바치다

fèng

7-9급

捧

두 **손**(扌)으로 **받들어**(奉) 드니 받들어 들 봉

捧 pěng 동 (두 손으로) 받쳐 들다, 받들다
捧场 pěngchǎng 동 성원해주다, 격려해주다
吹捧 chuīpěng 동 (지나치게) 치켜세우다

pěng

319

6급

奏

zòu

하늘 땅(二) 같은 **위대**(大)한 분께 **예쁜**(夭) 것을 드리며 아뢰니
아뢸 주
또 아뢰듯 연주하니 **연주할 주**

✦ 夭 yāo(젊을 요, 예쁠 요, 일찍 죽을 요)

奏 zòu 통 연주하다, 말씀드려 알리다
节奏 jiézòu 명 리듬, 박자
演奏 yǎnzòu 통 연주하다

7-9급

凑

còu

얼음(冫)이라도 **아뢰며**(奏) 드리려고 모으니 **모을 주**

凑 còu 통 한데 모으다
凑合 còuhe 형 아쉬운 대로 ~하다 통 한 곳에 모이다
凑巧 còuqiǎo 부 때마침, 공교롭게도
紧凑 jǐncòu 형 치밀하다, 잘 짜이다, 빈틈없다

7-9급

揍

zòu

손(扌)으로 무엇을 **아뢰려는**(奏) 듯 치니 **칠 주**

揍 zòu 통 (사람을) 때리다, 치다, 깨다

7-9급

沃
wò

물(氵)기가 있어 촉촉한 것처럼 **예쁘게(夭)** 기름지니 기름질 옥

✛ 夭 yāo(젊을 요, 예쁠 요, 일찍 죽을 요)

肥沃 féiwò 彭 비옥하다, 기름지다

6급

跃
躍
yuè

발(𧾷)로 **젊은(夭)** 사람처럼 힘차게 뛰니 뛸 약

[번체] 躍 – 발(足)로 날개(羽) 가진 새(隹)가 다닐 때처럼 팔짝팔짝 뛰니 '뛸 약'

✛ 𧾷[足 zú(발 족, 넉넉할 족)이 부수로 쓰일 때의 모양], 羽(깃 우, 날개 우: 羽 yǔ), 隹 zhuī/cuī/wéi(새 추)

活跃 huóyuè 彭 활발하다, 적극적으로 활동하다

6급

吞
tūn

젊은(夭) 사람의 **입(口)**처럼 무엇이나 잘 씹어 삼키니 삼킬 탄

吞 tūn 彭 (통째로) 삼키다, 꾹 참다

6급

添
tiān

물(氵)까지 **황송하게(忝)** 더하니 더할 첨

✛ 忝 tiǎn(황송할 첨, 욕될 첨) – 제목번호 201의 '舔 tiǎn' 주 참고

添 tiān 彭 보태다, 더붙이다

7~9급

乔
qiáo
喬

젊은(夭) 사람이 높이 **올라간(丿)** 모양에서 높을 교
또 높게 꾸미며 변장하니 변장할 교

[번체] 喬 - 젊은(夭) 사람이 높이(高) 앉은 모습에서 '높을 교'
+ 高 [高 gāo(높을 고)의 획 줄임]

乔装 qiáozhuāng 툉 (신분을 숨기기 위해) 변장하다

7~9급

侨
qiáo
僑

(먹고 살기 위해) **사람(亻)**이 **높은(乔)** 곳에라도 더부살이하며 객지에
사니 더부살이 교, 객지에 살 교

华侨 huáqiáo 몡 화교[외국에 거주하는 중국인]

7~9급

娇
jiāo
嬌

여자(女)가 품위 **높게(乔)** 아리따우니 아리따울 교
또 아리땁지만 나약하고 응석받이니 나약할 교, 응석받이 교

+ 아리땁다(秀气 xiùqi) - (마음씨나 태도·몸가짐 등이) 사랑스럽고 아름답다.
娇惯 jiāoguàn 툉 응석받이로 키우다
娇气 jiāoqì 몡 나약함, 어린 태도 톙 나약하다, 여리다

7~9급

轿
jiào
轎

수레(车)처럼 만들어 **높이(乔)** 드는 가마니 가마 교
또 가마처럼 사람이 타는 차니 차 교

+ 车 chē(車: 수레 거, 차 차)
轿车 jiàochē 몡 승용차, 고급 승용차

7~9급

矫
jiǎo
矯

화살(矢)을 **높이(乔)** 쏘려고 곧게 바로잡으니 바로잡을 교

+ 화살은 곧아야 높거나 멀리 나가지요.
矫正 jiǎozhèng 툉 교정하다, 잘못된 것을 바로잡다

6급

骄

骄

jiāo

말(马)에 **높이**(乔) 올라앉아 대하는 것처럼 교만하니
교만할 교

또 교만하게 뽐내며 자랑하니 자랑할 교

＋ 교만(骄慢 jiāomàn) – 잘난 체하며 남을 깔봄
＋ 慢 màn(게으를 만, 오만할 만)

骄傲 jiāo'ào 톙 거만하다, 오만하다, 자랑스럽다

---

327 ▶ **朽聘** – 丂로 된 한자
후 빙

7–9급

朽

xiǔ

나무(木)가 죽어 **교묘하게**(丂) 썩으니 썩을 후

＋ 丂 kǎo/qiǎo/yú – 한(一) 번에 묶어 싸는(勹) 기술이 교묘하니 '교묘할 교'
＋ 勹[勹 bāo(쌀 포)의 변형으로 봄]

腐朽 fǔxiǔ 톙 (목재나 기타 섬유 물질이) 썩다, 부패하다

6급

聘

pìn

귀(耳)에 **말미암아**(由) 들리도록 **크게**(丂) 부르니 부를 빙
또 하객들을 불러 놓고 장가드니 장가들 빙

＋ 丂 kǎo/qiǎo/yú['교묘할 교'지만 여기서는 '大 dà/dài(큰 대)'의 변형으로 봄]

聘请 pìnqǐng 톙 초빙하다, 영입하다
招聘 zhāopìn 톙 (업무 인원 등을) 공개 채용하다, 공고하여 모집하다

7-9급

夸
kuā

誇

크게(大) 한(一) 번 교묘하게(丂) 부풀려 자랑하니 자랑할 과
또 자랑하는 것을 칭찬하니 칭찬할 과

[번체] 誇 – 말(言)을 크게(大) 한(一) 번 교묘하게(丂) 부풀려 자랑하니
'자랑할 과'

夸 kuā 图 뽐내다, 칭찬하다
夸大 kuādà 图 과대하다, 과장하다
夸奖 kuājiǎng 图 칭찬하다
夸耀 kuāyào 图 자랑하다, 과시하다
夸张 kuāzhāng 阌 과장하다 몡 과장법
夸夸其谈 kuākuāqítán 阌 호언장담하다, 큰소리치다

꿀TIP 夸奖은 자기 자신의 재능이나 능력을 타인에게 말로 자랑하거나 칭찬할 때
사용하며, 소유하고 있는 것을 타인에게 보여주며 자랑할 때는 '炫耀 xuàn
yào(자랑하다, 뽐내다)'를 사용합니다.

7-9급

垮
kuǎ

흙(土)을 겉으로만 자랑하려고(夸) 쌓아 무너지니 무너질 과

垮 kuǎ 图 붕괴하다, 무너지다

7-9급

挎
kuà

손(扌)에 자랑하듯(夸) 무엇을 걸거나 끼니 걸 고, 낄 고

挎 kuà 图 (팔에) 걸다, (어깨나 허리에) 메다, 차다

6급

跨
kuà

발(⻊)로 자랑하듯(夸) 뛰어넘으니 뛰어넘을 과

跨 kuà 图 (큰 걸음으로) 뛰어넘다, 건너뛰다

6급

jiān

위는 **작고**(小) 아래로 갈수록 **커**(大)져 뽀족하니 뽀족할 첨

尖 jiān 휑 날카롭다, 뽀족하다, 예민하다
尖锐 jiānruì 휑 첨예하다, 날카롭다

7–9급

塵

chén

작게(小) **흙**(土) 위에 날리는 티끌이니 티끌 진

[번체] 塵 – 사슴(鹿)이 마른 흙(土)에서 뛸 때처럼 날리는 티끌이니 '티끌 진'
✚ 鹿 lù(사슴 록)

灰尘 huīchén 몡 먼지

6급

檔

dàng

나무(木)로 공간에 **맞게**(当) 만든 선반이니 선반 당
또 선반처럼 만들어 막거나 협력하니 막을 **방**, 협력할 **방**
또 선반에 보관한 문서의 등급이니 문서 당, 등급 당

✚ 当 dāng/dàng(當: 마땅할 당, 당할 당)

档 dàng 몡 선반, 문서, 등급 동 가리다, 막다
搭档 dādàng 동 협력하다, 짝이 되다 몡 파트너, 협력자
档案 dàng'àn 몡 공문서, 서류, 파일
高档 gāodàng 휑 고급의, 상등의

325

7-9급

肖

肖

xiào

작은(⺌) **몸**(月)이니 작을 소
또 **작아도**(⺌) **몸**(月)은 부모를 닮으니 닮을 초

+ ⺌[小 xiǎo(작을 소)의 변형으로 봄]

肖像 xiàoxiàng 명 (사람의) 초상, 사진

7-9급

哨

哨

shào

말(口)소리를 **작게**(肖)하며 망보니 망볼 초
또 망을 보다가 위급할 때 부는 호루라기나 휘파람이니
호루라기 초, 휘파람 초

口哨 kǒushào 명 휘파람, 호루라기

7-9급

梢

梢

shāo

나무(木)나 배의 **작아진**(肖) 끝이니 나무 끝 초, 끝 초

树梢 shùshāo 명 나무 꼭대기, 나뭇가지의 끝

7-9급

俏

俏

qiào

사람(亻)은 **작지만**(肖) 용모나 재주가 빼어나니 빼어날 초

俊俏 jùnqiào 형 (얼굴이) 준수하다, 잘 생기다, 수려하다

7-9급

捎
shāo

손(扌)으로 **작게**(肖) 꾸려 겸하여 보내니 겸할 **소**, 보낼 **소**

捎 shāo 동 가는 김에 지니고 가다, 인편에 보내다

7-9급

削
xiāo/xuē

작게(肖) **칼**(刂)로 깎으니 깎을 **삭**(xiāo)
또 깎아 없애니 없앨 **삭**(xuē)

削 xiāo 동 깎다, 벗기다
剥削 bōxuē 동 착취하다
削弱 xuēruò 동 약화되다, 약화시키다

7-9급

宵
xiāo

집(宀)도 **작게**(肖) 보이는 밤이니 밤 **소**

元宵节 Yuánxiāo Jié 명 정월 대보름
通宵 tōngxiāo 명 온 밤, 철야, 밤새도록

꿀TIP 通宵는 밤새 아예 안 잘 때 사용하고, 제목번호 037의 '熬夜 áoyè(밤을 새
다)'는 비교적 늦게 잘 때 사용합니다. 또, '开夜车 kāiyèchē(밤을 꼬박 새우
다)'는 밤을 새워 일하거나 공부할 때 사용하며, 밤을 새워 노는 경우는 사용
하지 않습니다.

7-9급

屑
xiè

몸(尸)을 **잘게**(肖) 부순 부스러기나 찌꺼기니
부스러기 **설**, 찌꺼기 **설**
또 부스러기라도 쓸모 있으니 쓸모 있을 **설**

不屑 búxiè 동 (어떤 일을) 하찮게 여기다, 가치가 없다

7-9급

shā

돌(石)이 **작아진**(少) 모래니 **모래 사**

+ 통 沙 shā – 물(氵)로 인하여 돌이 작아진(少) 모래니 '모래 사'
+ 少 shǎo/shào('적을 소, 젊을 소'지만 여기서는 '작을 소'의 뜻으로 봄)

砂糖 shātáng 명 설탕

7-9급

shā

실(纟) 중 **적은**(少), 즉 가볍고 가는 실로 짠 직물이나 비단이니
직물 사, **비단 사**

+ 직물(织物 zhīwù) – 천연 섬유 또는 합성 섬유로 짠 모직물

纱 shā 명 얇은 면, 얇은 실
婚纱 hūnshā 명 웨딩드레스

6급

chǎo

불(火)로 **적어지게**(少) 볶으니 **볶을 초**
또 볶아 튀기듯 이익을 남기려고 투기하니 **투기할 초**

炒 chǎo 통 (기름 등으로) 볶다, 투기하다, 투자하다
炒股 chǎogǔ 통 주식 투자하다
炒作 chǎozuò 통 대대적으로 선전하다, 투기하다

7-9급

chāo

쇠(钅)로 만든 펜으로 필요한 부분만 **적게**(少) 뽑아 베끼니
베낄 초
또 **쇠**(钅)를 **적게**(少) 사용하려고 만든 종이돈이니 **종이돈 초**

钞票 chāopiào 명 지폐, 돈

7-9급

miǎo

눈물(氵)이 **눈**(目)에 어려 **적게**(少) 보이며 아득하니 **아득할 묘**

渺小 miǎoxiǎo 형 미미하다, 보잘것 없다

적은(少) 힘(力)이면 못나니 못날 렬

+ 힘이 적다는 말은 능력이 적다는 말이지요.

恶劣 èliè 휑 열악하다, 악질이다, 아주 나쁘다

劣势 lièshì 명 열세, 약점 휑 불리하다

劣质 lièzhì 휑 질이 낮은

拙劣 zhuōliè 휑 졸렬하다

liè

---

333 》 **僚潦** – 尞로 된 한자
료 료

사람(亻) 중 불 밝히고(尞) 함께 일하는 동료나 관료니
동료 료, 관료 료

+ 尞 liáo – 크게(大) 양쪽(丷)에 해(日)처럼 작은(小) 것까지 보이도록 햇불을
밝게 밝히니 '햇불 료, 밝을 료, 밝힐 료'

官僚 guānliáo 명 관료[본래는 일반 관리를 나타냈지만, 지금은 주로 외교관을
지칭함]

官僚主义 guānliáozhǔyì 명 관료주의

liáo

비(氵)가 불 밝혀야(尞) 할 정도로 어두워지며 내리는
큰비나 장마니 큰비 료, 장마 료
또 큰비로 인하여 거칠고 초라하니 거칠 료, 초라할 료

+ 큰비가 올 때나 장마 때는 어두컴컴하지요.

潦草 liáocǎo 휑 (글씨가) 조잡하다, 난잡하다, 의욕이 없다

lǎo

6급

liàng

말(讠)도 서울(京)서는 요모조모 살펴서 해야 믿으니
살필 량, 믿을 량

＋京 jīng(서울 경, 클 경, 성할 경)
原谅 yuánliàng 〔동〕 용서하다, 양해하다

꿀TIP 原谅은 获得 huò dé(얻다)와 함께 쓰여 '获得 ＋ ~ ＋ 的 ＋ 原谅(~의 용서를 얻다)' 형태로 자주 사용되며, 이때 原谅은 명사로도 사용합니다.

7~9급

lüè

손(扌)으로도 서울(京)서는 잘 노략질하니 노략질할 략

＋노략(掳掠 lǔlüè) – 재물 등을 빼앗아 감
＋掳 lǔ(掳: 노략질 로)
掠夺 lüèduó 〔동〕 약탈하다, 빼앗다

7~9급

suàn

풀(艹) 중 보고(示) 또 보이면(示) 먹어야 하는 마늘이니
마늘 산

＋示 shì(보일 시, 신 시 변)
蒜 suàn 〔명〕 마늘

7~9급

jì

고기(夕)를 손(⺄)으로 신(示)께 올리는 제사니 제사 제
또 제사처럼 많은 사람이 모여 즐기는 축제니 축제 제

＋夕[月 yuè(달 월, 육 달 월)의 변형으로 봄], ⺄[又 yòu(오른손 우, 또 우)의 변형으로 봄]
祭 jì 〔동〕 추모하다, 제사 지내다
祭奠 jìdiàn 〔동〕 추모하다, 제사 지내다
祭祀 jìsì 〔동〕 제사 지내다

7-9급

祀

sì

신(ネ)께 **사시(巳)**에 올리던 제사니 제사 **사**

✦ 사시(巳時 sìshí) – 오전 9시부터 오전 11시까지 2시간

祭祀 jìsì 图 제사 지내다

7-9급

禅

chán

보는(ネ) 것이 **하나(单)**면 마음도 고요하니 고요할 **선**

✦ 넓게는 불교에 관한 일을 가리킴
✦ 单 dān/chán/shàn(單: 홑 단)

禅杖 chánzhàng 图 스님이 사용하는 지팡이

7-9급

祈

qí

신(ネ) 앞에 두 손을 **도끼(斤)** 날처럼 모으고 비니 빌 **기**

✦ 斤 jīn(도끼 근, 저울 근)

祈祷 qídǎo 图 빌다, 기리다, 기도하다

7-9급

祷

dǎo

신(ネ)에게 **목숨(寿)**을 보호해달라고 비니 빌 **도**

✦ 寿 shòu(壽: 목숨 수, 나이 수, 장수할 수)

6급

宗
zōng

집(宀) 중 조상의 **신**(示)을 모시는 종가니 종가 종
또 종가는 집안에서 으뜸으로 숭상하니 으뜸 종, 숭상할 종

+ 종가(宗家 zōngjiā) – 동족, 본가. 동성을 칭함

宗教 zōngjiào 몧 종교

7-9급

踪
蹤
zōng

발(⻊)이 **종가**(宗)로부터 걸어온(이어온) 자취니 자취 종

[번체] 蹤 – 발(⻊)을 따라(從) 생기는 자취니 '자취 종'
+ ⻊[足 zú(발 족, 넉넉할 족)이 부수로 쓰일 때의 모양], 從(좇을 종, 따를 종:
从 cóng)

跟踪 gēnzōng 뭉 추적하다, 바짝 뒤를 따르다, 미행하다
失踪 shīzōng 뭉 실종되다, 행방불명되다
追踪 zhuīzōng 뭉 추적하다
[이합동사] 失踪은 失(잃다, 못찾다)+踪(흔적, 종적)이 합쳐진 이합 동사로, 목
적어를 취할 수 없음.

7-9급

粽
zòng

쌀(米)로 **종가**(宗)에서 만들어 먹던 각서니 각서 종

+ 각서(角黍 jiǎoshǔ) – 단오절(端午节 Duānwǔ Jié)에 먹는 음식의 하나로,
쫑쯔(粽子 zòngzi)라 불리며, 쌀이나 찹쌀을 대나무 잎이나 갈댓잎 등에 싸
서 만듭니다. 모양이 삼각형과 같으며 옛날에는 끈끈한 기장이 사용되었기
때문에 붙여진 이름입니다.
+ 기장(黍子 shǔzi) – 알갱이가 아주 작으며, 열매는 엷은 누런 빛깔을 띄는
가장 작은 곡물 중 하나
+ 角 jiǎo(뿔 각, 모날 각, 겨룰 각, 배우 각), 黍 shǔ(기장 서)

粽子 zòngzi 몧 쫑쯔[단오절에 먹는 중국 전통 음식]

6급

崇
chóng

산(山)처럼 **종가**(宗)를 높이며 공경하니 높일 숭, 공경할 숭

崇拜 chóngbài 뭉 숭배하다

332

7-9급

pèi

비(氵)가 **시장(市)**의 인파처럼 많이 쏟아져 넘쳐흐르니

비 쏟아질 패, 넘쳐흐를 패

+ 市 shì (시장 시, 시내 시)

充沛 chōngpèi 휑 왕성하다, 넘쳐흐르다

6급

fèi

몸(月)에서 **시장(市)**처럼 바쁜 허파니 허파 폐

+ 허파로 숨을 쉬니 허파는 바쁘지요.

肺 fèi 명 폐, 허파

7~9급

帕

pà

수건(巾)처럼 **하얗게(白)** 두른 머리띠니 머리띠 **파**
또 머리띠처럼 두르는 수건이니 수건 **파**

+ 巾 jīn(수건 건)
手帕 shǒupà 몡 손수건

7~9급

帜
(幟)

zhì

수건(巾)처럼 **하나(只)**씩 만들어 거는 기나 표기니
기 **치**, 표기 **치**
또 기나 표기처럼 무엇의 본보기니 본보기 **치**

[번체] 幟 – 수건(巾) 같은 천에 소리(音) 대신 써서 창(戈)에 달아 알리는 기나 표기니 '기 치, 표기 치'
+ 只 zhī/zhǐ(다만 지, 하나 척, 척 척, 마리 척)
旗帜 qízhì 몡 깃발, 본보기

7~9급

幢

chuáng/zhuàng

수건(巾) 같은 천으로 **아이(童)**처럼 작게 만든 기니
기 **당**(chuáng)
또 기처럼 건물을 세는 단위니 단위 **동**(zhuàng)

+ 童 tóng(아이 동)
幢 zhuàng 양 동, 채[건물을 세는 단위]

[끌TIP] 幢은 일반적으로 집이나 건물을 셀 때 사용하고, 座는 산이나 교량, 탑 등 건물 이외의 축조물을 셀 때 사용합니다.

6급

吊

diào

구멍(口) 난 곳에 **수건(巾)**처럼 매다는 끈이니 매달 **조**, 끈 **조**
또 **입(口)**에 **수건(巾)**을 대고 울며 조문하니 조문할 **조**

吊 diào 통 매달다, 걸다

7-9급

jǐn

锦

금(钅)처럼 귀한 비단(帛)이니 비단 금

+ 帛 bó – 하얀(白) 수건(巾) 같은 비단이니 '비단 백'
  또 비단에 싸 보내는 폐백이니 '폐백 백'
+ 옛날에는 비단이 금처럼 귀하다는 데서 帛 bó(비단 백, 폐백 백)에 钅 jīn
  (金: 쇠 금, 금 금, 돈 금 변)을 붙여 만든 한자
+ 하얀 누에고치에서 뽑은 실로 짠 베가 비단인데 원래 흰색이지요.

锦旗 jǐnqí 몡 페넌트, 우승기

6급

mián

棉

나무(木)에 하얀(白) 수건(巾)처럼 피어난 목화니 목화 면

또 목화로 만든 목화솜이니 **목화솜 면**

棉 mián 몡 면, 목화

7-9급

mián

绵

실(纟)을 뽑아 흰(白) 수건(巾) 같은 천을 짜는 솜이니 솜 면

또 가는 실이 촘촘한 솜처럼 자세하게 이어지니

자세할 면, 이어질 면

海绵 hǎimián 몡 스펀지
连绵 liánmián 동 (산맥·하천·비·눈 등이) 끊임없다, 그치지 않다

7-9급

呐

nà

입(口) 안(内)에서만 맴돈 듯 말 더듬으며 떠드니

말 더듬을 눌, 떠들 납

+ 内 nèi/nà(内: 안 내)

呐喊 nàhǎn 〔동〕 외치다, 고함치다

7-9급

丙

bǐng

하나(一)의 성(冂)에서 사람(人)이 출입하는 문이 있는 남쪽이니

남쪽 병

또 남쪽은 불처럼 밝으니 불 병, 밝을 병, 셋째 천간 병

+ 우리가 사는 북반구에서는 남쪽이 밝으니 출입구도 대부분 남쪽에 있지요.

丙 bǐng 〔명〕 병[丙], (순서·등급에서) 세 번째

7-9급

柄

bǐng

나무(木)로 밝게(丙), 즉 분명히 박은 자루니 자루 병

+ 〔동〕 棟 bǐng – 나무(木)로 잡게(秉) 만든 자루니 '자루 병'
+ 秉 bǐng – 벼(禾)를 손(⺕)으로 잡으니 '잡을 병'

把柄 bǎbǐng 〔명〕 약점, 꼬투리

7-9급

陋

lòu

언덕(阝)이 남쪽(丙)의 햇볕을 가려(ㄴ) 좁고 더러우니

좁을 루, 더러울 루

또 좁게 못생기니 못생길 루

+ 햇볕이 들지 않으면 항상 습기가 있고 더럽지요

简陋 jiǎnlòu 〔형〕 누추하다, 초라하다[↔ 豪华 háohuá 〔형〕 호화롭다, 사치스럽다]

孤陋寡闻 gūlòuguǎwén 〔성〕 학문이 얕고 견문이 좁다. 보고 들은 것이 적다

丑陋 chǒulòu 〔형〕 못생기다, 보기 추하다

7-9급

窝
wō

구멍(穴)을 **비뚤어지게(呙)** 만든 둥지나 보금자리니
둥지 **와**, 보금자리 **와**

＋ 呙 guō – 입(口)이 안(内)으로부터 비뚤어진 모양을 본떠서 '입 비뚤어질 괘,
입 비뚤어질 와'

[번체] 咼 – 입(口)이 비뚤어진 모양을 본떠서 '입 비뚤어질 괘, 입 비뚤어질 와'

窝 wō 명 보금자리, 둥지

꿀TIP 窝는 주로 '草窝 cǎowō(풀숲, 움막)'이나 '蜂窝 fēngwō(벌집, 벌집처럼 구멍이
숭숭 뚫린 모양)'으로 쓰입니다.

7-9급

涡
wō

물(氵)이 **비뚤어지게(呙)** 흐르며 치는 소용돌이니 소용돌이 **와**

＋ 소용돌이 – ① 흐르는 성질의 물질 안에서 팽이처럼 회전하는 부분 ② 사상
이나 감정 등이 서로 뒤엉켜 요란스러운 상태

旋涡 xuánwō 명 소용돌이, 연류된 일이나 분쟁

7-9급

祸
huò

신(礻)에게 **비뚤어지게(呙)** 행동하여 닥치는 재앙이니 재앙 **화**

车祸 chēhuò 명 교통사고

祸害 huòhài 명 화근, 골칫거리

罪魁祸首 zuìkuíhuòshǒu 성 범죄와 악행을 일으킨 주범, 근본 원인

7-9급

dān

성(冂) 안에 불똥(丶) 하나(一)가 붉으니 붉을 단
또 붉게 꽃피는 모란이니 모란 란, 목단 단

+ 모란(牡丹 mǔdān)은 꽃도 좋지만 뿌리는 한약재로 사용되니, 화초명은 '모란', 약초명은 '목단'이라 합니다. 품종에 따라 여러 색으로 피지만 대부분 붉은 꽃이지요.

牡丹 mǔdān 명 모란

7-9급

zhōu

통나무배를 본떠서 배 주

龙舟 lóngzhōu 명 좁고 긴 용 모양의 배[여러 사람이 동시에 펄프를 저어 경향 시합에 사용함]
刻舟求剑 kèzhōuqiújiàn 성 일을 하는 데 융통성이 없고, 현실 변화에 따라 변할 줄 모르는 어리석음
同舟共济 tóngzhōugòngjì 성 어려움 속에서 협력하다

7-9급

bó

배(舟)에 흰(白) 돛을 단 큰 배니 큰 배 박

+ 옛날에 작은 배는 노를 저었고, 큰 배는 돛을 달고 다녔답니다.

船舶 chuánbó 명 선박, 배

6급

jiàn

적의 배(舟)를 보면서(见) 싸울 수 있도록 만든 싸움배니
싸움배 함

번체 艦 – 적의 배(舟)를 감시하며(監) 싸울 수 있도록 만든 싸움배니 '싸움배 함'
+ 監(볼 감, 감독할 감: 監 jiān/jiàn)

军舰 jūnjiàn 명 군함

7-9급

tǐng

배(舟)가 조정(廷)만하게 작은 거룻배니
거룻배 정, 작은 배 정

+ 거룻배(拨船 bōchuán) – 돛을 달지 않은 작은 배
+ 廷 tíng(조정 정, 법정 정) – 제목번호 266 참고

潜艇 qiántǐng 명 잠수함

tóng

금(钅)과 **같은**(同) 색의 구리니 구리 동

✦ 색을 몇 가지로 밖에 구분하지 못하던 옛날에 구리와 금을 같은 색으로 보고 만든 한자
✦ 同 tóng(같을 동)

铜牌 tóngpái 명 동메달

tǒng

대(⺮)와 **같이**(同) 구멍 뚫린 통이니 통 통

筒 tǒng 명 통, 원통
话筒 huàtǒng 명 마이크, 메가폰

chǎng

7~9급

앞을 가리는 **높은(尚)** 것을 **쳐(攵)**버린 듯 시원하고 넓으니

시원할 창, 넓을 창

+ 尚 shàng(尙: 아직 상, 높을 상, 숭상할 상, 풍조 상), 攵 pō(칠 복, = 攴)

敞开 chǎngkāi 동 활짝 열다 분 자유롭게, 마음대로

宽敞 kuānchang 형 넓다, 드넓다[↔ 狭窄 xiázhǎi 형 비좁다, 좁다]

piě/piē

7~9급

손(扌)으로 **해진(敝)** 것을 던지니 던질 폐(piě)

또 던져버린 듯 방치하니 방치할 폐(piē)

+ 번체자에서는 '닦을 별, 문댈 내'로 사용하지만, 여기서는 중국 한자(간체자)의 병음을 따라서 풀었습니다.
+ 敝 bì - 작은(丷) 성(冂)은 조금(小)만 쳐도(攵) 해지고 깨지니 '해질 폐, 깨질 폐'
+ 해지다 - 닳아서 떨어지다.
+ 丷[小 xiǎ(작을 소)의 변형으로 봄]

撇 piě 동 입을 비쭉거리다, (어떤 물건이나 일 등을) 내던지다

bì

7~9급

풀(艹)로 **해진(敝)** 곳을 덮으니 덮을 폐

隐蔽 yǐnbì 동 숨기다, 은폐하다 형 은폐된, 가려진

biē

7~9급

해진(敝) 마음(心)이 되도록 참을 때처럼 답답하니

답답할 폐, 참을 폐

+ 번체자에서는 '악할 별'로 사용하지만, 여기서는 중국 한자(간체자)의 병음을 따라서 풀었습니다.

憋 biē 동 참다, 억제하다 형 답답하다

꿀TIP 憋는 주로 '憋气 biēqì(답답하다, 숨이 막히다)'로 쓰입니다.

340

깨져(敝) 두 손으로 받쳐야(廾) 하는 폐단이니 폐단 폐

+ 폐단(弊端 bìduān) – 제도상 또는 업무상 문제로 인하여 공익을 해치는 일
+ 廾 gǒng(받쳐 들 공), 端 duān(끝 단, 단정할 단, 실마리 단)

作弊 zuòbì 图 법이나 규정을 어기다, 나쁜 짓을 하다

[이합 동사] 作弊는 作(실행하다, 하다)+弊(부정행위)가 합쳐진 이합 동사로, 목적어를 취할 수 없음.

bì

---

346 **佣甩** – 用으로 된 한자
용 솔

사람(亻)을 쓰려고(用) 고용하니 고용할 용

[번체] 傭 – 사람(亻)을 쓰려고(庸) 고용하니 '고용할 용'
+ 用 yòng(쓸 용)

雇佣 gùyōng 图 고용하다

yōng

쓸 용(用)의 가운데 획을 길게 구부려 힘써 버리거나 벗어남을 나타내어 버릴 솔, 벗어날 솔

甩 shuǎi 图 떼어 놓다, 휘두르다

shuǎi

7-9급

涌
湧
yǒng

물(氵)이 샘에서 **솟으니**(甬) 샘솟을 용
또 샘솟듯이 나오니 나올 용

[번체] 湧 – 물(氵)이 샘에서 힘차게(勇) 솟으니 '샘솟을 용'
+ 甬 yǒng – 꽃봉오리가 부풀어 오르는 모양을 본떠서 '솟을 용'
+ 勇 yǒng – 솟는(甬) 힘(力)이 넘쳐 날래니 '날랠 용'

涌 yǒng 图 물이 솟아나다, 구름이 피어오르다
涌入 yǒngrù 图 쏟아져 들어오다, 몰려들다
涌现 yǒngxiàn 图 대량으로 나타나다, 한꺼번에 나타나다
汹涌 xiōngyǒng 图 (물이) 세차게 일어나다, 용솟음치다

7-9급

踊
踴
yǒng

발(𧾷)을 높이 **솟게**(甬) 뛰니 뛸 용

+ 𧾷[足 zú(발 족, 넉넉할 족)이 부수로 쓰일 때의 모양]
踊跃 yǒngyuè 阄 열렬하다, 활기차다

7-9급

诵
誦
sòng

말(讠)이 저절로 **솟아**(甬) 나오도록 읽고 외우니
읽을 송, 외울 송

背诵 bèisòng 图 (시문·글 등을) 외우다, 암송하다
朗诵 lǎngsòng 图 (시나 산문 등을) 낭독하다

7-9급

桶
tǒng

나무(木)를 둘레가 **솟은**(甬) 모양으로 가운데를 파서 만든 통이니
통 통

桶 tǒng 图 (물건이나 음식을 담는 원형의) 통 图 통
马桶 mǎtǒng 图 변기, 변기통

꿀TIP 桶은 용기 자체가 상대적으로 크기 때문에 양이 많거나 큰 물건을 담는 용기나 배럴(barrel)을 셀 때 사용합니다. 배럴은 국제 원유 수량 단위로, 일반적으로 석유수출국기구(OPEC)와 영국·미국 등 서양 국가의 원유 수량 단위인 배럴(bbl)로 표시하지만, 중국·러시아 등은 t(t)를 원유 수량 단위로 사용합니다.

7-9급

tǒng

손(扌)가락처럼 **뾰족한(甬)** 막대기나 칼, 창 등으로 찌르니 **찌를 창**

또 찔러 파헤치거나 일을 저지르니 **파헤칠 창, 저지를 창**

捅 tǒng 통 건드리다. (손·막대기 등으로) 쿡쿡 찌르다, 드러나다

348 >> 搏膊缚 – 尃로 된 한자
　　　 박　박　박

7-9급

bó

손(扌)을 **펴(尃)** 치니 **칠 박**

+ 尃 fū – 널리(甫) 마디마디(寸) 펴 두루 알리니 '펼 부, 두루 알릴 부'
+ 甫 fǔ – 많이(十) 쓰이도록(用) 점(丶)까지 찍어가며 만들어 크고 넓으니
　　　　'클 보, 넓을 보'
+ 寸 cùn(마디 촌, 법도 촌)

搏斗 bódòu 동 (맨손·칼·몽둥이 등을 들고) 싸우다, 격투하다

脉搏 màibó 명 맥박

拼搏 pīnbó 동 전력을 다해 분투하다, 끝까지 싸우다

7-9급

bó

몸(月)에서 잘 **펴(尃)**지는 팔뚝이니 **팔뚝 박**

胳膊 gēbo 명 팔

7-9급

fù

실(糹)을 길게 **펴(尃)** 묶으니 **묶을 박**

束缚 shùfù 동 속박하다, 구속하다[↔ 解放 jiěfàng 동 해방하다, 속박에서 벗어나다]

6급

bǔ

손(扌)을 **크게(甫)** 벌려 잡으니 **잡을 포**

+ 甫 fǔ(클 보, 넓을 보)
捕 bǔ 〔동〕 잡다, 체포하다
逮捕 dàibǔ 〔동〕 체포하다

7-9급

pǔ

물(氵)이 **넓게(甫)** 퍼진 물가니 **물가 포**

+ 옛날 배는 작아서 물이 넓게 퍼져 얕은 곳에 댔지요.

6급

鋪

pū/pù

쇠(钅)를 **넓게(甫)** 펴니 **펼 포**(pū)
또 **쇠(钅)를 넓게(甫)** 펴서 만든 침상이나 가게니
침상 포, 가게 포(pù)

铺 pū 〔동〕 (물건을) 깔다, 펴다
卧铺 wòpù 〔명〕 (기차나 장거리 버스의) 침대

7-9급

bǔ

입(口)에 **크게(甫)** 먹여 기르니 **먹일 포, 기를 포**

哺育 bǔyù 〔동〕 먹여 기르다, 양육하다

7-9급

fū

크게(甫) 어떤 **방향(方)**으로 **쳐서(攵)** 펴고 베푸니
펼 부, 베풀 부
또 펴서 바르거나 칠하니 **바를 부, 칠할 부**

敷 fū 〔동〕 바르다, 칠하다

7-9급

贾

贾

gǔ

덮어(覀) 쌓아놓고 재물(贝)을 파는 장사니 장사 고

+ 贾는 옛날에 집을 임대하여 가게를 차려 파는 좌상(坐商 zuòshāng)을 가리 켰습니다.
+ 覀 yà[襾 yà(덮을 아)의 변형], 坐 zuò(앉을 좌), 商 shāng(장사할 상, 협의 할 상)

商贾 shānggǔ 몡 상인, 장사꾼

7-9급

潭

tán

물(氵)이 깊은(覃) 못이니 못 담

+ 覃 tán – 덮여(覀) 일찍(早)부터 생겨 깊고 넓게 미치니 '깊을 담, 넓을 담, 미칠 담'
+ 못 – 물이 괸 깊은 곳
+ 早 zǎo(일찍 조)

泥潭 nítán 몡 진흙탕

7-9급

醞

yùn

술(酉)을 **구름**(云)처럼 거품이 일게 발효시켜 빚으니 빚을 **온**

또 술을 빚어 미리 준비하니 준비할 **온**

+ 酉 yǒu(술 그릇 유, 술 유, 닭 유, 열째 지지 유), 云 yún(말할 운, 雲: 구름 운)

酝酿 yùnniàng 동 미리 준비하다, 술을 빚다

꿀TIP 酝酿은 '술을 빚다'라는 의미가 있지만, '미리 준비하다'라는 뜻으로 더 자주 사용됩니다.

chún

술(酉)의 참맛을 **누릴**(享) 수 있는 물 타지 않은 진한 술이니

진한 술 **순**

또 진한 술처럼 다른 것이 섞이지 않아 순수하니 순수할 **순**

+ 옛날에는 술을 집에서 담아 마셨는데, 술이 익으면 걸러서 도수를 맞추기 위하여 적당히 물을 탔지요. 醇은 물을 타지 않은 원액 그대로의 술, 즉 다른 것이 전혀 섞이지 않은 술을 말합니다.

+ 享 xiǎng(누릴 향)

醇厚 chúnhòu 형 (냄새·맛 등의) 풍미가 깊다

6급

酷

kù

술(酉)까지 대접하며 **뵙고 청해도**(告) 안될 정도로 심하고 독하니

심할 **혹**, 독할 **혹**

또 **술**(酉)도 대접하고 속마음도 **알릴**(告) 정도로 쿨하고 멋있으니

쿨할 **혹**, 멋있을 **혹**

+ 번체자에는 '쿨할 혹, 멋있을 혹'의 훈음은 없으며, 중국 한자(간체자)에만 사용되는 인터넷 신조어입니다.

+ 告 gào(알릴 고, 뵙고 청할 곡)

残酷 cánkù 형 잔인하다[↔ 仁慈 réncí 형 인자하다]

酷 kù 형 멋지다, 쿨하다, 훌륭하다 부 매우, 심히

꿀TIP 残酷는 사람·동물·사건·상황을 모두 형용할 수 있지만, 残忍 cánrěn(잔인하다, 악랄하다)은 사람이나 동물에게만 형용할 수 있습니다.

7-9급

niàng

술(酉)이 좋게(良) 되도록 빚으니 술 빚을 양

[번체] 釀 – 술(酉)이 되도록 도와(襄) 빚으니 '술 빚을 양'
✦ 襄 xiāng – (드러나지 않게) 옷(衣) 속에 입들을(口口) 가리고 우물틀(井)처럼
　　　　얽혀 한(一)결같이 도우니 '도울 양'

釀造 niàngzào [통] (술·식초·간장 등을) 양조하다, 빚어내다

7-9급

zhuó

술(酉)을 작은 그릇(勺)에 따르니 술 따를 작
또 술 따를 때는 상대의 술 실력을 참작하니 참작할 작

✦ 勺 sháo – 싸(勹) 한 점(丶)의 물이나 담을 수 있는 구기나 작은 그릇이니
　　　　'구기 작, 작은 그릇 작'
✦ 勹 bāo(쌀 포) 안에 '丶 zhǔ(점 주, 불똥 주)'를 찍기도 하고 '一 yī(한 일)'을
　넣기도 합니다.

酌情 zhuóqíng [통] (사정·조건 등을) 참작하다, 감안하다

6급

jiàng

장차(爿) 술(酉)처럼 발효되도록 만든 간장이나 젓갈이니
간장 장, 젓갈 장

✦ 爿[將 jiàng/jiāng(將: 장수 장, 장차 장, 청할 장)의 획 줄임]

酱 jiàng [명] 양념장, 조미료, 소스
酱油 jiàngyóu [명] 간장
果酱 guǒjiàng [명] 과일잼

xī

이십(卄) 일(一) 일(日)이나 지난 오래된 옛날이니

오랠 석, 옛 석

+ 卄 niàn[= 卄 niàn(스물 입)]

昔日 xīrì 몡 옛날, 지난날

xī/là

고기(月)를 오래(昔)동안 말려서 만든 포니 포 석(xī)

또 포 같은 음식을 놓고 지내는 섣달의 납이니

섣달 랍, 납 랍(là)

또 희랍도 나타내어 희랍 랍(là)

+ 포(脯 fǔ) – 얇게 저미어서 양념을 하여 말린 고기
+ 납(腊 là) – 옛날에는 음력 12월에 신들을 합제하는 것을 납이라고 불렀기 때문에 음력 12월을 腊月(làyuè)라고 불려짐
+ 희랍(希腊 xīlà) – 그리스

腊月 làyuè 몡 음력 섣달[음력 12월]

là

벌레(虫) 중 벌이 오랫동안(昔) 분비하여 만드는 밀랍이니

밀랍 랍

또 밀랍으로 만든 초나 왁스니 초 랍, 왁스 랍

[번체] 蠟 – 벌레(虫) 중 벌이 털 난 짐승(鼠)처럼 만들어 놓은 밀랍이니 '밀랍 랍' 또 밀랍으로 만든 초니 '초 랍'
+ 鼠 liè – 내(巛)처럼 흘러내린 목(巤) 갈기에 털이 난(毛) 짐승이니 '목 갈기 렵, 털 난 짐승 렵'
+ 밀랍(蜜蜡 mìlà) – 벌집을 만들기 위하여 꿀벌이 분비하는 물질
+ 巛 chuān(개미허리 천), 蜜 mì(꿀 밀)

蜡 là 몡 왁스, 방수제

蜡烛 làzhú 몡 양초, 초

7-9급

liè

개(犭)로 **옛**(昔)날부터 사냥했으니 사냥할 렵

[번체] 獵 – 개(犭)가 짐승의 목 갈기(巤)를 물며 사냥하니 '사냥할 렵'

猎犬 lièquǎn 몡 사냥개

猎人 lièrén 몡 사냥꾼

打猎 dǎliè 동 사냥하다, 수렵하다

[이합동사] 打猎는 打(잡다, 하다)+猎(사냥)이 합쳐진 이합 동사로, 목적어를 취할 수 없음.

6급

cù

(발효시켜 만든) **술**(酉)을 더 **오래**(昔) 발효시켜 만드는 식초니 식초 초

또 식초처럼 신물이 나게 질투하니 질투할 초

醋 cù 몡 식초

7-9급

méi

나무(木)로 **치며**(攵) 세는 낱낱이니 낱 **매**

枚 méi 양 개, 매, 장[작은 조각으로 된 물건을 세는 단위]

7-9급

méi

옥(王)을 **쳐**(攵) 만든 듯 가공한 붉은 빛이 나는 매괴니
매괴 **매**

玫瑰 méigui 명 장미

7-9급

dūn

행복을 **누리도록**(享) **치면서**(攵) 가르치는 부모의 마음이
도타우니 도타울 **돈**

✚ 도탑다 - 서로의 관계에 사랑이나 인정이 많고 깊다.
✚ 享 xiǎng(누릴 향)

敦促 dūncù 통 간곡히 재촉하다, 촉구하다
敦厚 dūnhòu 형 성격이 온화하고 인정이 두텁다

7-9급

huī

작은(微) 부분까지 **실**(糸)로 꾸며 아름다우니 아름다울 **휘**
또 아름답게 만든 표기니 표기 **휘**

✚ 표기(标帜 biāozhì) - 목표물로 세운 기
✚ 微[微 wēi(작을 미)의 획 줄임], 标 biāo(標: 표시할 표, 표 표), 帜 zhì(幟: 기 치, 표기 치)

国徽 guóhuī 명 국장[국가가 공식적으로 규정한 본국을 대표하는 마크]

7-9급

纹 紋

wén

실(纟)로 글(文)처럼 수놓은 무늬니 무늬 문

+ 文 wén(글 문, 문명 문, 문화 문)
花纹 huāwén 뗑 다양한 무늬와 도안

7-9급

蚊 蟁

wén

벌레(虫) 중 글(文) 읽는 소리를 내며 우는 모기니 모기 문

蚊子 wénzi 뗑 모기
蚊帐 wénzhàng 뗑 모기장

7-9급

坟 墳

fén

흙(土)에 비문(文)을 쓴 비석을 세운 무덤이니 무덤 분

[번체] 墳 – 흙(土)으로 크게(賁) 쌓아 올린 무덤이니 '무덤 분'
+ 賁 bì/bēn – 풀(卉)을 조개(貝)처럼 불룩하도록 크게 꾸미니 '클 분, 꾸밀 비'
+ 卉 huì(풀 훼, 많을 훼), 貝(조개 패, 재물 패, 돈 패: 贝 bèi)

坟 fén 뗑 (흙을 쌓아 올린) 묘
坟墓 fénmù 뗑 무덤

7-9급

斑

bān

구슬(王)과 구슬(王) 사이에 있는 글(文) 같은 얼룩이니
얼룩 반

+ 王 wáng/wàng(임금 왕, 으뜸 왕, 구슬 옥 변)
斑点 bāndiǎn 뗑 얼룩점, 반점

7–9급
刘
劉
Liú

문(文)과 무(刂)를 겸비한 집안의 성씨니 성씨 류

✚ 刘는 한나라 황제의 성씨로, 중국에서 가장 많이 있는 10대 성씨 중 하나에 속합니다. 가장 최근 중국 인구조사실 통계 백가성(百家姓 Bǎijiāxìng)에 따르면, 많이 사용하는 성씨들은 王 Wáng(왕), 李 Lǐ(이), 张 Zhāng(장), 刘 Liú(류), 陈 Chén(진) 씨로 중국 호적인구의 30%를 차지합니다. 그래서 중국 길거리에서 '李先生(Lǐ xiānshēng)'이라고 부르면 주변에 있던 사람들이 전부 돌아본다는 속설이 있을 정도입니다.

🍯 TIP 백가성(百家姓 Bǎijiāxìng)은 중국의 전통 교육 과정에서 아이들에게 한자를 가르치기 위한 학습서 중 하나입니다. 백가성은 중국 성씨에 관한 책으로, 기존에 있던 성은 411개였으나, 나중에는 504개까지 많아졌습니다. 백가성에 기록되어 있는 중국 성씨의 순서는 각 성씨의 수대로 정렬한 것이 아니라, 읽기 편하고 기억하기 쉬운 순서로 정렬되어 있습니다. 백가성은 삼자경(三字经 Sānzìjīng), 천자문(千字文 Qiānzìwén)과 함께 삼백천(三百千 sānbǎiqiān)이라고 불립니다.

7–9급
浏
瀏
liú

물(氵)이 글(文)을 쓰거나 칼(刂)로 베어내고 싶을 정도로 맑고 빠르니 물 맑을 류, 빠를 류

浏览 liúlǎn 동 (인터넷 사이트를) 대충 훑어보다, 대강 둘러보다
浏览器 liúlǎnqì 명 웹 브라우저

7–9급
虔
qián

무서운 범(虍)의 무늬(文)라도 본 것처럼 공경하니 공경할 건

虔诚 qiánchéng 형 (종교·신앙에) 경건하고 정성스럽다, 독실하다

7–9급
紊
wěn

글(文)을 헝클어진 실(糸)처럼 써 놓아 어지러우니 어지러울 문

紊乱 wěnluàn 형 무질서하다, 문란하다, 난잡하다

7-9급

绞
_絞

jiǎo

실(纟) 가닥이 오고 **가게(交)** 가까이 대고 비틀거나 꼬니
비틀 교, 꼴 교
또 **실(纟)**과 **사귀듯이(交)** 가까이 대고 목매니 목맬 교

＋ 纟 sī(糸: 실 사, 실 사 변), 交 jiāo(사귈 교, 오고 갈 교)

绞 jiǎo 屬 비틀다, 뒤엉키다, 얽히다

7-9급

狡

jiǎo

개(犭) 같은 짐승이나 **사귐(交)** 듯 교활하니 교활할 교

狡猾 jiǎohuá 圈 교활하다, 간사하다

7-9급

跤

jiǎo

발(足)이 **오고 가듯(交)** 엇갈려 곤두박질치니 곤두박질 교
또 곤두박질치듯 부리는 공중제비니 공중제비 교

＋ 곤두박질(摔跟头 shuāigēntou) – ① 넘어지거나 걸려 넘어짐 ② 사업이 순
  조롭지 않고 항상 벽에 부딪히고 실패하는 것을 비유함
＋ 공중제비(倒栽葱 dàozāicōng) – ① 두 손을 땅에 짚고 두 다리를 공중으로
  쳐들어서 반대 방향으로 넘는 재주 ② 실패하거나 좌절하는 것을 비유함

摔跤 shuāijiāo 圈 넘어지다, 자빠지다 圈 씨름, 레슬링

[이합 동사] 摔跤는 摔(넘어지다)+跤(곤두박질)이 합쳐진 이합 동사로, 목적어를
  취할 수 없음.

7-9급

哼

hēng

입(口)으로 일이 **형통함**(亨)을 기뻐하며 흥얼거리니

흥얼거릴 형

또 흥얼거리듯 소리 내며 신음하니 신음할 형

+ 亨 hēng – 높은(亠) 학문을 마치면(了) 만사형통하니 '형통할 형'
+ 형통(亨通 hēngtōng)하다 – 순조롭다.
+ 亠[高 gāo(높을 고)의 획 줄임], 了 liǎo/le(마칠 료, 밝을 료, 어조사 료)

哼 hēng 의 흥, 힝 동 흥얼거리다, 콧소리를 내다

7-9급

烹

pēng

먹기 **좋도록**(亨) 불(灬)에 삶으니 삶을 팽

烹调 pēngtiáo 동 요리하다

7-9급

郭

guō

행복을 **누리도록**(享) 고을(阝)마다 쌓은 성곽이니

성곽 곽, 성씨 곽

+ 성곽(城郭 chéngguō) – 성벽(성벽은 내성의 벽을 의미하고, 곽은 외성의 벽을 의미함), 일반적으로 도시를 의미함
+ 享 xiǎng(누릴 향), 阝 fǔ(고을 읍 방)

7-9급

廓

kuò

집(广) 둘레를 **성곽**(郭)처럼 쌓아 둘레가 크니 둘레 곽, 클 확

+ 广 ān/guǎng(집 엄, 넓을 광, 廣 : 많을 광)

轮廓 lúnkuò 명 윤곽, 테두리

6급

亡

wáng

머리(亠)를 감추어야(乚) 할 정도로 망하여 달아나니

망할 **망**, 달아날 **망**

또 망하여 죽으니 죽을 **망**

+ 亠 tóu(머리 부분 두), 乚 háo/yǐ[乙 yǐ(새 을, 둘째 천간 을, 둘째 을, 굽을 을)이 부수로 쓰일 때의 모양이지만, 여기서는 匸 xì(감출 혜, 덮을 혜)의 변형으로 봄]]

死亡 sǐwáng 통 죽다, 사망하다[↔ 出生 chūshēng 통 출생하다/生存 shēngcún 통 생존하다]

伤亡 shāngwáng 명 사상자[부상자와 사망자]

7-9급

氓

máng

죽도록(亡) 힘들게 일하는 **백성(民)**이나 서민이니

백성 **맹**, 서민 **맹**

+ 옛날 중국에서는 백성을 氓 méng이라 불렀습니다.

流氓 liúmáng 명 건달, 불량배

7-9급

芒

máng

풀(艹)이 **망가져서(亡)** 된 까끄라기니 까끄라기 **망**

+ 까끄라기(刺芒 cìmáng) - 보리나 밀의 껍질에 있는 긴 바늘 모양의 깔끄러운 수염

光芒 guāngmáng 명 빛, 빛살

7-9급

茫

máng

풀(艹)까지 **물(氵)**에 **없어져(亡)** 망망하고 아득하니

망망할 **망**, 아득할 **망**

+ 망망(茫茫 mángmáng)하다 - 끝이 보이지 않을 정도로 아득하다.

茫然 mángrán 형 막연하다, 망연하다 부 (전혀 모르거나 어찌할 바를 모르는 모습으로) 멍하니

꿀TIP 茫茫은 迷迷 mímí(모호하다, 흐릿하다)와 함께 형용사 중첩을 사용하여 '迷迷茫茫 mímí mángmáng(망망하다. 아득하다, 흐릿하다)'로도 표현됩니다.

wàng

그릇된 생각이나 행동으로 정신이 **망한(亡) 여자(女)**처럼 망령되니 망령될 **망**

+ 망령(糊涂 hútu)되다 - 늙거나 정신이 흐려서 말이나 행동이 정상을 벗어 난 데가 있다.
+ 灵 líng(靈: 신령 령, 신령스러울 령)

妄想 wàngxiǎng 图 허황된 생각을 하다, 망상하다 图 명상, 공상

360 》 **裂裔** – 衣로 된 한자1
　　　　렬 예

---

liè

벌여진(列) **옷(衣)**처럼 찢어지고 터지니 찢어질 **렬**, 터질 **렬**

+ 衣 yī/yì(옷 의)

裂 liè 图 갈라지다, 찢어지다, 금이 가다

分裂 fēnliè 图 분열하다, 분열시키다[↔ 团结 tuánjié 图 단결하다, 결속하 다 图 화목하다, 사이가 좋다/ 联合 liánhé 图 연합하다, 단결하다 图 연합의, 공동의/ 统一 tǒngyī 图 통일하다 图 일치된, 전체적인, 통일적인]

yì

옷(衣)에서 **성(冂)**처럼 **사람(八)**을 **둘러싼(口)** 옷자락의 가장자리니 옷자락 **예**, 가장자리 **예**
또 옷자락처럼 이어지는 후손이니 후손 **예**

+ 冂 jiōng(멀 경, 성 경), 八 bā('여덟 팔, 나눌 팔'이지만, 여기서는 儿 ér (접미사 아, 사람 인 발, 兒: 아이 아)의 변형으로 봄], 口 kǒu('입 구, 말할 구, 구멍 구'지만 여기서는 둘러싼 모양으로 봄)

后裔 hòuyì 图 후손, 후예

华裔 huáyì 图 외국에서 태어나 그 나라의 국적을 취득한 화교의 자녀, 화교

7-9급

哀
āi

옷(衣)으로 **입**(口)을 가리고 울 정도로 슬프니 슬플 애

哀求 āiqiú 통 애걸복걸하다, 애원하다

悲哀 bēi'āi 형 슬프다, 비통해하다

喜怒哀乐 xǐnùāilè 성 기쁨과 분노와 슬픔과 즐거움, 사람 마음 속의 다양한
감정을 말함

7-9급

衰
shuāi/cuī

슬픈(哀) 일에 **한**(一) 번 빠지면 기운이 쇠하니 쇠할 **쇠**(shuāi)
또 쇠하여 줄어드니 줄어들 **쇠**(cuī)

衰减 shuāijiǎn 통 약해지다, 감퇴하다, 떨어지다

衰老 shuāilǎo 형 노화하다, 노쇠하다

衰弱 shuāiruò 통 (신체가) 쇠약하다, (세력이) 쇠약해지다

衰退 shuāituì 통 (경제·정치 등이) 쇠퇴하다, (정신·의지 등이) 쇠약해지다

7-9급

衷
zhōng

옷(衣) 가운데(中), 즉 속마음으로 정성을 다하니
속마음 충, 정성 충

衷心 zhōngxīn 형 진심의, 충성의

初衷 chūzhōng 명 맨 처음에 먹은 생각, 최초의 소망

热衷 rèzhōng 통 열중하다, 몰두하다

由衷 yóuzhōng 통 마음속에서 우러나오다

> **꿀TIP** 热衷은 개사 '对于 duìyú'를 사용하여, '对于 A 热衷 duìyú A rèzhōng(A에
> 대해 열중하다)' 형태로 쓸 수 있습니다.

7-9급

袁
Yuán

한(一) 벌씩 **옷**(衣)을 **식구**(口) 수대로 챙기니
옷 챙길 원, 성씨 원

+ 중국어에서 袁은 세가지의 뜻으로 쓰입니다. 첫 번째는 이름의 성씨로 사용
하며, 두 번째는 袁州(Yuánzhō)처럼 지명으로 사용되며, 세 번째는 '긴 옷의
모양'이라는 뜻인 형용사로 사용합니다.

+ 口 kǒu('입 구, 말할 구, 구멍 구'지만 여기서는 식구로 봄)

7~9급

囊

náng

옷(衣) 가운데(中) 덮인(冖) 듯 보이지 않게 **구멍(口)**과 **구멍(口)**을
우물틀(井)처럼 **하나(一)**씩 박아 만든 주머니나 캡슐이니
주머니 낭, 캡슐 낭
또 주머니처럼 만든 자루니 자루 낭

胶囊 jiāonáng 몡 캡슐, 알약

---

362 》 **裸袱** – 衤로 된 한자
　　　　라　복

7~9급

裸

luǒ

옷(衤) 벗은 **결과(果)** 드러나는 벌거숭이니 벌거숭이 **라**

＋ 衤 yī(옷 의 변), 果 guǒ(과실 과, 결과 과)
裸 luǒ 동 발가벗다, 드러내다
裸露 luǒlù 동 노출하다

7~9급

袱

fú

옷(衤)감을 **엎드리듯(伏)** 넓게 펴서 사용하는 보나 보자기니
보 복, 보자기 복

＋ 伏 fú(엎드릴 복)
包袱 bāofu 몡 짐, (보자기로 싼) 보따리, 부담

358

7-9급

rǎng/rāng

입(口)으로라도 **도우려고(襄)** 외치니 외칠 **양**(rǎng)
또 외치듯 소리 내며 떠드니 떠들 **양**(rāng)

+ 襄 xiāng – (드러나지 않게) 옷(衣) 속에 입들(口口)을 가리고 우물틀(井)처럼
　　　　　얽혀 한(一)결같이 도우니 '도울 양'

嚷 rǎng 동 고함치다, 큰 소리로 부르다

7-9급

rǎng

흙(土) 중 농사에 **도움(襄)**을 주는 고운 흙으로 된 땅이니
고운 흙 **양**, 땅 **양**

土壤 tǔrǎng 명 토양, 흙

7-9급

鑲

xiāng

쇠(钅)로 만든 연장에 **도우려고(襄)** 자루를 끼워 넣으니
끼워 넣을 **양**

鑲 xiāng 동 끼워 넣다, 가장자리를 둘러싸다
鑲嵌 xiāngqiàn 동 박아 넣다, 끼워 넣다

7-9급

rǎng

손(扌)으로만 **돕는(襄)** 척하며 어지럽게 물리치고 빼앗으니
어지러울 **양**, 물리칠 **양**, 빼앗을 **양**

熙熙攘攘 xīxīrǎngrǎng 성 사람의 왕래가 시끌벅적하다, 북적북적하다

6급

盛

shèng

이루어진(成) 음식을 그릇(皿)에 많이 차려 성하니 성할 성

+ 성하다 – 한창 왕성하다.
+ 成 chéng(이룰 성), 皿 mǐn(그릇 명)

盛行 shèngxíng 图 성행하다, 널리 유행하다

昌盛 chāngshèng 图 번창하다, 흥성하다

盛气凌人 shèngqìlíngrén 图 아주 거만하다, 교만한 기세로 남을 업신여긴다

7–9급

盈

yíng

비워도 곧(乃) 또(又) 그릇(皿)에 차니 찰 영

+ 乃 nǎi(이에 내, 곧 내), 又 yòu(오른손 우, 또 우)

盈利 yínglì 图 (기업의) 이윤, 이익

6급

盗

dào

차례(次)로 그릇(皿)에 있는 것을 훔치니 훔칠 도

[번체] 盜 – 침(氵) 흘리며 하품(欠)하듯 입 벌리고 그릇(皿)의 음식을 훔치니
　　'훔칠 도'

+ 次 cì(다음 차, 차례 차, 번 차), 氵 shuǐ('삼 수 변'이지만 여기서는 침으로 봄)

盗版 dàobǎn 图 무단 복제판을 내다 图 불법 복제판, 해적판

强盗 qiángdào 图 강도

[이합동사] 盗版은 盗(훔치다)+版(인쇄용의 판, 신문의 지면)이 합쳐진 이합 동
　　　　　사로, 목적어를 취할 수 없음.

7–9급

盏

zhǎn

많이 쌓아(戋) 놓고 쓰는 그릇(皿) 같은 잔이니 잔 잔

+ 戋 jiān(戔: 쌓을 전, 해칠 잔) – 제목번호 431 '残 cán' 참고

盏 zhǎn 양 등불(램프)을 세는 단위 图 작은 컵

360

7-9급

溢

溢

yì

물(氵)을 **더하여**(益) 넘치니 넘칠 **일**

또 넘쳐서 지나치니 지나칠 **일**

+ 益 yì – 이쪽저쪽(ヽ丿)으로 한(一)번 더 나누어(八) 그릇(皿)에 더하면 유익
　　　하니 '더할 익, 유익할 익'
[번체] 益 – 나누고(八) 한(一)번 더 나누어(八) 그릇(皿)에 더하면 유익하니
　　　'더할 익, 유익할 익'

溢 yì [동] 넘쳐 흐르다, 넘치다, 과분하다

洋溢 yángyì [동] (감정·분위기 등이) 충만하다, 가득 넘쳐 흐르다

7-9급

隘

隘

ài

언덕(阝)이 **더해진**(益) 듯 좁으니 좁을 **애**

狹隘 xiá'ài [형] 너그럽지 못하다, 편협하다

7-9급

mèng

자식(子) 중 **그릇(皿)**에 처음으로 목욕시키며 기르는 맏이니

맏 **맹**

또 공자 제자 중 맏이인 맹자니 맹자 **맹**

✛ 맹자(孟子 Mèngzǐ) – 기원전 372년 ~ 289년 추(邹 Zōu)나라[지금의 산둥(山東 Shāndōng) 쩌우청(邹城 Zōuchéng)] 사람으로, 춘추 전국 시대의 철학가이자 사상가입니다. 교육자로는 공자(孔子 Kǒng zǐ) 이후 순자(荀子 Xúnzǐ) 이전의 유가학파를 대표하는 인물로 공자와 함께 '공맹(孔孟 kǒngmèng)'이라고 불립니다.

✛ 맏이 – 여러 형제자매 가운데서 제일 손위인 사람

6급

měng

개(犭)를 고를 때 **첫째(孟)**로 꼽는 날램과 사나움이니

날랠 **맹**, 사나울 **맹**

또 날래게 갑자기 달려드니 갑자기 **맹**

猛 měng 團 홀연히, 갑자기 圈 맹렬하다, 용감하다, 세차다

7–9급

yùn

풀(艹)에서 **실**(糸)을 뽑아 **날**(日)마다 **그릇**(皿)에 쌓으니 쌓을 온
또 쌓아서 품고 간직하니 **품은 온, 간직할 온**

[번체] 蘊 – 풀(艹)에서 실(糸)을 뽑아, 쓰지 않고 죄수(囚)처럼 그릇(皿)에 쌓
으니 '쌓을 온'
또 쌓아서 품고 간직하니 '품은 온, 간직할 온'

蘊藏 yùncáng [동] 매장되다, 묻히다
蘊涵 yùnhán [동] 포함하다, 내포하다
底蘊 dǐyùn [명] 상세한 내용, 속사정

7–9급

wēn

병(疒) 중 **해**(日)가 **그릇**(皿)에 있는 듯 열나면서 전염되는
역병이니 **역병 온**

+ 역병(瘟疫 wēnyì) – 천연두, 콜레라 등과 같은 전염성이 강한 전염병

瘟疫 wēnyì [명] 급성 전염병, 유행병

7–9급

xù

마음(忄)으로 **피**(血)를 본 듯 불쌍히 여기니 **불쌍히 여길 휼**

+ 血 xuè(피 혈)

抚恤 fǔxù [동] (국가 또는 단체) 공무상 장애를 입은 사람, 공무상 희생자 및
병사한 사람의 가족에게 위로하고 물질로 돕다

6급

jiān

칼(刂)로 대(𥫗)를 잘라 **그릇**(皿) 만드는 것을 보며 감독하니
볼 감, 감독할 감

[번체] 監 - (거울이 없던 옛날에는) 엎드려(臥) 물(一)있는 그릇(皿)에 비추어
　　　　보았으니 '볼 감'
　　　　또 보면서 감독하니 '감독할 감'

+ 刂[刂 dāo(칼 도 방)의 변형으로 봄], 𥫗[竹 zhú(대 죽)의 획 줄임], 臥[臥
　wò(누울 와, 엎드릴 와)의 변형으로 봄], 一 yī('한 일'이지만 여기서는 평평
　한 물모양으로 봄)

監測 jiāncè 명 (측량 기구 등을) 측정, 모니터링

監督 jiāndū 명 감독 통 감독하다

总监 zǒngjiān 명 (기업의 직함에서) 전무, 본부장, 이사, 총괄자

7-9급

kǎn

나무(木)로 막아, **보면서**(監) 조심히 가도록 만든 난간이니
난간 함
또 **나무**(木)로 가두어 두고 **보며**(監) 기르는 우리니 우리 함

+ 난간(栏杆 lángān) - 층계, 다리, 마루 등의 가장자리에 일정한 높이로 막아
　세우는 것으로 일부는 울타리 같음.
+ 우리(圈舍 juànshè) - 가축이나 동물을 기르는 헛간
+ 圈 quān/juàn/juān(圈: 둘레 권, 우리 권, 가둘 권), 舍 shè/shě(집 사, 捨:
　버릴 사)

门槛 ménkǎn 명 문지방, 문턱

7-9급

làn

물(氵)이 밖으로 **보이게**(監) 넘치니 넘칠 람

滥用 lànyòng 통 흥청망청 쓰다, 무분별하게 사용하다

泛滥 fànlàn 통 (물이) 범람하다, (나쁜 것이) 유행하다

7-9급

gān

절름발이(尢)처럼 **보이게**(監) 절뚝거리고 어긋나니
절뚝거릴 감, 어긋날 감

+ 尢 wāng/yóu(굽을 왕, 절름발이 왕)

尴尬 gāngà 형 (입장이) 곤란하다, 난처하다

칼(刂)로 **대(𠂊)**를 잘라 쇠를 끼워서 만든 거울이니 거울 감

또 거울을 보듯 살피니 살필 감

[번체] 鑒 – 쇠(金)를 갈아 잘 보이도록(監) 만든 거울이니 '거울 감'
또 거울을 보듯 살피니 '살필 감'

鉴定 jiàndìng 통 감정하다, 평가하다 명 평가서

借鉴 jièjiàn 통 참고로 하다, 본보기로 삼다

jiàn

---

369 缸 谣遥 – 缸과 㐭로 된 한자
　　　항　요 요

(배가 불룩한) **장군(缶)**처럼 **만든(工)** 항아리니 항아리 항

+ 장군(缶 fǒu) – 물이나 술, 오줌 같은 액체를 담아서 옮길 때에 쓰는 그릇으로, 달걀을 눕혀 놓은 모양임
+ 항아리 – 아래위가 좁고 배가 부른 질그릇
+ 缶 fǒu(장군 부, 질그릇 부)

缸 gāng 명 항아리, 독

gāng

말(讠)하듯 **손(⺧)**으로 **장군(缶)** 같은 그릇을 두드리며 부르는 노래니 노래 요

또 노래처럼 떠도는 헛소문이니 헛소문 요

[번체] 謠 – 말(言)하듯 고기(⺼)를 장군(缶) 같은 불판에 올리며 부르는 노래니 '노래 요'

+ ⺧ zhǎo/zhuǎ('손톱 조, 발톱 조, 발 조'지만 여기서는 손으로 봄)

谣言 yáoyán 명 유언비어, 헛소문

yáo

손(⺧)으로 음식을 **장군(缶)**에 담아 **가야(辶)** 할 정도로 머니 멀 요

[번체] 遙 – 고기(⺼) 같은 음식을 장군(缶)에 담아 가야(辶) 할 정도로 머니 '멀 요'

遥控 yáokòng 통 (기계 등을) 원격 조종하다

遥远 yáoyuǎn 형 (시간이나 거리가) 아득히 멀다, 요원하다

yáo

365

7-9급

淘

táo

물(氵)로 곡식을 질그릇(匋)에 담아 이니 일 도
또 흔들어 일듯이 장난이 심하니 장난 심할 도

✦ 匋 táo – 싸(勹) 장군(缶)처럼 만든 질그릇이나 질그릇 가마니 '질그릇 도, 질그릇 가마 도'
✦ 일다 – 곡식 등을 그릇에 담아 물을 붓고 이리저리 흔들어서 쓸 것과 못 쓸 것을 가려내다.

淘 táo 통 (쌀 등을 물로 헹구어) 불순물을 제거하다, (진흙·분뇨 등을) 퍼내다 명 장난꾸러기

淘气 táoqì 형 장난이 심하다, 말을 듣지 않다, 화를 내다

淘汰 táotài 통 도태하다, 탈락되다

이합동사 淘气는 淘(장난꾸러기)+气(화내다)가 합쳐진 이합 동사로, 목적어를 취할 수 없음.

6급

掏

tāo

손(扌)으로 질그릇(匋) 속에 있는 것을 꺼내거나 끄집어내니
꺼낼 도, 끄집어낼 도

掏 tāo 통 (손이나 도구로) 꺼내다, 끄집어내다

7-9급

陶

táo

언덕(阝)의 가마(匋)에서 구워 만든 질그릇이니 질그릇 도
또 질그릇 만드는 법을 가르치니 가르칠 도
또 질그릇으로 술을 마시며 즐기니 즐길 도

陶瓷 táocí 명 도자기

陶冶 táoyě 통 도자기를 굽거나 금속을 불리다, 사람의 품격을 수양하다

熏陶 xūntáo 통 영향을 끼치다, 훈도하다

陶醉 táozuì 통 도취하다, 취하다

7-9급

āo

바닥이 오목하게 패인 모양을 본떠서 **오목할 요**

凹 āo [형] 오목하다 [동] 가운데가 움푹 들어가다

7-9급

tū

바닥이 볼록 나온 모양을 본떠서 **볼록할 철**

凸 tū [형] 볼록하다, 두드러지다
凸显 tūxiǎn [동] 분명하게 드러나다, 돋보이다

6급

井

jǐng

나무를 엇갈리게 쌓아 만든 우물이나 우물틀이니

우물 정, 우물틀 정

+ 옛날에는 우물을 파고 흙이 메워지지 않도록 통나무를 井 자 모양으로 엇갈리게 쌓아서 만들었답니다.

井 jǐng 몡 우물

7~9급

阱

jǐng

언덕(阝)에 **우물(井)**처럼 깊게 파 놓은 함정이니 함정 정

+ 동 穽 jǐng – 구멍(穴)을 우물(井)처럼 깊게 파 놓은 함정이니 '함정 정'
+ 함정(陷阱 xiànjǐng) – ① 위장된 구덩이 ② 남을 해칠 수 있는 곤경이나 계략을 비유함
+ 穴 xué(구멍 혈), 陷 xiàn(빠질 함)

陷阱 xiànjǐng 몡 함정, 속임수

7~9급

耕

gēng

가래(耒)로 **우물(井)**을 파듯 깊게 밭을 가니 밭갈 경

+ 가래(铁锹 tiěqiāo) – 밭을 가는 농기구
+ 耒 lěi(耒: 가래 뢰, 쟁기 뢰)

耕地 gēngdì 동 논밭을 갈다 몡 경지, 경작지

6급

塞

sāi

집(宀)에 뚫린 **우물(井)** 같은 구멍을 **하나(一)**씩 **나누어(八)** **흙(土)**으로 막고 채우니 막을 색, 채울 색
또 병을 막는 마개니 마개 색

+ 번체자에서는 '변방 새' 훈음으로도 사용합니다.
+ 비 寒 hán(찰 한), 寨 zhài(울타리 채, 군영 채)

塞 sāi 동 막다, 집어넣다, 채우다

7-9급 寨 zhài

집(宀) 둘레에 **우물틀**(井)처럼 **하나**(一)씩 **나누어**(八) **나무**(木)로
울타리를 둘러친 울타리니 **울타리 채**
또 울타리를 둘러친 군영이니 **군영 채**
또 울타리를 치듯 겉만 비슷하게 만든 짝퉁이니 **짝퉁 채**

+ [동] 砦 zhài - 이렇게(此) 돌(石)로 울타리처럼 쌓고 진을 친 군영이니
　　　　　'울타리 채, 군영 채'
+ 군영(军营 jūnyíng) - 군대가 주둔하는 주거지

山寨 shānzhài [명] 모조품, 가품, 짝퉁

꿀TIP 山寨는 광동어에서 유래된 것으로, 원래 의미는 산에 돌이나 목책 등으로
둘러 쌓아 만든 방어 울타리를 만든 터로서 산적들이 사는 소굴이라는 뜻입
니다.

---

373 ▶▶ **绎泽** – 睪으로 된 한자
　　　역 택

7-9급 绎 繹 yì

헝클어진 **실**(纟)을 **엿보아**(睪) 푸니 **풀 역**

+ 睪 - 또(又) 많이(丯) 살피며 엿보니 '엿볼 역'
　　(어원 해설을 위한 참고자로 실제 쓰이는 한자는 아님)
[번체] 睪 - 그물(罒) 쳐놓고 걸리기를 바라며(幸) 엿보니 '엿볼 역'
+ 丯[千 qiān(일천 천, 많을 천)의 변형으로 봄], 罒 wǎng(그물 망, = 网, 冈),
　幸 xìng(행복할 행, 바랄 행)

演绎 yǎnyì [동] (뜻이나 감정·느낌 등을) 드러내다, 상세하게 서술하다[↔ 归
纳 guīnà [동] 종합하다, 나누어 정리하다]

络绎不绝 luòyìbùjué [성] (사람·수레·배 등의) 왕래가 빈번해 끊이지 않다

7-9급 泽 澤 zé

물(氵)길을 **엿보아**(睪) 막아둔 연못이니 **연못 택**
또 여러모로 쓰이는 연못물처럼 주는 은혜니 **은혜 택**

沼泽 zhǎozé [명] 습지, 늪
光泽 guāngzé [명] 광택, 윤기, 물광 [형] 윤기가 나다, 번들번들하다

6급

fēng

산(山)의 양끝이 **만나는(夆)** 봉우리니 산봉우리 봉

✦ 夆 féng – 뒤져오더라도(夂) 예쁜(丰) 것을 이끌어 만나니 '이끌 봉, 만날 봉'
✦ 丰 fēng(풀 무성할 풍, 예쁠 풍, 豐: 풍성할 풍)

峰会 fēnghuì 몡 정상 회담
山峰 shānfēng 몡 산 꼭대기
高峰 gāofēng 몡 높은 봉우리, 최고위층, 절정

7–9급

fēng

벌레(虫) 중 **만나서(夆)** 모여 사는 벌이니 벌 봉

✦ 벌은 여왕을 중심으로 수만 마리가 모여 살지요.

蜜蜂 mìfēng 몡 벌, 꿀벌
蜂蜜 fēngmì 몡 벌꿀, 꿀

6급

fēng

쇠(钅)의 양끝이 **만나는(夆)** 부분처럼 뾰족하니 뾰족할 봉

先锋 xiānfēng 몡 선두 부대, 선구자, 개척자

7-9급

逢
féng

필요한 사람이나 물건을 **이끌고(夆) 가서(辶)** 만나니 만날 봉

逢 féng 图 만나다, 마주치다
每逢 měiféng 图 ～이/가 될 때마다, ～이/가 되면
萍水相逢 píngshuǐxiāngféng 図 (모르던 사람을) 우연히 만나서 알게 되다

7-9급

縫
féng/fèng

베 조각을 **실(糸)로 만나게(逢)** 꿰매니 꿰맬 봉(féng)
또 꿰맨 이음매나 솔기니 이음매 봉, 솔기 봉(fèng)

+ 솔기 – 옷이나 이부자리 등을 지을 때 두 폭을 맞대고 꿰맨 줄
縫 féng 图 바느질하다, 꿰매다
縫合 fénghé 图 봉합하다
縫 fèng 閏 이은 부분, 틈새
裂縫 lièfèng 閏 좁고 길게 갈라진 틈 图 금이 가다, 틈새가 생기다

7-9급

篷
péng

대(⺮)로 만들어 쉽게 **만나(逢)** 찾을 수 있는 뜸이니 뜸 봉
또 뜸처럼 위를 덮어 만든 배의 덮개나 돛이나 텐트니
덮개 봉, 돛 봉, 텐트 봉

+ 뜸(浮球 fúqiú) – 물에 띄워서 그물, 낚시 등의 어구를 위쪽으로 지탱하는
  데에 쓰는 물건
帐篷 zhàngpeng 閏 텐트, 장막

7-9급

蓬
péng

풀(艹) 중 흔하여 어디가나 **만나는(逢)** 쑥이니 쑥 봉
또 쑥처럼 무성히 자란 무더기니 무더기 봉

+ 쑥은 생명력이 강하여 아무 곳이나 잘 자라니 어디서나 볼 수 있지요.
+ 閏 蒿 hāo – 풀(艹) 중에 약효가 최고(高)인 쑥이니 '쑥 호'
    艾 ài(쑥 애, 늙을 애) – 제목번호 042 참고
蓬勃 péngbó 휑 왕성하다, 번영하다, 번창하다
朝气蓬勃 zhāoqìpéngbó 図 생기가 넘쳐 흐르다, 생기발랄하다

7-9급

涛

tāo

물(氵)에서 거듭 먹는 **나이**(寿)처럼 계속 밀려오는 물결이니
물결 도

+ 寿 shòu – 예쁘게(声) 법도(寸)를 지키며 이어가는 목숨이고 나이니
　　'목숨 수, 나이 수'
　　또 목숨을 이어 장수하니 '장수할 수'
[번체] 壽 – 선비(士)도 하나(一) 같이 장인(工)도 하나(一) 같이 입(口)으로 먹
　　으며 마디마디(寸) 이어가는 목숨이고 나이니 '목숨 수, 나이 수'
　　또 목숨을 이어 장수하니 '장수할 수'
+ 声 [丰 fēng(풀 무성할 봉, 예쁠 봉, 豐: 풍성할 풍)의 변형]

波涛 bōtāo 몡 큰 파도

7-9급

铸

zhù

쇠(钅)를 **오래**(寿)동안 녹여 부어 만드니 **쇠 부어 만들 주**

铸造 zhùzào 동 주조하다

7-9급

畴

chóu

밭(田)에 **장수하듯**(寿) 길게 만든 이랑이니 **이랑 주**
또 논밭에 있는 여러 이랑처럼 같은 무리니 **같은 무리 주**

+ 이랑(畦 qí) – 갈아놓은 밭의 한 두둑과 한 고랑을 말하며, 일반적으로 직
　사각형임

范畴 fànchóu 몡 범위, 유형

7-9급

筹

chóu

대(艹) 쪽으로 만들어 **나이(寿)**를 세는 산가지니 산가지 주
또 산가지를 놓으며 계획하니 계획할 주

+ 산(算 suàn)가지 - 수효를 셈하는 데에 쓰던 막대기
+ 算 suàn(셈할 산)

筹码 chóumǎ 몡 카지노의 칩, 소유 주식
筹 chóu 동 마련하다, 계획하다
筹办 chóubàn 동 계획하여 실시하다
筹备 chóubèi 동 준비하다, 사전에 기획하고 준비하다
筹措 chóucuò 동 마련하다, 대책을 강구하다
筹划 chóuhuà 동 계획대로 진행하다
筹集 chóují 동 대책을 세워 조달하다, 마련하다
统筹 tǒngchóu 동 전반적인 계획을 세우다, 취합하다, 총괄하다
一筹莫展 yìchóumòzhǎn 성 속수무책이다, 전혀 방법이 없다

---

377 〉 **邦绑** - 邦으로 된 한자
　　　　방 방

7-9급

邦

bāng

풀 무성하듯(丰) 고을(阝)이 번성하여 이루어지는 나라니
나라 방

+ 丰[丰 fēng(풀 무성할 봉, 예쁠 봉, 丰: 풍성할 풍)의 변형으로 봄]
联邦 liánbāng 몡 연방

7-9급

绑

bǎng

실(纟)로 **나라(邦)** 사람들이 물건을 묶으니 묶을 방

绑 bǎng 동 (끈·줄 등으로) 감거나 묶다
绑架 bǎngjià 동 납치하다, 인질로 잡다
松绑 sōngbǎng 동 각종 규제를 풀어주다

7-9급

辖
(辖)

xiá

차(车) 다니는데 **방해(害)** 되지 않도록 다스리니 **다스릴 할**

✦ 害 hài – 집(宀)에서 어지럽게(丰) 말하며(口) 해치고 방해하니 '해칠 해, 방해할 해'

管辖 guǎnxiá 〔동〕 관할하다

7-9급

瞎

xiā

눈(目)을 **해쳐(害)** 눈이 머니 **눈멀 할**
또 눈먼 것처럼 자세히 보지 못하고 함부로 하니 **함부로 할 할**

瞎 xiā 〔동〕 눈이 멀다, 실명하다 〔부〕 제멋대로, 함부로

7-9급

豁

huō/huò

방해(害) 되던 것이 **골짜기(谷)**처럼 툭 터지니 **터질 활**(huō)
또 터져서 잘 소통하니 **소통할 활**(huò)

豁 huō 〔동〕 터지다, 금가다, 큰 대가를 치르다
豁出去 huōchuqu 〔동〕 어떤 대가를 치르더라도 필사적으로 하다
豁达 huòdá 〔형〕 (생각이) 확 트이다, (성격이) 명랑하다

7-9급

割

gē

해(害) 되는 것을 **칼(刂)**로 베어 나누니 **벨 할, 나눌 할**

割 gē 〔동〕 (칼로) 베다, 자르다
分割 fēngē 〔동〕 분할하다, 갈라놓다
任人宰割 rènrénzǎigē 〔성〕 날 잡아 잡수 한다, 남에게 자유를 뺏겨 권리나 인격이 짓밟히다
切割 qiēgē 〔동〕 절단하다

6급

huàn

작은(幺) 힘(力)에서 일부(丿)가 빠져 보이는 허깨비니

허깨비 환

+ 힘이 빠지고 기력이 쇠해지면 허깨비가 보이지요.
+ 幺 yāo(작을 요, 어릴 요), 丿 piě['삐침 별'이지만 여기서는 '力 lì(힘 력)'의 일부로 봄]

幻想 huànxiǎng 동 환상을 갖다, 공상하다 명 환상, 공상

7-9급

xuán

머리(亠) 아래 작은(幺) 것이 검고 오묘하니

검을 현, 오묘할 현

또 너무 오묘하여 허황하니 허황할 현

+ 오묘(奧妙 àomiào)하다 - 심오하고 묘하다.
+ 허황(虛荒 xūhuāng)되다 - 헛되고 황당하며 미덥지 못하다.
+ 奧 ào(奧: 속 오), 妙 miào(묘할 묘, 예쁠 묘), 虛 xū(虚: 빌 허, 헛될 허), 荒 huāng(거칠 황)

玄 xuán 형 검다, 심오하다, 허무맹랑하다

玄机 xuánjī 명 절묘한 계략

7-9급

xuàn

불(火)은 깜깜한(玄) 곳일수록 빛나고 밝으니

빛날 현, 밝을 현

炫耀 xuànyào 동 자랑하다, 뽐내다

7-9급

xián

활(弓)을 맨 검은(玄) 활줄이 활시위니 활시위 현

弦 xián 명 현[현악기에 매어 소리를 내는 줄], 활시위

扣人心弦 kòurénxīnxián 성 심금을 울리다, 감동적이다

7-9급

xù/chù

머리(亠) 작은(幺) 짐승을 **밭(田)**에서 기르니 기를 축 (xù)
또 이렇게 기르는 가축이니 **가축 축** (chù)

牲畜 shēngchù 몡 가축

7-9급

蓄

xù

풀(艹)을 **가축(畜)**에게 먹이려고 쌓으니 쌓을 축

储蓄 chǔxù 통 저축하다 몡 저축
积蓄 jīxù 통 축적하다, 쌓다 몡 모아둔 돈, 저금
含蓄 hánxù 통 포함하다 톙 의미심장하다, (생각·감정이) 쉽게 드러나지 않는다

7-9급

zī

검을 자, 이 자(兹)를 간단하게 써서 검을 자, 이 자

[번체] 兹 – 검은(玄) 빛 두 개가 겹쳐 더 검으니 '검을 자'
또 검으면 눈에 잘 보이니 가까운 것을 가리키는 지시 대명사로도
쓰여 '이 자'

兹 zī 때 이, 이것 및 지금

7-9급

cí

돌(石) 중 이렇게(兹) 쇠를 끌어당기는 자석이니 자석 자

또 돌(石)처럼 검게(兹) 구워 만든 자기니 자기 자

+ 통 瓷 cí – 지붕을 이는 기와 다음(次)으로 중요한 질그릇(瓦)은 생활에 쓰
이는 자기니 '자기 자'
+ 次 cì(다음 차, 차례 차, 번 차)
+ 瓦 wǎ/wà(기와 와, 질그릇 와, 실패 와)

磁带 cídài 명 테이프[녹음·녹화용 테이프]

磁卡 cíkǎ 명 자기 카드, 마그네틱 카드

磁盘 cípán 명 디스크

7-9급

zī

(과일이나 채소가) 물(氵) 같은 형태로 영양분을 빨아들여

이렇게(兹) 불어나며 드는 맛이니 불을 자, 맛 자

滋润 zīrùn 통 촉촉하게 적시다 형 촉촉하다, 습윤하다

滋味 zīwèi 명 맛, 기분, 심정

艾滋病 àizībìng 명 에이즈[AIDS]

美滋滋 měizīzī 형 흐뭇해 하다, 만족해하다

7-9급

cí

속이 검게(兹) 타도 번치 않는 마음(心)으로 사랑해주는 어머니니

사랑 자, 어머니 자

慈祥 cíxiáng 형 (노인의 성격·태도·표정이) 자애롭다, 자상하다

慈善 císhàn 형 자선을 베풀다, 동정심이 많다

仁慈 réncí 형 인자하다

7-9급

丝
絲
sī

실타래의 실이 겹쳐진 모양을 본떠서 실 **사**

+ 纟 sī – 실 사(丝)가 부수로 쓰일 때의 모양으로 '실 사 변'

丝 sī 몡 가늘고 긴 물건, 실가닥

丝毫 sīháo 뷔 조금도, 전혀, 추호도

粉丝 fěnsī 몡 팬[fans]

螺丝 luósī 몡 나사

7-9급

缅
緬
miǎn

실(纟)이 **얼굴**(面) 두른 듯 한쪽으로 뻗어감이 머니 멀 **면**

+ 面 miàn(얼굴 면, 볼 면, 향할 면, 麵: 밀가루 면, 국수 면)

缅怀 miǎnhuái 됭 (죽은 사람을) 기리다, 회고하다, 추억하다

6급

纳
納
nà

실(纟)을 **안**(内)으로 들여 바치니 들일 **납**, 바칠 **납**

+ 화폐가 없었던 옛날에는 곡식이나 천이나 실을 돈처럼 사용했답니다.

纳税 nàshuì 됭 세금을 납부하다

纳税人 nàshuìrén 몡 납세자

纳人 nàrén 몡 나시족[쓰촨과 윈난의 경계에 거주하는 소수 민족]

采纳 cǎinà 됭 (건의·의견·생각·요구 등을) 받아들이다, 수락하다

7-9급

绸
綢
chóu

누에 **실**(纟)로 **두루**(周) 짠 비단이니 비단 **주**

+ 周 zhōu(週: 두루 주, 둘레 주, 주일 주, 돌 주, 賙: 구제할 주)

丝绸 sīchóu 몡 비단, 실크

6급

绘
繪
huì

여러 색**실**(纟)을 **모아**(会) 천에 수를 놓듯이 그린 그림이니
그림 회

+ 会 huì/kuài(會: 모일 회)

绘画 huìhuà 통 그림을 그리다 명 회화, 그림

6급

缘
緣
yuán

실(纟)로 **끊어진**(彖) 곳을 잇듯이 서로를 이어주는 인연이니
인연 연
또 **실**(纟)이 **끊어진**(彖) 가장자리니 가장자리 연

+ 비 绿 lù(綠: 푸를 록)
+ 彖 tuàn – 엇갈려(彑) 돼지(豕)가 여기저기를 물어 끊으니 '끊을 단'
+ 비 录 lù(録: 근본 록, 기록할 록, 채용할 록)
+ 彑 jì('돼지머리 계'지만 여기서는 엇갈린 모양으로 봄), 豕 shǐ(돼지 시)

缘故 yuángù 명 까닭, 연고
边缘 biānyuán 명 끝자락, 가장자리

7-9급

缆
纜
lǎn

실(纟)로 엮어 배가 멀리 가지 않고 **보이게**(览) 묶어두는
닻줄이니 닻줄 람

+ 览 lǎn(覽: 볼 람)

缆车 lǎnchē 명 케이블카
光缆 guānglǎn 명 광 케이블

7-9급

缉
緝
qī/jī

실(纟)로 **구멍**(口)이나 **귀**(耳)처럼 너덜거린 부분을 꿰매니
꿰맬 집(qī)
또 무엇을 꿰매려고 바늘을 찾으니 찾을 집(jī)

通缉 tōngjī 통 (경찰·사법 기관 등에서) 지명 수배하다

6급

纠 糾
jiū

여러 가닥의 **실(纟)**이 서로 **얽혀(丩)** 모이니 얽힐 규, 모일 규
또 얽힘을 풀려고 살피니 살필 규

✦ 丩 jiū – 서로 얽힌 모양을 본떠서 '얽힐 구'

纠纷 jiūfēn 몡 분규, 갈등

纠正 jiūzhèng 통 (사상·잘못을) 바로잡다, 교정하다[↔ 改正 gǎizhèng 통
바르게 고치다, 개정하다]

꿀TIP 纠正은 일반적으로 다른사람의 도움이나 외부의 힘을 통해 결점이나 잘못을
고치는 것을 뜻할 때 쓰이며 주로 추상적인 대상에 사용합니다. 반면에, 改正
은 주로 스스로의 힘으로 잘못된 것을 올바르게 고치는 것을 뜻할 때 사용하
며, 구체적인 것과 추상적인 것에 모두 사용 가능하지만 인칭 대명사나 명사
를 목적어로 취할 수는 없습니다.

7-9급

绽 綻
zhàn

실(纟)로 위치를 **정하여(定)** 꿰매야 할 정도로 옷이 터지니
터질 탄
또 옷이 터져 속살이 드러나니 드러날 탄

✦ 定 ding(정할 정)

绽放 zhànfàng 통 꽃이 피다

7-9급

缴 繳
jiǎo

실(纟)을 **하얗게(白)** 뽑아 **놓고(放)** 바치니 바칠 교

✦ 放 fàng(놓을 방)

缴 jiǎo 통 바치다, 납부하다, 억지로 걷어들이다

缴纳 jiǎonà 통 (규정에 따라) 납부하다, 납입하다

缴费 jiǎofèi 통 비용(요금)을 납부하다

6급

肿 zhǒng

몸(月) **가운데**(中) 생긴 종기니 **종기 종**

[번체] 腫 – 몸(月)에서 중요하게(重) 다뤄야 할 종기니 '종기 종'
+ 重 zhòng/chóng(무거울 중, 귀중할 중, 거듭 중)
肿 zhǒng 图 붓다, 부어오르다

7-9급

仲 zhòng

사람(亻) **가운데**(中) 두 번째인 버금이니 **버금 중**
또 **사람**(亻) **가운데서**(中) 중개하니 **중개할 중**

+ 버금 – 다음, 두 번째
+ 사형제의 순서를 맡이는 伯 bó(맏 백, 큰아버지 백, 아저씨 백), 둘째는 仲
  zhòng(버금 중, 중개할 중), 셋째는 叔 shū(작은아버지 숙, 아저씨 숙), 막
  내는 季 jì(끝 계, 계절 계)로, 사형제(sì xiōngdì)를 백중숙계(伯仲叔季
  bózhòngshūjì)라고 하지요.
仲裁 zhòngcái 图 중재하다, 조정하다

6급

忠 zhōng

가운데서(中) 우러나는 **마음**(心)으로 대하는 충성이니 **충성 충**

忠心 zhōngxīn 图 충성스러운 마음

7-9급

吏 lì

한결같이(一) **중립**(屮)을 **지키며**(乀) 공정하게 일해야 하는
관리니 **관리 리**

+ 屮[中 zhōng/zhòng(가운데 중, 맞힐 중)의 변형으로 봄], 乀 fú('파임 불'이
  지만 여기서는 지키는 뜻으로 봄)
官吏 guānlì 图 관리, 정부 직원의 총칭

6급

串

chuàn

조개를 꿴 모양을 본떠서 꿸 관
또 꿰어놓은 꿰미나 줄이니 꿰미 천, 줄 천
또 무엇을 꿰는 꼬챙이처럼 바다 쪽으로 길게 뻗은 땅이름이니
땅이름 곶

+ 꿰미 – 물건을 꿰는 데 쓰는 끈이나 꼬챙이나 또는 거기에 무엇을 꿴 것
+ 곶(岬 jiǎ) – 바다로 좁고 길게 뻗은 반도보다 작은 육지를 말하며, 중국어
　에서는 지명에 많이 쓰임

串 chuàn 양 줄, 송이

7-9급

竄
竄

cuàn

굴(穴) 속으로 꿰듯(串) 들어가며 달아나 숨으니
달아날 찬, 숨을 찬
또 숨어서 잘못된 것을 고치니 고칠 찬

번체 竄 – 굴(穴)속으로 쥐(鼠)처럼 달아나 숨으니 '달아날 찬, 숨을 찬'
+ 鼠 shǔ(쥐 서)

竄 cuàn 동 (도적·적군·짐승 등이) 달아나다, 내빼다

6급

患

huàn

꿰어진(串) 듯 마음(心)에 걸려있는 근심이니 근심 환

患者 huànzhě 명 환자

7–9급

拘
jū

손(扌)을 **구부려**(句) 잡으니 잡을 구

+ 拘의 句가 '지명·인명·나라명' 등에 쓰일 때에는 'gōu'라고 발음합니다.
+ 句 jù/gōu(글귀 구, 굽을 구)

拘留 jūliú 图 (수사·심문 등이 필요한 죄인을) 정해진 기간 내에 구금하다, 구치하다

拘束 jūshù 图 어색하다, 거북하다 图 구속하다, 속박하다

6급

泡
pào

물(氵)로 둘러**싸인**(包) 물거품이니 물거품 포
또 물(氵)로 둘러**싸여**(包) 오래 머무르니 오래 머무를 포

+ 包 bāo – 싸고(勹) 뱀(巳)처럼 긴 실로 묶어 싸니 '쌀 포'
+ 巳 sì (뱀 사, 여섯째 지지 사)

泡沫 pàomò 图 (물)거품, 포말

泡 pào 图 (오래) 액체에 담그다, (어떤 장소에) 오래 머무르다

浸泡 jìnpào 图 (오랜 시간 물에) 담그다, 잠그다

6급

胞
bāo

몸(月)을 둘러**싸**(包) 구성하는 세포니 세포 포

细胞 xìbāo 图 세포

同胞 tóngbāo 图 동포, 친형제자매

7–9급

袍
páo

옷(衤) 중에 몸을 **싸**(包)듯이 둘러 입는 두루마기니
두루마기 포

旗袍 qípáo 图 치파오[중국 여성들이 입는 긴 원피스 형태의 전통 의복]

6급

炮
pào/bāo/páo

불(火) 붙일 화약을 **싸**(包) 터지게 만든 폭죽이나 대포니
폭죽 포, 대포 포(pào)
또 불(火)로 **싸**(包) 말리거나 볶으니 말릴 포, 볶을 포(bāo)
또 불(火)로 **싸**(包) 구우니 구울 포(páo)

炮 pào 图 대포, 폭죽, 다이너마이트

鞭炮 biānpào 图 폭죽

7–9급

gài

아래(下)로 **구부리며**(勹) 구걸하니 구걸할 개

+ 下 xià(아래 하, 내릴 하)

乞丐 qǐgài 몡 거지

7–9급

gài

쇠(钅)처럼 돌에서 **구걸하듯**(丐) 조금씩 뽑아 쓰는 칼슘이니
칼슘 개

+ 칼슘은 원자 번호 20번의 원소로, 원소 기호는 Ca입니다. 무르고 은회색을
  띠며, 동물의 뼈와 이의 주성분으로 인간의 혈액과 뼈에 함유되어 있습니
  다. 칼슘 결핍은 구루병, 수족경련 등을 유발할 수 있습니다.

钙 gài 몡 칼슘

꿀TIP 钙는 '碳酸钙 tànsuāngài(탄산 칼슘), 氧化钙 yǎnghuàgài(산화 칼슘)'으로
사용됩니다.

7-9급

纺

fǎng

실(纟)을 정해진 **방향**(方)으로 뽑으며 길쌈하니 길쌈할 방

✦ 길쌈(纺绩 fǎngjì)하다 – 실을 뽑아 옷감을 짜다.
✦ 方 fāng(모 방, 방향 방, 방법 방)

纺织 fǎngzhī 图 방직하다

7-9급

妼

fáng

여자(女)가 여러 **방법**(方)으로 유혹하며 방해하니 방해할 방

妨碍 fáng'ài 图 방해, 지장, 저지 图 지장을 주다, 방해하다, 저지하다
妨害 fánghài 图 방해하다, 해를 끼치다, 지장을 주다
不妨 bùfáng 图 (~하는 것도) 괜찮다, 무방하다

꿀TIP 妨碍는 '업무·교통·학습·활동 등이 순조롭지 못하도록 한다'는 의미로 阻碍 zǔ'ài(방해하다, 지장이 되다)보다 가벼운 어기를 갖고 있습니다. 阻碍는 교통·운송·전쟁·생산 등이 순조롭게 통과되지 못하게 하거나 발전할 수 없게 하는 것을 의미할 때 쓰이며, 주로 명사로 쓰여 저지하는 작용을 하는 물건이나 사물을 가리킵니다.

7-9급

芳

fāng

풀(艹) 향기가 **사방**(方)으로 퍼져 꽃답고 향기로우니
꽃다울 방, 향기로울 방
또 향기롭도록 인품이 훌륭하니 훌륭할 방

芬芳 fēnfāng 图 (화초 등의) 향기 图 향기롭다

6급

旗

qí

사방(方) 사람(丿)들이 알아보게 만든 **그(其)**것은 기니 **기** 기

+ 丿[人 rén(사람 인)의 변형으로 봄], 其 qí(그 기)

国旗 guóqí 명 국기

6급

旋

xuán

사방(方)으로 **사람(丿)**들이 **발(疋)**을 움직여 도니 돌 **선**

+ 疋 pǐ/shū – 하나(一)씩 점(卜)치듯 사람(人)이 일정하게 묶어 베를 세는 단
위인 필이니 '필 필'
또 무릎부터 발까지의 모양으로 보아서 '발 소'
+ 疋은 '匹 pǐ(짝 필, 말과 소를 세는 단위 필)'과 같이 쓰입니다.

旋转 xuánzhuǎn 동 (빙빙) 돌다, 선회하다

7~9급

铭

míng

鉻

쇠(钅)로 **이름(名)**을 새기니 새길 **명**

座右铭 zuòyòumíng 명 좌우명
铭记 míngjì 동 명심하다, 마음에 깊이 새기다

7~9급

钥

yuè/yào

鑰

쇠(钅)를 초승**달(月)** 모양으로 만들어 채우는 자물쇠니
자물쇠 **약**(yuè)
또 자물쇠를 여는 열쇠니 열쇠 **약**(yào)

+ 옛날 자물쇠는 초승달 모양이 많았던가 봐요.

钥匙 yàoshi 명 열쇠

쇠(钅)처럼 무거운 것으로 **참(真)**되게 눌러 진압하니

누를 **진**, 진압할 **진**

또 누르듯 다스리는 작은 도시니 작은 도시 **진**

+ 真 zhēn(眞: 참 진)

镇 zhèn 몡 중국의 행정 구역 중 하나

城镇 chéngzhèn 몡 도시와 읍

꿀TIP 중국의 행정 단위는 크게 성급(省级 shěng jí), 지급(地级 dì jí), 현급(县级 xiànjí), 기타 향진급(乡镇级 xiāngzhèn jí)으로 나뉩니다. 성급 행정 구역 (우리나라의 특별시, 광역시, 도에 해당)으로는 직할시(直辖市 zhíxiáshì) 및 특별 행정구(特别行政区 tèbié xíngzhèngqū), 성(省 shěng) 및 자치구(自治区 zìzhìqū)로 분류되며, 지급 행정 구역(우리나라의 시군, 미국의 County 나 City에 해당)은 지급시(地级市 dì jíshì), 경제와 법률에 대해 독자적 권한을 부여한 부성급시(副省级市 fùshěngjíshì)가 있고, 자치주(自治州 zìzhìzhōu), 맹(盟 méng:내몽고에만 존재함)으로 나뉘며, 그 외에 현급 행정 구역(우리의 읍면동, 미국의 Town 정도에 해당)에는 현급시, 자치현, 현, 기(旗 qí: 내몽고에만 존재함)가 존재하며, 더 작은 행정 단위(우리나라의 리, 미국 의 Village 정도에 해당)로 향(乡 xiāng), 진(镇 zhèn)으로 나뉩니다.

쇠(钅) 중 **안석(几)**의 **구멍(口)**에서도 녹는 납이니 납 **연**

+ 납은 낮은 온도에서도 잘 녹지요.

铅笔 qiānbǐ 몡 연필

쇠(钅) 중 **부분(局)**과 부분을 얽어매는 꺾쇠나 거멀못이니

꺾쇠 **국**, 거멀못 **국**

+ 꺾쇠 – 양쪽 끝을 꺾어 꼬부려서 주로 'ㄷ' 자 모양으로 만든 쇠토막. 두 개의 물체를 겹쳐 대어 서로 벌어지지 않게 하는 데 쓰임
+ 거멀못(锔子 jūzi) – 두 물건 사이를 벌어지지 못하게 겹쳐서 박는 못
+ 局 jú(판 국, 부분 국)

锔 jū 통 (깨진 도자기 등을) 큐륨으로 결합하다

꿀TIP 锔가 'jú'로 발음하면 원소 기호 Cm, 원자 번호 96번 원소인 퀴륨(curium/방사성 원소)을 뜻합니다.

7-9급

勿
wù

싸(勹) 놓은 것을 **털어 버리는 모양**(ノノ)에서 털어 버리면 없으니 **없을 물**

또 이처럼 털어 버리지 말라는 데서 **말 물**

+ ノ piě('삐침 별'이지만 여기서는 터는 모양으로 봄)

勿 wù [부] ~해서는 안 된다, ~ 하지 마라

꿀TIP 勿는 일반적인 부정을 나타내는 '不要 bùyào'와 '別 bié' 보다 더 강력한 금지의 의미이며, 공식적인 글이나 문서에서 주로 쓰입니다.

7-9급

吻
wěn

입(口)을 **없는**(勿) 듯 가려주는 입술이니 **입술 문**

吻 wěn [동] 입맞춤하다

吻合 wěnhé [형] 꼭 들어 맞다, 일치하다

7-9급

匆
cōng

없을 물, 말 물(勿)에 **점**(丶)을 찍어, 정신없이 바쁘고 급함을 나타내어 **바쁠 총, 급할 총**

匆忙 cōngmáng [형] 매우 바쁘다, 분주하다

匆匆 cōngcōng [형] 다급한 모양, 매우 급하고 바쁘다

7-9급

惕
tì

마음(忄)을 자주 **바꾸며(易)** 두려워하니 두려워할 척

+ 易 yì – 해(日)가 없어(勿)졌다 나타났다 하듯 쉽게 바꾸니 '쉬울 이, 바꿀 역'
警惕 jǐngtì 〔동〕 경각심을 가지다, 경계하다

6급

踢
tī

발(足)로 쉽게(易) 차니 찰 척

+ 足[足 zú(발 족, 넉넉할 족)이 부수로 쓰일 때의 모양]
踢 tī 〔동〕 발로 차다, 발길질하다

7-9급

賜
cì

재물(贝)을 쉽게(易) 주니 줄 사

賜 cì 〔동〕(베풀어) 주다, 하사하다
賜教 cìjiào 〔동〕(존댓말·조언 등의) 가르침을 주다
恩賜 ēncì 〔명〕 은혜, 선물

7-9급

錫
xī

쇠(钅) 중 가벼워 **쉽게(易)** 들 수 있는 주석이니 주석 석
또 **돈(钅)을 쉽게(易)** 주며 베푸니 줄 사, 베풀 사

+ 주석(錫 xī) – 은백색의 광택이 있는 금속 원소. '주석'은 쇠지만 가벼워서
  주로 지팡이나 철 도금, 금속 용접 또는 합금을 만드는 데 사용함
錫 xī 〔명〕 주석[원소 기호 Sn] 〔동〕 하사하다

7-9급

剔
tī

먹기 **쉽게(易) 칼(刂)로** 뼈에서 살을 발라내니 살 발라낼 척
또 살을 발라내듯이 무엇을 트집 잡으니 트집 잡을 척

挑剔 tiāoti 〔동〕 까다롭게 굴다, 지나치게 트집잡다
剔除 tīchú 〔동〕(나쁘거나 부적합한 것을) 제거하다, 삭제하다

7~9급

杨
楊
yáng

나무(木) 중 햇살(昜)에 더욱 잘 크는 버들이나 백양나무니

버들 양, 백양나무 양, 성씨 양

+ 昜 – 하늘(一)에 없던(勿) 해가 떠서 비치는 햇살이니 '햇살 양'
[번체] 昜 – 아침(旦)마다 없던(勿) 해가 떠서 비치는 햇살이니 '햇살 양'
+ 一 yī('한 일'이지만 여기서는 하늘로 봄), 勿 wù(없을 물, 말 물), 旦 dàn(아침 단)
杨树 yángshù 명 버드나무, 백양나무

7~9급

荡
蕩
dàng

초원(艹)에서 놀기만 하며 끓는(汤) 청춘을 방탕하니

방탕할 탕

또 초원(艹)이 끓도록(汤) 타면 모든 생명을 쓸어버려 넓으니

쓸어버릴 탕, 넓을 탕

+ 汤 tang/shāng – 물(氵)을 햇살(昜) 같은 불로 끓인 국이니 '끓일 탕, 국 탕'
　　　　　　또 끓어오르듯 물결이 세차니 '물 세찰 상'
[번체] 湯 – 물(氵)을 햇살(昜) 같은 불로 끓인 국이니 '끓일 탕, 국 탕'
　　　　또 끓어오르듯 물결이 세차니 '물 세찰 상'
+ 방탕(放荡 fàngdàng) – 제멋대로 행동하여 거리낌이 없고 신중하지 않음
+ 放 fàng(놓을 방)
动荡 dòngdàng 형 (정세·상황 등이) 불안하다, 동요하다[↔ 安定 āndìng 형 (생활·형세 등이) 안정하다 동 안정시키다]
倾家荡产 qīngjiādàngchǎn 성 집안 재산을 탕진하다
空荡荡 kōngdàngdàng 형 텅 비다, 휑하다, 허전하다

7~9급

烫
燙
tàng

국(汤)물을 불(火)에 데워 뜨거우니 뜨거울 탕

또 뜨겁게 다리미질하니 다리미질할 탕

烫 tàng 형 뜨겁다, 데이다

꿀TIP '烫 tàng'과 '热 rè'는 모두 '뜨겁다'의 뜻이지만, 烫이 热보다 뜨거움의 정도가 심함을 나타냅니다. 烫은 주로 음식이나 어떤 물건이 손이나 몸에 닿아서 델 정도로 온도가 높을 때 사용하고, 热은 주로 기온·음식·물건 등의 자체 온도가 높아 신체에 닿았을 때 뜨거운 것처럼 감각을 나타낼 때 쓰입니다.

jié

서서(立) 정성을 다하니(曷) 다할 갈

+ 曷 hé – 해(日)를 피해 둘러싸인(勹) 곳에 사람(人)이 숨으면(乚) 더위가
어찌 그쳐 다하지 않겠는가에서 '어찌 갈, 그칠 갈, 다할 갈'

竭力 jiélì 〔부〕 힘껏, 최선을 다해

竭尽全力 jiéjìnquánlì 〔성〕 전력을 다하다, 모든 힘을 다 기울이다

衰竭 shuāijié 〔동〕 (질병으로) 기력이 쇠약해지다

jiē

손(扌)으로 힘을 다하여(曷) 높이 거니 걸 게

揭 jiē 〔동〕 (숨겨진 사물 등을) 드러내다, 폭로하다, 들추어내다

è

**(갈 수 있는 데 까지) 다(曷) 가(辶) 더 이상 가는 것을 막으니
막을 알**

遏制 èzhì 〔동〕 억제하다, 저지하다

참고자

谒
_謁

yè

말(讠)을 **다하려고(曷)** 찾아가 뵙고 아뢰니 뵐 **알**, 아뢸 **알**

➕ 讠 yán(言: 말씀 언)

7-9급

蔼
_藹

ǎi

풀(艹)이 밖에서 잘 **보이도록(谒)** 우거지니 우거질 **애**
또 풀이 우거져 무성한 것처럼 마음 씀이 상냥하니 상냥할 **애**

和蔼 hé'ǎi 혱 상냥하다, 사근사근하다[≒ 和气 héqi 혱 부드럽다, 몡 화목한 감정]

꿀 TIP 和蔼는 태도가 싹싹하고 부드러워 쉽게 가까이 할 수 있음을 의미하고, 중첩은 할 수 없습니다. 和气는 주로 태도가 온화하거나 사람들의 관계가 화목함을 나타내고, '和和气气 héhéqìqì'처럼 형용사 중첩으로 사용할 수 있으며, 명사로도 사용할 수 있습니다.

7-9급

fù

사람(亻)들은 촌(寸)수 가까운 친척끼리 서로 주기도 하고 부탁도 하니 줄 부, 부탁할 부

+ 寸 cùn(마디 촌, 법도 촌)

付费 fùfèi 동 비용을 지불하다

付款 fùkuǎn 동 돈을 지불하다, 결제하다

交付 jiāofù 동 교부하다, 지불하다, 인도하다, 위임하다

托付 tuōfù 동 위탁하다, 부탁하다

应付 yìngfù 동 (일·사람에) 대비하다, 그러저럭 때우다, 대충하다

7-9급

fù

입(口)으로 부탁하듯(付) 분부하니 분부할 부

吩咐 fēnfù 동 명령하다, 분부하다

嘱咐 zhǔfù 동 당부하다, 분부하다

꿀TIP 吩咐는 윗사람이 아랫사람에게 구두로 지시·명령을 내리는 것을 의미할 때 사용되며, 嘱咐는 상하 관계 이외에도 동년배나 동료 사이에서 당부할 때나 상대방에게 무엇을 어떻게 해야하고 어떻게 하면 안 되는지를 기억하게 하는 행동을 의미할 때 사용됩니다.

7-9급

fǔ

사람(亻)이 관청(府)에 들어간 듯 구부리니 구부릴 부

+ 반 仰 yǎng/áng(우러를 앙)

+ 府 fǔ – 집(广) 중 문서를 주고(付) 받는 관청이니 '관청 부'
　　　　또 관청의 문서나 물품을 넣어두는 창고니 '창고 부'

+ 广 ān/guǎng(집 엄, 넓을 광, 廣 : 많을 광)

俯首 fǔshǒu 동 고개를 숙이다, (명령에) 순종하다

6급

duó

크게(大) 손마디(寸) 굽혀 빼앗으니 빼앗을 탈

번체 奪 – 큰(大) 새(隹)가 발 마디(寸)를 굽혀 잡듯 남의 것을 빼앗으니 '빼앗을 탈'

夺 duó 동 강제로 빼앗다

夺取 duóqǔ 동 쟁취하다, 얻다

争夺 zhēngduó 동 다투다, 쟁탈하다

꿀TIP 夺取는 어떠한 대상이나 결과를 얻거나 실현하기 위해 힘쓰는 것을 의미하며, 시간·자유·독립, 승리 등의 어휘와 호응하여 사용하고, 争夺는 어떠한 대상을 손에 넣기 위해 다투는 것을 의미하며, 주로 시장·인재·우승 등의 어휘와 호응하여 사용합니다.

7-9급

讶
yà

말(讠)만 **어금니(牙)**가 닳도록 하면 진심을 의심하니 의심할 **아**

╋ 牙 yá – 코끼리 어금니를 본떠서 '어금니 아'

惊讶 jīngyà 톙 의아스럽다, 놀랍다

7-9급

雅
yǎ

어금니(牙)도 없이 내는 **새(隹)** 소리는 맑고 우아하니
맑을 **아**, 우아할 **아**

高雅 gāoyǎ 톙 고상하다, 우아하다
优雅 yōuyǎ 톙 우아하다, 우아하고 고상하다
文雅 wényǎ 톙 (말이나 행동 등이) 품위가 있다, 우아하다

7-9급

邪
xié

입속의 **어금니(牙)**처럼 구석진 **고을(阝)**에 숨어서 간사하니
간사할 **사**

邪 xié 톙 비정상적인, 이상한, 사악하다
邪恶 xié'è 톙 사악하다
改邪归正 gǎixiéguīzhèng 셩 개과천선하다

7-9급

芽
yá

풀(艹) 중 **어금니(牙)**처럼 돋아나는 싹이니 싹 **아**

芽 yá 톙 (식물의) 눈이나 싹 모양
萌芽 méngyá 툉 (식물이) 싹트다, (사물이) 막 발생하다 톙 [비유] 시작, 맹아

이합동사 '萌芽'는 '萌(싹트다)+芽(싹)'가 합쳐진 이합 동사로 목적어를 취할
수 없음.

7-9급

颈
〔颈〕
jǐng

물줄기(조)처럼 머리(页) 아래 길쭉한 목이니 목 경

+ 조 – 하나(一)의 냇물(ㄑ)이 흐르면서 만들어지는(工) 물줄기니 '물줄기 경'
 (어원 해설을 위한 참고자로 실제 쓰이는 한자는 아님)
+ 비 圣 shèng(聖: 성스러울 성, 성인 성)

瓶颈 píngjǐng 명 난관, 장애

7-9급

茎
〔茎〕
jīng

풀(艹)에서 물줄기(조)처럼 뻗어가는 줄기니 줄기 경

茎 jīng 명 식물의 줄기 양 가닥

7-9급

芝
zhī

풀(艹)처럼 번져가며(之) 자라는 지초나 버섯이니
지초 지, 버섯 지

+ 지초(灵芝 língzhī) – 불로초과의 버섯으로, 영지버섯을 말함
+ 之 zhī(갈 지, ~의 지, 이 지)

芝麻 zhīma 명 참깨
芝士 zhīshì 명 치즈

7-9급

眨
zhǎ

눈(目)에 무엇이 모자란(乏) 듯 깜짝이니 깜짝일 잡

+ 乏 fá – 비뚤어진(ノ) 마음으로 살아가면(之) 가난하고 모자라니
 '가난할 핍, 모자랄 핍'

眨眼 zhǎyǎn 통 눈을 깜박거리다, 눈 깜짝할 사이

7-9급

yǎ 哑

입(口)이 정상이 아닌 **다음(亚)** 가는 벙어리니 벙어리 **아**

+ 亚 yà – 위(一) 아래(一)를 같게(丨丨) 이어도 양쪽에 점들(丷)이 남으니, 첫째가 아닌 다음이라는 데서 '다음 아, 버금 아, 아시아 아'

[번체] 亞 – (보통사람보다 못한) 두 곱사등이를 본떠서 '다음 아, 버금 아, 아시 아 아'

+ 버금 – 다음. 두 번째

哑 yǎ [동] 목이 쉬다 [명] 벙어리

7-9급

jìn 晋

버금(亚)가는 **해(日)**라도 따라 나아가며 감정을 억누르니

나아갈 **진**, 억누를 **진**, 진나라 **진**

+ [동] 晉 jìn – 하늘(一) 아래 사사로움들(厶厶)이 많은 땅(一)에서도 해(日)를 따라 나아가며 감정을 억누르니 '나아갈 진, 억누를 진, 진나라 진'

+ 진(晋 Jìn)나라 – 진시황이 통일하게 되는 진(秦 Qín)나라와는 별개의 나라로, 춘추 시대에는 강대국이었으나, 전국 시대에 이르러서는 조(赵 Zhào), 위(魏 Wèi), 한(韩 Hán)이 삼국(三国 sānguó)으로 분할되고, 이 세 나라를 묶어 삼진(三晋 sānjìn)이라 불렸으며, 지금의 산시성(陕西省 Shǎnxīshěng) 부근에 위치해 있던 나라

+ 一 yī('한 일'이지만 여기서는 하늘과 땅으로 봄), 厶 sī/mǒu(사사로울 사, 나 사)

晋升 jìnshēng [동] 승진하다, 진급하다

[꿀TIP] 晋升은 '由 A 晋升为 B(A yóu jìnshēng wéi B)' 형태로 'A에서 B로/으로 승진 하다'라는 뜻으로 사용합니다.

7-9급

pǔ 谱

말(讠)로 **널리(普)** 계보를 따져 정리한 족보나 악보니

족보 **보**, 악보 **보**

+ 普 pǔ – 나란히(並) 해(日)처럼 비춤이 넓으니 '넓을 보' 또 널리 통하면 보통이니 '보통 보'

+ 並 bìng(나란할 병)

谱 pǔ [명] 목록, 표, 책, 계획 [동] 작곡하다, 가사에 곡을 붙이다

离谱儿 lípǔr [동] (말하거나 하는 일이) 터무니 없다, 격식에 맞지 않다, 황당하다

6급

hú 壶

선비(士)가 뚜껑을 **덮어(冖)**놓고 **일(业)**하면서 마시는 항아리나

병이나 주전자니 항아리 **호**, 병 **호**, 주전자 **호**

+ 업 yè(業: 업 업, 일 업)

壶 hú [명] 주전자, 항아리 [양] 단지

6급

誉
譽
yù

흥겨운(兴) 말(言)을 하며 기리는 명예니 기릴 예, 명예 예

[번체] 譽 – 더불어(與) 함께 말하여(言) 기리는 명예니 '기릴 예, 명예 예'
+ 兴 xīng/xìng(興: 흥할 흥, 흥미 흥), 与 yǔ/yù(與: 줄 여, 더불 여, 참여할 여)
名誉 míngyù 몡 명예, 명성 혱 명예의

7-9급

诀
訣
jué

참았던 말(讠)을 터놓고(夬) 다하며 이별하니 이별할 결
또 꽉 막혔던 말(讠)을 터지게(夬) 하는 비결이니 비결 결

+ 夬 guài – 가운데 앙(央)의 앞쪽이 터지니 '터질 쾌'
+ 참고 지내다가도 막상 이별할 때는 할 말을 다 하지요.
+ 비결(秘诀 mìjué) – 알려지지 않은 좋은 효과를 낼 수 있는 교묘한 방법이나
  기술
+ 秘 mì(숨길 비, 신비로울 비)
诀别 juébié 툉 이별하다, 결별하다[다시 만나기 쉽지 않은 경우에 사용]
诀窍 juéqiào 몡 비결, 좋은 방법
秘诀 mìjué 몡 비결, 비장의 방법

7-9급

谨
謹
jǐn

말(讠)을 진흙(堇)길 갈 때처럼 조심하고 삼가니 삼갈 근

+ 堇 jǐn/qīn – (너무 끈끈하여) 스물(廿) 한(一) 번이나 입(口)으로 하나(一)
  같이 숨 헐떡이며 걸어야 할 진흙(土)이니 '진흙 근'
+ 廿 niàn은 아래를 막아 써도 같은 뜻이나 艹 cǎo(초 두)와 혼동되어 廿
  niàn(스물 입)과 一 yī(한 일)로 나누어 풀었어요.
+ 堇 jǐn/qīn[堇 jǐn(진흙 근)의 변형으로 봄], 廿 niàn[= 廿 niàn (스물 입)]
谨慎 jǐnshèn 혱 (언행이) 신중하다, 조심스럽다
严谨 yánjǐn 혱 (말·태도 등이) 빈틈없다, 철저하다

6급

讯
訊
xùn

말(讠)을 빨리(卂)하도록 죄인을 다그쳐 물으니 물을 신

+ 卂 xùn – 많은(十) 것을 감고 빨리 나는(乀) 모양에서 '빨리 날 신'
通讯 tōngxùn 몡 통신

7~9급

옳게(是) 찌르는 비수(匕)는 숟가락이나 열쇠니

숟가락 시(chí), 열쇠 시(shi)

✦ 비수는 주로 나쁜 곳에 쓰이지만, 숟가락이나 열쇠는 좋은 곳에 쓰이지요.
✦ 중국의 식습관은 기본적으로 젓가락을 사용하지만, 국물이나 밥을 먹거나 밥을 담을 때는 숟가락을 사용합니다.
✦ 匕 bǐ(비수 비, 숟가락 비), 是 shì(옳을 시, 이 시, ~이다 시)

钥匙 yàoshi 圆 열쇠

chí/shi

7~9급

비수(匕)로 햇빛(日)에 익은 과일을 잘라 먹어 보는 맛이니

맛 지

또 말이나 글에 담긴 맛은 뜻이니 뜻 지

✦ '맛있다'라는 뜻으로는 문어체에서만 쓰입니다.

旨在 zhǐzài 圄 ~에 목적이 있다, ~에 취지가 있다

zhǐ

7~9급

얼음(冫)인가 의심할(疑) 정도로 엉기니 엉길 응

✦ 疑 yí – 비수(匕)와 화살(矢)과 창(龴)으로 무장하고 점(卜)치며 사람(人)이 왜 그런지 의심하니 '의심할 의'
✦ 龴[矛 máo(창 모)의 획 줄임], 卜 bǔ/bo/pú(점 복)

凝固 nínggù 圄 응고하다, 굳어지다
凝聚 níngjù 圄 모으다, 응집하다
混凝土 hùnníngtǔ 圆 콘크리트

níng

`7-9급`

伦
〔倫〕
lún

사람(亻)이 모이면(仑) 지켜야 하는 윤리니 윤리 륜

✦ 仑 lún – 사람(人)이 비수(匕)처럼 날카롭게 생각하며 모이니
'생각할 륜, 모일 륜'

〔번체〕 侖 – 사람(人)이 한(一) 권씩 책(冊)을 들고 생각하며 모이니
'생각할 륜, 모일 륜'

✦ 冊[= 册 cè, 冊 cè(책 책, 세울 책)의 변형으로 봄]

伦理 lúnlǐ 〔명〕 윤리

`7-9급`

抡
〔掄〕
lún/lūn

손(扌)을 모아(仑) 가리니 가릴 륜(lún)
또 손(扌)으로 모인(仑) 것을 휘두르거나 뿌리니

휘두를 륜, 뿌릴 륜(lūn)

抡 lūn 〔동〕 (힘껏) 휘두르다. (팔을) 휘둘러 던지다

`7-9급`

舵
duò

배(舟)를 생각하는(它) 곳으로 조종하는 키니 키 타

✦ 〔동〕 柁 duò/tuó – 나무(木)로 만들어 배를 생각하는(它) 곳으로 조종하는 키니
'키 타'

✦ 키(舵 duò) – 배나 비행기 등의 방향을 조종하는 장치

舵手 duòshǒu 〔명〕 조타수, 키잡이 지도자

`7-9급`

叨
dāo

말(口)을 칼(刀)로 나눈 듯 잘게 잔소리하니 잔소리할 도

✦ 口 kǒu(입 구, 말할 구, 구멍 구)

唠叨 láodao 〔동〕 (끊임없이) 잔소리하다. 되풀이하여 말하다

絮叨 xùdao 〔형〕 말이 복잡하다 〔동〕 반복해서 말하다

7-9급

讹

é

訛

말(讠)이 사실과 달리 변하여(化) 그릇되니 그릇될 와

+ 化 huà/huā(될 화, 변화할 화, 가르칠 화)

讹诈 ézhà 〔동〕 협박하여 재물을 강요하다. 공갈 협박하다

7-9급

靴

xuē

鞾

가죽(革)을 변화(化)시켜 만든 가죽신이니 가죽신 화

+ 革 gé(가죽 혁, 고칠 혁)

靴子 xuēzi 〔명〕 부츠, 장화

7-9급

哗

huá/huā

嘩

입(口)이 빛나도록(华) 떠들어 시끄러우니 시끄러울 화(huá)
또 시끄럽게 들리는 물 흐르는 소리니
물 흐르는 소리 화(huā)

+ 华 huá – 변화(化)가 많아(十) 빛나고 화려하니 '빛날 화, 화려할 화'

〔번체〕 華 – 풀(艹) 하나(一) 풀(艹) 하나(一) 마다 시월(十)의 가을바람에 단풍
들어 화려하게 빛나니 '화려할 화, 빛날 화'

喧哗 xuānhuá 〔동〕 떠들어 대다 〔형〕 왁자지껄하다, 떠들썩하다[↔ 安静 ānjìng
〔형〕 고요하다, 평온하다]

哗变 huábiàn 〔명〕 쿠데타 〔동〕 (군대가) 갑자기 반란을 일으키다

哗然 huárán 〔형〕 시끌벅적하다, 많은 사람들이 큰 소리로 떠드는 모양

6급

丧

sàng

喪

많은(十) 사람들이 이쪽저쪽(丷)에서 몸이 변하도록(⺈) 울면
초상나 가족을 잃은 것이니 초상날 상, 잃을 상

〔번체〕 喪 – 많은(十) 사람의 입들(口口)이 몸이 변하도록(⺈) 울면 초상나 가
족을 잃은 것이니 '초상날 상, 잃을 상'

+ 초상(丧事 sāngshì) – 사람이 죽어 장사 지낼 때까지의 일

+ ⺈[化 huà/huā(변화할 화, 될 화, 가르칠 화)의 변형], 事 shì(일 사, 섬길 사)

丧失 sàngshī 〔동〕 상실하다, 잃어버리다[≒ 失去 shīqù 〔동〕 잃다]

꿀TIP 丧失은 주로 기억이나 능력·명예·자신감·원칙 등을 잃어버린 것을 의미
하고, 失去는 이 외에도 사물이나 사람을 잃어버리는 것도 의미하며 비통한
감정이 담겨서 사용됩니다.

6급

券
quàn

구부리고(关) 앉아 **칼**(刀)로 새겨 만든 문서니 **문서 권**
또 문서처럼 사용하는 표나 쿠폰이나 티켓이니

표 권, 쿠폰 권, 티켓 권

+ 关 – 이쪽저쪽(丷)으로 사내(夫)가 걸으며 구부정하게 구부리니 '구부릴 권'
　　(어원 해설을 위한 참고자로 실제 쓰이는 한자는 아님)
[번체] 关 – 팔(八)자 걸음의 사내(夫)가 걸으며 구부정하게 구부리니 '구부릴 권'
　　(어원 해설을 위한 참고자로 실제 쓰이는 한자는 아님)
+ 옛날에는 나무 조각에 칼로 글자를 새겨서 문서를 펴냈지요.

券 quàn 몡 표, 쿠폰, 티켓

7~9급

拳
quán

구부려(关) 손(手)을 말아 쥔 주먹이니 **주먹 권**

+ 手 shǒu(손 수, 재주 수, 재주 있는 사람 수)

拳 quán 몡 주먹, 권술 얭 대

拳头 quántóu 몡 주먹

太极拳 tàijíquán 몡 태극권[중국 전통의 권법 무술]

7~9급

倦
juàn

사람(亻)이 **책**(卷)을 읽는 데는 게으르니 **게으를 권**

+ 卷 juàn/juǎn(卷: 문서 권, 책 권, 말 권)

疲倦 píjuàn 혱 피곤하다, 늘어지다

厌倦 yànjuàn 됭 진저리가 나다, 물리다, 싫증나다

7~9급

騰
téng

몸(月)을 **구부려**(关) **말**(馬)에 오르니 **오를 등**

腾 téng 됭 질주하다, 오르다

沸腾 fèiténg 됭 떠들썩하다, 들끓다

折腾 zhēteng 됭 반복하다, 뒤척거리다, 고생시키다

热腾腾 rèténgtēng 혱 따끈따끈하다, 김이 모락모락 나는 뜨끈뜨끈한 모양,
후끈후끈한 분위기

7-9급

砌

qì

돌(石)을 알맞게 **끊어(切)** 쌓은 섬돌이니 쌓을 체, 섬돌 체

+ 섬돌(台阶 táijiē) – 집채의 앞뒤에 오르내릴 수 있게 놓은 돌층계
+ 切 qiē/qiè(끊을 절, 모두 체, 간절할 절), 台 tái/tāi(臺: 돈대 대, 누각 대, 대만 대, 颱: 태풍 태), 阶 jiē(階: 계단 계, 계급 계)

堆砌 duīqì 〔동〕불필요한 미사여구를 써서 글을 쓰다. (벽돌이나 돌을) 쌓다

7-9급

沏

qī

물(氵)을 부어가며 **끊듯이(切)** 가니 갈 절
또 갈 듯이 저어 차 등을 타니 차탈 절(qī)
또 갈 듯이 저으며 볶으니 볶을 절(qū)

+ 갈다 – '날카롭게 날을 세우거나 표면을 매끄럽게 하기 위하여 다른 물건에 대고 문지르다'지만, 여기서는 '휘젓다' 뜻입니다.

沏 qī 〔동〕(차 등을) 우리다. 타다

7-9급

窃

qiè

竊

구멍(穴) 뚫어 막은 것을 **끊고(切)** 훔치니 훔칠 절

〔번체〕竊 – 구멍(穴) 뚫어(釆) 물건이 있을 것이라 점(卜)친 안(內)에 성(冂)같은 금고를 열고 사사로이(厶) 훔치니 '훔칠 절'
+ 釆 biàn(분별할 변, 나눌 변)

盗窃 dàoqiè 〔동〕도둑질하다, 절도하다
窃取 qièqǔ 〔동〕(권력이나 지위 등을) 훔치다, 빼앗다

7-9급

懈

xiè

마음(忄)이 **풀어져(解)** 게으르니 게으를 해

+ 解 jiě/jiè/xiè(해부할 해, 풀 해)

不懈 búxiè 〔형〕꾸준하다, 게을리하지 않다
坚持不懈 jiānchíbùxiè 〔성〕조금도 나태해지지 않고 꾸준히 하다

6급

勺

sháo

싸듯(勹) 한 **점**(丶)의 물이나 뜰 수 있는 국자나 작은 그릇이니
국자 **작**, 작은 그릇 **작**

+ 勹 bāo(쌀 포) 안에 '丶 zhǔ(점 주, 불똥 주)'를 찍기도 하고 '一 yī(한 일)'을
넣기도 합니다.

勺 sháo 몡 국자, 주걱, 스푼

7–9급

灼

zhuó

불(火) 붙이려고 **국자**(勺) 모양의 쏘시개에 불사르니 불사를 **작**
또 불사른 것처럼 밝고 명백하니 밝을 **작**, 명백할 **작**

灼热 zhuórè 혱 (불에 데인 것처럼) 몹시 뜨겁다, 덥다

7–9급

豹

bào

사나운 짐승(豸)에 **작은**(勺) 무늬도 있는 표범이니 표범 **표**

+ 豸 zhì/zhài(사나운 짐승 치, 발 없는 벌레 치)

豹 bào 몡 표범

7–9급

钓（釣）

diào

쇠(钅)로 작은 **그릇**(勺) 같은 갈고리를 만들어 고기를 낚는 낚시니
낚을 **조**, 낚시 **조**

钓鱼 diàoyú 툉 낚시하다
沽名钓誉 gūmíngdiàoyù 셍 온갖 수단을 부려 명예를 추구하다

7~9급

刁
diāo

구부려(丁) 한(丿) 번씩 치는 조두 조
또 구부려(丁) 하나(丿)씩 가려 교활하게 빼앗으니
가릴 조, 교활할 조, 빼앗을 조

+ 조두(刁斗 diāodǒu) – 옛날 군대에서 냄비와 징의 겸용으로 쓰던 기구
刁难 diāonàn 图 (일부러 남을) 못살게 굴다, 곤란하게 하다

7~9급

叼
diāo

입(口)에 빼앗아(刁) 무니 입에 물 조

叼 diāo 图 (물체의 일부를) 입에 물다

7~9급

勺
yún

작은 그릇(勹)으로 한(一) 번씩 떠 나누어 고르니 고를 균

+ 고르다 – 여럿이 다 높낮이·크기·양 등의 차이가 없이 한결같다.
+ 勺 sháo(= 勺: 국자 작, 작은 그릇 작)
均勺 jūnyún 图 균등하다, 균일하다

7~9급

钓
jūn
(鈞)

쇠(钅)를 고르게(勺) 서른 근씩 재는 무게 단위니
고를 균, 서른 근 균
또 쇠(钅)로 만들어 고르게(勺) 힘쓰며 끌어당기는 녹로니
녹로 균

+ 균(钧 jūn) – 고대의 중량 단위로, 30근(斤)에 해당함
+ 녹로(辘轳 lùlu) – 바퀴 축의 원리를 사용하여 우물의 물을 긷는 것처럼 높은 곳이나 먼 곳으로 무엇을 달아 올리거나 끌어당 길 때 쓰는 도르래
千钧一发 qiānjūnyífà 图 위기일발, 상황이 매우 위급하다
+ '千钧一发'의 원래 의미는 '한 가닥의 머리털로 3만 근이나 되는 무거운 물건을 매어 걸다'라는 뜻입니다.

韵
yùn

소리(音)를 **고르고(匀)** 운치 있게 내는 운이니 운치 운, 운 운

+ 图 韻 yùn – 소리(音)를 사람(員)이 운치 있게 내는 운이니 '운치 운, 운 운'
+ 운치(韵致 yùnzhì) – 고상하고 우아한 멋
+ 운(韵 yùn) – 원래의 뜻은 조화로운 소리, 풍격, 정취 등을 뜻하며, 한 음절의 초성 및 개음 이외의 부분을 가리키기도 합니다. ang, iang, uang와 같이 세 운모이지만 같은 운모이며, 옛날에는 성조가 다르고 각각 다른 운에 속했지만 현대 운에서는 운모를 가리킵니다.
+ 員(사람 원, 员: yuán)

韵味 yùnwèi 图 운치, 정취의 풍미

---

410 吩粉盼颁 – 分으로 된 한자1
분 분 반 반

吩
fēn

입(口)으로 일을 **나누어(分)** 분부하니 분부할 분

+ 分 fēn/fèn(나눌 분, 단위 분, 신분 분, 분별할 분, 분수 분, 성분 분)
吩咐 fēnfù 图 명령하다, 분부하다[≒ 嘱咐 zhǔfù 图 당부하다]

粉
fěn

쌀(米) 같은 곡식을 **나눈(分)** 가루니 가루 분

洗衣粉 xǐyīfěn 图 세탁 세제
奶粉 nǎifěn 图 분유

盼
pàn

눈(目)이 **나누어(分)**지도록 크게 뜨고 무엇을 바라며 보니
바랄 반, 볼 반

盼望 pànwàng 图 간절히 바라다

颁
颁
bān

나누어(分) 일부만 **머리**(页)가 희끗희끗하니
머리 희끗희끗할 **반**
또 **나누어**(分) **머리**(页) 속의 지혜를 펴 반포하니 반포할 **반**

+ 页 yè(頁: 머리 혈, 페이지 엽)
颁发 bānfā 통 (증서·상장 등을) 수여하다, (정책·명령 등을) 하달하다
颁布 bānbù 통 반포하다, 공포하다
颁奖 bānjiǎng 통 상을 주다

---

411 ▶ **掰 芬氛 岔** – 分으로 된 한자2
　　　배　분 분　차

掰
bāi

손(手)으로 **나누고**(分) **손**(手)으로 쪼개니 쪼갤 **배**
또 쪼개져 갈라서니 갈라설 **배**

掰 bāi 통 (손으로 물건을) 떼어 내다, 나누다, 쪼개다

芬
fēn

풀(艹)에서 **나누어**(分) 풍기는 향기니 향기 **분**

芬芳 fēnfāng 명 (화초 등의) 향기 형 향기롭다

氛
fēn

기운(气)이 **나눠지듯**(分) 어울려 생기는 분위기니 분위기 **분**

+ 气 qì(氣: 기운 기, 공기 기, 날씨 기)
气氛 qìfēn 명 분위기

岔

chà

나뉘지는(分) 산(山)의 갈림길이니 갈림길 **차**
또 갈림길에서 어긋나니 어긋날 **차**

打岔 dǎchà 图 (말·일·생각 등을) 막다, 끊다, 방해하다

---

412 》 **贫贪** – 贝로 된 한자
　　　빈 탐

贫

pín

나눈(分) 재물(贝)이면 몫이 적어 가난하니 가난할 **빈**

+ 贝 bèi(貝: 조개 패, 재물 패, 돈 패)

贫困 pínkùn 웹 빈곤하다, 곤궁하다[↔ 富裕 fùyù 웹 넉넉하다, 부유하다
图 풍요롭게 하다]

贪

tān

지금(今) 앞에 재물(贝)이 있는 듯 탐내니 탐낼 **탐**

+ 今 jīn(今: 이제 금, 오늘 금)

贪 tān 图 탐내다, 욕심을 부리다, 횡령하다

贪污 tānwū 图 횡령하다, 탐오하다

贪玩儿 tānwánér 图 노는 데만 열중하다, 노는 것을 너무 좋아하다

7-9급

剂
劑
jì

(약초를) **가지런히**(齐) **칼**(⫾)로 썰어 약 지으니 **약 지을 제**

+ 齐 qí – 글(文)처럼 이쪽저쪽(ノ丨)이 가지런하니 '가지런할 제'
[번체] 齊 – 벼이삭이 패서 가지런한 모양을 본떠서 '가지런할 제'

剂 jì 몡 약제 얭 제[약제, 약물을 세는 단위]
兴奋剂 xīngfènjì 몡 도핑 약물, 흥분제

7-9급

剖
pōu

갈라지게(咅) **칼**(⫾)로 쪼개니 **쪼갤 부**

+ 咅 pǒu – 서서(立) 입(口)으로 뱉는 침처럼 갈라지니 '침 부, 갈라질 부'

解剖 jiěpōu 통 해부하다, 깊이 관찰하고 분석하다

7-9급

剥
bāo/bō

근본(彔)이 보일 때까지 **칼**(⫾)로 벗기니 **벗길 박**(bāo)
또 벗기듯이 착취하니 **착취할 박**(bō)

+ 통 剝 bāo/bō(벗길 박, 착취할 박)
+ 彔 lù – 손(彑)을 물(氺)에 씻으며 생각하는 근본이니 '근본 록'
또 손(彑)으로 먹물(氺)을 찍어 기록하고 채용하니 '기록할 록, 채용할 록'

剥 bāo 통 겉껍질이나 껍질을 벗기다
剥夺 bōduó 통 (법률에 따라) 박탈하다, (강제적으로) 빼앗다
剥削 bōxuē 통 착취하다

7-9급

删
shān

책(册)처럼 반듯하게 **칼**(⫾)로 깎으니 **깎을 산**
또 깎아서 삭제하니 **삭제할 산**

+ 册 cè[= 冊 cè(책 책, 세울 책)

删 shān 통 (문자나 문구 등을) 삭제하다, 제거하다, 지우다
删除 shānchú 통 (불필요한 것을) 삭제하다, 빼다, 지우다

7-9급

páo

싸인(包) 것을 **칼**(刂)로 깎아 파내거나 감하니
깎을 **포**, 파낼 **포**, 감할 **포**

+ 包 bāo(쌀 포)

刨 páo 〔동〕 깎다, 삭감하다, 파다

7-9급

liě/lie

입(口) **벌리고**(列) 말하니 벌릴 **렬**, 말할 **렬**(liě)
또 말하면서 붙이는 조사니 조사 **렬**(lie)

+ 咧가 경성으로 발음 될 때에는 '了 le'와 같은 의미의 어기 조사로 사용됨
+ 列 liè(벌일 렬, 줄 렬)

咧嘴 liězuǐ 〔동〕 양쪽으로 입을 벌리다[헤벌쭉 웃거나 불만스러움이나 아픔을
참을 수 없을 때 등의 표정]
大大咧咧 dàdaliēliē 〔형〕 전혀 개의치 않다, 제멋대로 하다

7-9급

chà/shā

벤(乂) **나무**(木)를 **칼**(刂)질하여 짧은 시간에 지은 절이니
짧은 시간 **찰**, 절 **찰**(chà)
또 **벤**(乂) **나무**(木)를 **칼**(刂)질하여 멈추게 막으니
멈출 **찰**, 막을 **찰**(shā)

+ 乂 yì(벨 예, 다스릴 예, 어질 예)

一刹那 yíchànà 〔관〕 눈 깜짝할 사이, 순식간

刹车 shāchē 〔동〕 (자동차의) 브레이크를 걸다, 차를 세우다

[이합 동사] '刹车'는 '刹(멈추다, 정지시키다)+车(자동차)'가 합쳐진 이합 동사로 刹
과 车에는 가능보어가 오기도 함.

6급

侧

cè

사람(亻)이 변하는 상황을 **곧(则)**바로 알 수 있는 곁이니 곁 측
또 곁으로 기우니 기울 측

+ 则 zé(則: 곧 즉, 법칙 칙)
侧 cè 몡 옆, 측면 통 기울다
两侧 liǎngcè 몡 양측, 양쪽

6급

厕

cè

헛간(厂)에 **곧(则)** 있어야 하는 변소니 변소 측

+ 厂 chǎng(굴 바위 엄, 언덕 엄, 廠: 헛간 창, 공장 창)
厕所 cèsuǒ 몡 화장실

7–9급

刑

xíng

우물틀(开) 같은 형틀에 매어 **칼(刂)**로 집행하는 형벌이니
형벌 형

+ 开 kāi['開(열 개)'지만 여기서는 '井 jǐng(우물 정, 우물틀 정)'의 변형으로
봄]

刑法 xíngfǎ 몡 형벌

7–9급

荊

jīng

풀(艹) 중 **형벌(刑)**하듯 찌르는 가시나무니 가시나무 형

+ 荊은 옛날에 싸리로 만든 형장(刑杖 xíngzhàng)도 되고, 춘추 시대(春秋时
期 Chūnqiūshíqī) 초(楚 Chǔ)나라의 이름인 형(荊 Jīng)으로도 사용됩니다.

荊棘 jīngjí 몡 고난, 곤란, 가시나무

6급

箭

jiàn

대(⺮)로 만들어 **앞(前)**으로 나아가게 쏘는 화살이니 화살 전

+ 前 qián(앞 전)

箭 jiàn 몡 화살, 화살의 사정 거리

火箭 huǒjiàn 몡 로켓, 미사일

7–9급

煎

jiān

앞(前)에다 **불(灬)** 피우고 지지거나 달이니 지질 전, 달일 전

煎 jiān 용 (적은 기름에) 부치다, 지지다, (약이나 차를) 달이다

꿀TIP 煎饼(jiānbing 젠빙)은 중국 전통 주식 중의 하나로 중국인들이 아침 식사
나 간식으로 먹는 음식입니다. 煎饼은 밀을 물에 충분히 불린 후 갈아서 철판
위에 둥글게 구운 것으로, 예전에는 잡곡으로 만들었는데 지금은 고운 밀가
루와 물로 반죽하여 만듭니다. 전설에 따르면, 煎饼은 제갈량(诸葛亮 Zhūgě
Liàng)으로부터 만들어졌다고 합니다. 제갈량이 유비(刘备 Liú Bèi)를 보필
하던 초창기에 군사력이 약하여 종종 조조(曹操 Cáo Cāo)의 군대에게 쫓겨
도망치곤 하였는데, 한번은 조조가 이끄는 군사들에게 포위돼 밥을 지을 취사
도구 마저 잃게되자 제갈량은 취사병에게 곡식으로 뽑은 면을 물에 풀어 묽
게 만든 뒤, 징 위에 올려 굽게 하였고, 거기에 나무 막대기로 묽은 반죽을 얇
고 편평하게 펴 구웠더니 얇은 煎饼이 만들어졌습니다. 군사들은 그렇게 만
든 煎饼을 먹고 사기를 충전해 승리하였고, 그로부터 시작된 煎饼을 만드는
방법이 전해져 산둥성(山东省 Shāndōngshěng)의 煎饼 요리가 지금에 이르게
되었고, 현재 산둥성에는 '중국 제일의 煎饼 고장'으로 불리는 신타이시(新泰
市 Xīntàishì) 로우더현(楼德镇 lóudézhèn) 지역이 있습니다.

7-9급

晰

xī

해(日)를 **쪼개**(析) 놓은 듯 밝으니 **밝을 석**

+ 동 晢 xī – 쪼개면(析) 속까지 해(日)가 비추어 밝으니 '밝을 석'
+ 析 xī – 나무(木)를 도끼(斤)로 쪼개 나누니 '쪼갤 석, 나눌 석'
+ 斤 jīn(도끼 근, 저울 근)

清晰 qīngxī 형 뚜렷하다, 분명하다[↔ 模糊 móhu 형 모호하다, 분명하지 않다
동 모호하게 하다]

7-9급

斧

fǔ

(위험하여) **아버지**(父) 같은 어른만 쓰는 **도끼**(斤)니 **도끼 부**

斧子 fǔzi 명 도끼

7-9급

匠

jiàng

상자(匚)에 **도끼**(斤) 같은 연장을 갖추고 물건을 만드는 장인이니
장인 장

+ 비 医 yī – 약 상자(匚)를 들고 화살(矢)처럼 달려가 치료하는 의원이니
　　　　'의원 의'
+ 장인(匠人 jiàngrén) – 손으로 물건 만드는 일을 업으로 삼는 사람
　장인(丈人 zhàngren) – 아내의 아버지
+ 匚 fāng(상자 방), 丈 zhàng(어른 장, 길이 장)

木匠 mùjiang 명 목수, 목공

别具匠心 biéjùjiàngxīn 성 남다른 독창성이 있다[문학, 미술, 디자인 등
에서 많이 쓰임]

7-9급

斥

chì

도끼(斤)를 **불똥**(丶) 튀듯 휘두르며 꾸짖어 물리치니
꾸짖을 척, 물리칠 척
또 물리치고 세력을 넓히니 넓힐 척

排斥 páichì 동 배척하다, 배제하다[≒ 排挤 páijǐ 동 배척하다, 배제하다,
밀어제치다]

꿀TIP 排斥은 사람이나 사물이 서로 거부하는 것을 의미할 때 사용하며, 排挤는 어
떤 수단을 이용하여 자신에게 불리한 사람의 지위나 이익을 잃게 하여 내몰아
낼 때 사용합니다.

6급

薪

xīn

풀(艹) 중 **새로**(新) 난 작은 것을 베어 쓰는 땔나무니

땔나무 신

또 생활에 필요한 땔나무와 물값으로 주었던 급료니 급료 신

✦ 新 xīn(새로울 신)

薪水 xīnshuǐ 명 월급, 임금, 급여

---

418 ▷▷ **斯撕** – 斯로 된 한자
　　　사　시

7-9급

斯

sī

그때 **그**(其) **도끼**(斤)가 바로 이 도끼라는 데서 이 **사**

✦ 원래는 그(其 qí/jī)것을 도끼(斤 jīn)로 자른다는 뜻이었지만 바꾸어 지시
　대명사 '斯 sī(이 사)'로 쓰입니다.

穆斯林 mùsīlín 명 무슬림[이슬람교를 믿는 사람]

伊斯兰教 Yīsīlánjiào 명 이슬람교

7-9급

撕

sī

손(扌)으로 **이**(斯)것을 찢거나 뜯으니 찢을 시, 뜯을 시

撕 sī 동 (손으로) 찢다, 뜯다, 떼다

7-9급

斩

zhǎn

(옛날에는 죄인을) **수레**(车)에 매달거나 **도끼**(斤)로 베어 죽였으니 벨 **참**, 죽일 **참**

斩 zhǎn 〔동〕 베다, 자르다, 협박하다[≒ 砍 kǎn 〔동〕 베다, 자르다]

斩草除根 zhǎncǎochúgēn 〔성〕 화근을 철저히 없애 버리다

꿀TIP '砍 kǎn'은 칼이나 도끼로 힘을 주어 어떤 물건을 찍거나 자를 때처럼 단순한 동작을 나타낼 때 사용하고, 斩은 사람 목을 베어 죽이는 참수형을 할 때처럼 동작을 하는 사람의 결심과 의지가 있는 것을 의미할 때 사용됩니다.

7-9급

惭

cán

마음(忄)에 **베어**(斩) 없애버리고 싶도록 부끄러우니 부끄러울 **참**

惭愧 cánkuì 〔형〕 결점이 있거나 잘못을 저질러서 부끄럽다, 송구스럽다, 부끄럽다

7-9급

崭

zhǎn

산(山)을 **베어**(斩) 놓은 것처럼 높으니 높을 **참** 또 높게 뛰어나니 뛰어날 **참**

崭新 zhǎnxīn 〔형〕 아주 새롭다, 참신하다

7-9급

浙

Zhè

물(氵)이 **꺾어져(折)** 흐르는 저장이니 저장 **저**
또 저장성의 준말로도 쓰여 저장성 **저**

+ 折 zhé – 손(扌)에 도끼(斤) 들고 찍어 꺾으니 '꺾을 절'
+ 번체자에서는 '강 이름 절'로 사용되지만, 여기서는 중국 한자(간체자)의 병음을 따라서 풀었습니다.

꿀TIP 저장성(浙江省 Zhèjiāngshěng)은 중국 동남부에 위치한 성급 행정 구역으로, 저장성 일대에 흐르는 쳰탕강(钱塘江 qiántángjiāng)의 옛 이름인 저장(浙江 Zhèjiāng)에서 유래했습니다. '浙(Zhè)'란 강물이 급하게 꺾여(折 zhé) 흐른다는 의미를 내포하는 고유 명사이며, 특히 항저우(杭州 Hángzhōu)를 지나는 구간은 갈 지(之 zhī) 자 모양으로 꺾여 흐른다고 해서 '즈장강(之江 zhījiāng)'이라는 별칭으로 부르기도 합니다. 저장성의 성도는 항저우(杭州 Hángzhōu)이며, 지리적으로 북쪽은 상하이시(上海市 Shànghǎishì), 서쪽은 안후이성(安徽省 Ānhuīshěng), 남쪽은 푸젠성(福建省 Fújiànshěng)과 경계를 접하고 있습니다. 저장성은 장쑤성(江苏省 Jiāngsūshěng)과 함께 예로부터 '물고기와 쌀의 고장(鱼米之乡 yúmǐzhīxiāng)'이라 불렸으며, 춘추 시대 이 지역의 고대 국가인 월나라의 명칭에서 가져와 越(Yuè)을 약칭으로 쓰기도 합니다.

7-9급

誓

shì

꺾듯이(折) 딱 잘라 분명히 **말하며(言)** 맹세하니 맹세할 **서**

+ 맹세하는 말은 대부분 짧고 단정적이지요.

发誓 fāshì 〈동〉 맹세하다
宣誓 xuānshì 〈동〉 선서하다

6급

哲

zhé

꺾듯이(折) 딱 잘라 분명히 **말할(口)** 정도로 사리에 밝으니
밝을 **철**

哲学 zhéxué 〈명〉 철학

7-9급

逝

shì

(숨이) **꺾어져(折)** 가며(辶) 죽으니 갈 **서**, 죽을 **서**

逝世 shìshì 〈동〉 서거하다, 세상을 떠나다

7-9급

qiū

도끼(斤)를 **하나**(一)씩 들고 적을 지키기 좋은 언덕이니
언덕 구

+ 언덕은 숨어서 적을 지켜보기 좋은 곳이지요. 옛날에는 도끼로도 싸웠답니다.
丘陵 qiūlíng 몡 언덕, 구릉

7-9급

yuè

언덕(丘)처럼 길게 이어진 큰 **산**(山)이니 큰 산 악
또 큰 산처럼 엄하게 대해야 할 아내의 부모니 아내 부모 악

岳父 yuèfù 몡 장인
岳母 yuèmǔ 몡 장모

7-9급

濱

bīn

물(氵)이 **손님**(宾)처럼 다가오는 물가니 다가올 빈, 물가 빈

+ 宾 bīn – 집(宀)에 온 사방에서 모인 군사(兵) 같은 손님이니 '손님 빈'
[번체] 賓 – 집(宀)에 하나(一)의 적은(少) 돈(貝)으로도 물건을 사러 왔으면
　　　　손님이니 '손님 빈'
+ 兵 bīng(군사 병), 少[少 shǎo/shào(적을 소, 젊을 소)의 획 줄임]
滨海 bīnhǎi 몡 바닷가, 해안 도시
海滨 hǎibīn 몡 해변

7-9급

繽

bīn

실(纟) 가닥이 **손님**(宾)들 오고 가듯 헝클어져 어지러우니
어지러울 빈

缤纷 bīnfēn 톙 화려하다, 너저분하다

7-9급

pīng

7-9급

pāng

언덕(丘) 밑에 **떨어져(丿)** 부딪치는 소리니 부딪치는 소리 **핑**
또 부딪치는 소리를 내며 탁자에서 공을 치는 탁구니 탁구 **핑**

乒乓球 pīngpāngqiú 똉 탁구

언덕(丘) 밑에 **떨어져(丶)** 부딪치는 소리니 부딪치는 소리 **팡**
또 부딪치는 소리를 내며 탁자에서 공을 치는 탁구니 탁구 **팡**

꿀TIP 乓은 '탕·땅·쾅·꽝' 등처럼 총소리·문 닫는 소리·물건이 깨지는 소리 등을
형용하는 의성어·의태어로 쓰입니다.

7-9급

陌

mò

언덕(ß)처럼 **많이**(百) 구부러진 논두렁길이나 좁은 길이니

논두렁길 맥, 좁은 길 맥

+ ß fù - 글자의 왼쪽에 붙으면 '阜 fù(언덕 부)'가 글자의 변으로 쓰일 때의 모양으로 '언덕 부 변', 글자의 오른쪽에 붙으면 '邑 yì(고을 읍)'이 글자의 방으로 쓰일 때의 모양으로 '고을 읍 방'입니다.

陌生 mòshēng 휑 생소하다, 낯설다

7-9급

陨
隕

yǔn

언덕(ß)처럼 높은 곳에 있는 **사람**(员)은 잘 떨어지니

떨어질 운

+ 员 yuán(員: 사람 원)

陨石 yǔnshí 명 운석

7-9급

隙

xì

언덕(ß)처럼 **조금**(小) **해**(日)가 비치다가 **조금**(小) 뒤에 없어지는 틈이니 틈 극

+ 틈은 햇빛이 잠깐 들었다가 없어지지요.

空隙 kòngxì 명 틈, 간격, 기회

间隙 jiànxì 명 틈새, 사이

7~9급

zhèng 鄭

서로 **관계(关)**되는 **고을(阝)**끼리 합쳐서 만들어진 정나라니

정나라 **정**

또 서로 **관계(关)**있는 **고을(阝)**에 살면 정중하니 정중할 **정**

[번체] 鄭 – 미리 다져(奠)놓은 고을(阝)에 세운 정나라니 '정나라 정'
또 풍속이 다져진(奠) 고을(阝)에 살면 정중하니 '정중할 정'

+ 奠 – 우두머리(酋)가 크게(大) 자리를 다지고 제사 지내니 '다질 전, 제사
지낼 전'

+ 정(郑 Zhèng)나라 – 기원전 806년 서주(西周 Xī Zhōu) 왕조와 춘추 전국
시대에 걸친 주(周 Zhōu)나라의 제후국 중 하나로, 한(韩 Hán)나라에 의해
기원전 375년에 멸망했음

+ 关 guān(關: 빗장 관, 관계 관), 阝 fù(고을 읍 방), 酋 qiú(酋: 우두머리 추)

郑重 zhèngzhòng [형] 정중하다, 점잖고 엄숙하다

참고자

zhì 擲

손(扌)으로 **관계(关)**있는 **고을(阝)**에 던지니 던질 **척**

[번체] 擲 – 손(扌)으로 다져진(奠) 고을(阝)에 던지니 '던질 척'

投掷 tóuzhì [동] 투척하다, 던지다

抛掷 pāozhì [동] 던지다, 버리다

7-9급

戈

gē

몸체가 구부러지고 손잡이 있는 창을 본떠서 **창 과**

干戈 gāngē 몡 무기, 전쟁
戈壁 gēbì 몡 사막, 자갈사막[고비 사막]

7-9급

伐

fá

사람(亻)이 **창(戈)**으로 적을 치니 **칠 벌**

步伐 bùfá 몡 발걸음, (일이 진행되는) 속도

7-9급

赋

fù

재물(贝)을 **무력(武)**으로 세금 거두어 필요한 곳에 주니
세금 거둘 부, 줄 부
또 무엇을 대상으로 글을 써주는 문체 이름이니 **문체 이름 부**

＋ 부(赋 fù) – 중국 고대 문체로 한(汉 Hàn)나라와 위(魏 Wèi)나라 육조에 널
리 퍼져 있는 운문과 산문의 혼합체로, 일반적으로 서사적 배경에 사용되며
비교적 짧은 편으로 서정적이고 이론적인 것도 있음
＋ 武 wǔ(군사 무, 무기 무), 弋 yì(주살 익)

赋予 fùyǔ 용 (중대한 임무나 사명 등을) 부여하다, 주다
天赋 tiānfù 몡 타고난 자질, 천부적인 소질

7-9급

贼

zéi

재물(贝)을 **창(戈)** 들고 **많이(丿)** 훔치는 도둑이니 **도둑 적**

＋ 丿[十 shí(열 십, 많을 십)의 변형으로 봄]

贼 zéi 몡 도둑, 도적

꿀TIP 贼은 '窃贼 qièzéi(도둑, 좀도둑)', '做贼 zuòzéi(도둑질을 하다, 도적이 되
다)'등으로도 활용됩니다.

420

7-9급

膩

nì

고기(月)를 두(貳) 번이나 먹어 기름지니 **기름질 니**
또 기름져 매끄러우니 **매끄러울 니**

＋貳 èr – 주살(弋) 두(二) 개를 돈(貝) 주고 사니 '둘 이'

细腻 xìnì 〔형〕 섬세하다, 매끄럽다

---

426 〉〉 **栽截** – 𢦏로 된 한자
재 절

7-9급

栽

zāi

나무(木)를 잘라(𢦏) 심고 기르니 **심을 재, 기를 재**

＋𢦏 – 많이(十) 창(戈)같은 도구로 찍어 끊으니 '끊을 재'
　　(어원 해설을 위한 참고자로 실제 쓰이는 한자는 아님)

栽 zāi 〔동〕 심다, 꽂아 넣다
栽培 zāipéi 〔동〕 (식물을) 재배하다, (인재를) 육성하다

6급

截

jié

끊을(𢦏) 때 꼬리 짧은 **새(隹)**처럼 짧게 끊으니 **끊을 절**

＋隹 zhuī/cuī/wéi(새 추)

截止 jiézhǐ 〔동〕 마감하다, 일단락 짓다
截至 jiézhì 〔동〕 (시간적으로) ~에 이르다, ~까지 마감이다

7-9급

茂
mào

풀(艹)이 **무성하게**(戊) 우거지니 **무성할 무, 우거질 무**

+ 戊 wù – 초목(丿)이 창(戈)처럼 자라 무성하니 '무성할 무, 다섯째 천간 무'
+ 戊는 주로 다섯째 천간으로 쓰이고, '무성하다, 우거지다' 뜻으로는 戊 위에 '艹 cǎo'을 붙인 '茂'를 씁니다.
+ 丿 piě('삐침 별'이지만 여기서는 서 있는 초목의 모양으로 봄)

茂盛 màoshèng 〔형〕 (식물이) 우거지다, 번창하다
茂密 màomì 〔형〕 (초목 등이) 빽빽이 무성하다

7-9급

戚
qī

무성한(戊) **콩**(尗)이 한 줄기에 여러 개 열리듯이 같은 줄기에서 태어난 친척이니 **친척 척**
또 친척처럼 걱정하니 **걱정할 척**

+ 尗 shū – 위(上)로부터 작게(小) 열리는 콩이니 '콩 숙'
+ 〔동〕 菽 shū – 풀(艹) 중 위(上)로부터 작은(小) 열매들이 또(又) 열리는 콩이니 '콩 숙'

亲戚 qīnqi 〔명〕 친척

7-9급

蔑

miè

풀(艹)로 만든 엉성한 **그물**(罒)로 **개**(戌)를 잡으려 하면 모두 업신여기니 **업신여길 멸**

+ 戌 xū/qu – 무성하던(戊) 잎 하나(一)까지 떨어지는 구월이니 '구월 술'
  또 무성하게(戊) 잎 하나(一)를 보고도 짖는 개니 '개 술'
  또 개는 열한 번째 지지니 '열한 번째 지지 술'

轻蔑 qīngmiè 〔동〕 경멸하다, 얕보다

6급

威
wēi

개(戌)처럼 못난 사람이 **여자**(女)같은 약자에게 부리는 위엄이니 **위엄 위**

+ 위엄(威严 wēiyán) – 위세가 있어 의젓하고 엄숙한 태도
+ 严 yán(嚴: 엄할 엄)

威胁 wēixié 〔동〕 (무력이나 권세로) 위협하다, 협박하다
威慑 wēishè 〔동〕 무력으로 위협하다

7-9급

ó/é/ò

입(口)으로 **내**(我)가 놀람이나 반신반의를 나타내어
어머 **아**(ó)
또 **입**(口)으로 **내**(我)가 읊으니 읊을 **아**(é)
또 **입**(口)으로 **내**(我)가 깨달았음을 나타내어 오 **아**(ò)

+ 我 wǒ – 손(手)에 창(戈) 들고 지켜야 할 존재는 바로 나니 '나 아'

哦 ó 囝 어, 어머, 어허[사실이나 상황을 깨달았을 때 쓰임]

7-9급

é

사람(亻)은 **내**(我)가 누구이며 무엇을 해야 하는가를 갑자기
깨달으니 갑자기 **아**
또 음만 빌려서 러시아도 나타내어 러시아 **아**

+ 그저 보통으로 지내다가 어느 순간 갑자기 내가 누구이며 무엇을 해야 하는
  가를 깨닫게 되지요.

俄语 Éyǔ 몡 러시아어

7-9급

é

여자(女) 중 **나**(我)에게도 예쁘게 보이는 미녀니
예쁠 **아**, 미녀 **아**

嫦娥 Cháng'é 몡 상아[후예의 아내 항아로, 서왕모의 처소에서 불사약을 훔쳐
먹고 월궁으로 달아나 선녀가 되었다고 함]

7-9급

鹅

é

음을 나타내는 **나 아**(我)와 뜻을 나타내는 **새 조**(鸟)가 합하여
거위 **아**

+ 鸟 niǎo(鳥: 새 조)

鹅 é 몡 거위

天鹅 tiān'é 몡 백조

浇

jiāo

물(氵)을 높은(尧) 곳까지 대니 물댈 요
또 물을 대어 뿌리거나 부으니 뿌릴 요, 부을 요

+ 尧 yáo – 창(戈)을 우뚝하게(兀) 들어 높으니 '높을 요'
또 높이 추앙하는 요임금이니 '요임금 요'

[번체] 堯 – 흙이 많이 쌓여(垚) 우뚝하게(兀) 높으니 '높을 요'
또 높이 추앙하는 요임금이니 '요임금 요'

+ 요순(尧舜 Yáo Shùn) – 중국 고대의 성군(圣君 shèngjūn)인 요임금과 순임금

+ 戈[戈 gē(창 과)의 획 줄임], 兀 wù/wū(우뚝할 올), 舜 shùn(무궁화 순, 순임금 순)

浇 jiāo 图 (물을) 대다, (액체 등을) 뿌리다

挠

náo

손(扌)을 높이(尧) 올려 굽히며 방해하니 굽힐 요, 방해할 요

挠 náo 图 굽다, 굽적이다
阻挠 zǔnáo 图 저지하다, 가로막다

饶

ráo

먹을(饣) 것이 높이(尧) 쌓여 넉넉하니 넉넉할 요
또 넉넉하게 용서하며 덤으로 주니 용서할 요, 덤으로 줄 요

饶恕 ráoshù 图 용서하다, (처벌을) 면해 주다
饶 ráo 图 (물건을 팔 때) 덤으로 주다, 덧붙이다, 첨가하다

晓

xiǎo

해(日)가 높이(尧) 떠오르기 시작하는 새벽이니 새벽 효
또 새벽처럼 어둠이 걷히며 깨달으니 깨달을 효

晓得 xiǎode 图 알다, 깨닫다
家喻户晓 jiāyùhùxiǎo 图 집집마다 다 알다, 사람마다 모두 알다

7~9급

卉 huì

많이(十) 받들듯(卄) 정성스럽게 키운 화초가 많으니
화초 훼, 많을 훼

+ 卄 gǒng(받쳐 들 공)
花卉 huāhuì 명 화훼, 화초

6급

奔 bēn

발걸음을 **크고(大) 많이(卉)** 내딛으며 달리거나 달아나니
달릴 분, 달아날 분

奔跑 bēnpǎo 통 질주하다, 빨리 달리다, (어떤 일을 위해) 뛰어다니다, 바삐
다니다

6급

异 yì / 異

뱀(巳)을 **받쳐 들며(卄)** 행동함이 우리와 다르니 다를 이

번체 異 – 밭(田)은 함께(共) 있어도 주인도 다르고 심어진 곡식도 다르니
'다를 이'

差异 chāyì 명 (다른 범주의 두 대상이 구별이 되는) 차이, 다른점
异常 yìcháng 부 대단히, 특히 형 이상하다, 심상치 않다

7~9급

葬 zàng

풀(艹)로 **죽은(死)** 사람을 덮어 **받들고(卄)** 가 장사 지내니
장사 지낼 장

+ 장사(葬 zàng) – 죽은 사람을 땅에 묻음
+ 死 sǐ(죽을 사)
葬 zàng 통 (시신을) 매장하다, 장사 지내다
葬礼 zànglǐ 명 장례식
陪葬 péizàng 통 순장하다

7~9급

诫 jiè / 誡

말(讠)로 위험한 것을 **경계하기(戒)** 위하여 훈계하니
훈계할 계

+ 戒 jiè – 창(戈)을 받쳐 들고(卄) 적을 경계하니 '경계할 계'
告诫 gàojiè 통 훈계하다, 타이르다

425

나무(木)로 죄지은 사람을 **경계하고(戒)** 벌주기 위하여 만든 형틀이니 **형틀 계**

또 형틀처럼 만든 기계니 **기계 계**

机械 jīxiè 몡 기계, 기계 장치 혱 융통성이 없다, 기계적이다

xiè

---

431 >> 残践 – 戋으로 된 한자
잔 천

cán

죽도록(歹) 잔인하게 **해치니(戋)** 잔인할 **잔**, 해칠 **잔**

또 **죽도록(歹) 해쳐도(戋)** 남는 나머지니 나머지 **잔**

+ 戋 jiān – 창(戈) 하나(一) 들고 해치니 '해칠 잔'
　　　　　또 해치면 적어도 원망이 쌓이고 찌꺼기가 남으니 '적을 전, 쌓
　　　　　일 전, 나머지 전'
[번체] 戔 – 창(戈)을 두 개나 들고 해치니 '해칠 잔'
　　　　　또 해치면 적어도 원망이 쌓이고 찌꺼기가 남으니 '적을 전, 쌓일
　　　　　전, 나머지 전'
+ 歹 dǎi(뼈 부서질 알, 죽을 사 변)

残疾 cánjí 몡 장애, 불구

残疾人 cánjírén 몡 장애인

残酷 cánkù 혱 잔혹하다, 냉혹하다[≒ 残忍 cánrěn 혱 잔인하다 ↔ 仁慈
réncí 혱 인자하다]

꿀TIP 残酷는 사람·동물·상황·사건을 모두 형용하여 사용할 수 있지만, 残忍은
사람이나 동물만 형용하여 사용할 수 있습니다.

jiàn

발(足)을 **해치도록(戋)** 많이 밟고 행하니 밟을 **천**, 행할 **천**

实践 shíjiàn 통 (약속이나 자신의 주장을) 이행하다, 실행하다, 실천하다

7-9급

罗

羅

luó

그물(罒)을 **저녁(夕)**마다 새를 잡으려고 벌이니

새 그물 라, 벌일 라

번체 羅 – 그물(罒)을 실(糸)로 떠서 새(隹)를 잡으려고 벌이니
　　　'새 그물 라, 벌일 라'
　　　또 그물 같은 얇은 비단도 뜻하여 '비단 라'

罗 luó 명 새 그물 동 그물로 잡다, 초청하다, 진열하다

7-9급

萝

蘿

luó

풀(艹) 중 위가 **벌여지며(罗)** 자라는 미나리나 무니

미나리 라, 무 라

萝卜 luóbo 명 무

꿀TIP '萝卜'의 번체자는 '蘿蔔(나복)'입니다. 두 한자 모두 복잡하기 때문에 '蘿(무 나)'를 새로운 모양의 중국 한자(간체자)[萝 luó]로 만들었고, '蔔(무 복)'은 비슷한 발음(bo)의 '卜 bǔ/bo'를 중국 한자(간체자)로 활용한 것이죠.

7-9급

chǐ

사람(亻)이 **많이**(多) 꾸미며 사치하거나 과장하니
사치할 **치**, 과장할 **치**

奢侈 shēchǐ 휑 사치하다[↔ 朴素 pǔsù 휑 소박하다, 화려하지 않다/
简朴 jiǎnpǔ 휑 간소하다, 소박하다]

7-9급

duō

입(口)을 **많이**(多) 벌리며 놀라서 떠니 떨 **치**

哆嗦 duōsuo 통 벌벌 떨다

7-9급

diē

사람이 알아야 할 것을 조목조목 **나누어**(八) **어질게**(乂) **많이**(多)
가르치는 아버지니 아버지 **다**

➕ 乂 yì (벨 예, 다스릴 예, 어질 예)
爹 diē 몡 아버지, 아빠

7-9급

歹

dǎi

하루(一) 저녁(夕) 사이에 뼈 앙상하게 말라죽으니

뼈 앙상할 **알**, 죽을 사 **변**

+ 图 歺 è – 점(卜)친 대로 저녁(夕)에 뼈 앙상하게 말라 죽으니
   '뼈 앙상할 알, 죽을 사 변'

歹徒 dǎitú 图 악당, 악인

好歹 hǎodǎi 图 잘잘못 图 어쨌든

6급

殖 殖

zhí

죽을(歹) 힘을 다해 새끼를 **바르게(直)** 키우며 번식하니

번식할 **식**

+ 모든 생물은 죽을 힘을 다하여 새끼를 바르게 키우지요.
+ 直 zhí(直: 곧을 직, 바를 직)

繁殖 fánzhí 图 번식하다

7-9급

殃

yāng

죽음(歹) 가운데(央) 빠지는 재앙이니 재앙 **앙**

+ 재앙(灾难 zāinàn) – 천재지변(天灾人祸 tiānzàirénhuò)으로 말미암아
   생긴 불행한 사고
+ 央 yāng(가운데 앙), 灾 zāi(災: 재앙 재), 难 nàn(難: 어려울 난, 재난 난),
   祸 huò(禍: 재앙 화)

遭殃 zāoyāng 图 불행을 당하다, 재난을 입다

[이합 동사] '遭殃'은 '遭(만나다, 당하다)+殃(재난, 재앙)'이 합쳐진 이합 동사로
   목적어를 취할 수 없음.

7-9급

秧

yāng

볍(禾)씨를 논 **가운데(央)**에 심어 기르는 모니 모 **앙**

+ 모(秧 yāng) – 어느 정도 자라면 본논에 옮겨심기 위하여 못자리에 가꾸어
   기른 벼의 싹

秧歌 yānggē 图 앙가[북방 농촌 지역에서 유행했던 민속 무용]

🍯TIP 중국 북방 지역의 농촌에서 유행했던 민속 예술로, 징이나 북 등으로 연주되는
   음악에 맞추어 몸을 좌우로 흔들며 농촌의 모내기를 형상화한 민속춤입니다.

7-9급

huàn

입(口)으로 크게(奂) 부르니 부를 환

✚ 奂 huàn – 사람(勹)이 가운데(央)서 일하는 모양이 크고 빛나니
'클 환, 빛날 환'

[번체] 奂 – 성(冂)의 위아래에서 사람들(勹 儿)이 크게(大) 일하는 모양이 크고
빛나니 '클 환, 빛날 환'

呼唤 hūhuàn 통 부르다, 외치다
唤起 huànqǐ 통 (흥미·추억 등을) 상기시키다, 불러일으키다
呼风唤雨 hūfēnghuànyǔ 성 비바람을 부르다, 혼란을 일으키다
使唤 shǐhuan 통 일을 시키다, (사람을) 부려 먹다

7-9급

huàn

불(火)을 크게(奂) 밝혀 밝으니 밝을 환

焕发 huànfā 통 환하게 빛나다, 분발하다
容光焕发 róngguānghuànfā 성 얼굴이 환하게 빛나다, 얼굴에 윤이 나고
혈색이 좋다

7-9급

huàn

병(疒) 중 크게(奂) 마비되는 중풍이 드니 중풍들 탄

瘫痪 tānhuàn 통 반신불수가 되다, 마비되다

7-9급

tún

땅(一)에서 **싹(屮)**이 올라올 때 일부가 흙에 묻힌 모양에서
묻힐 둔
또 묻히게 모아 저축하니 **모을 축, 저축할 축**
또 묻히듯이 병사들이 숨어 진치니 **진칠 둔**

+ 군사들이 적에게 들키지 않게 숨어 진을 침을 생각하고 만든 한자
+ 진(摆阵 bǎizhèn) – 군사들을 배치한 줄이나 대열 또는 병력을 배치함
+ 一 yī('한 일'이지만 여기서는 땅의 모양으로 봄), 屮[屮 chè(싹날 철, 풀 초)
  의 변형으로 봄], 摆 bǎi(摆: 열 파, 벌여놓을 파)

屯 tún 图 모으다, 쌓아두다, 저축하다, 주문하다

7-9급

dǔn

눈(目)꺼풀을 **묻히듯(屯)** 감으며 조니 **졸 순**

打盹儿 dǎdǔnr 图 깜박 졸다, 낮잠을 자다

7-9급

dùn

불(火)에 **묻히게(屯)** 올려놓고 덥히거나 끓이니
덥힐 돈, 끓일 돈

炖 dùn 图 (고기 등을 약한 불에) 고다, 푹 삶다

431

7-9급

gàng

나무(木)로 만든(工) 막대기니 **막대기 강**

+ 工 gōng(일꾼 공, 일할 공, 연장 공)

杠铃 gànglíng 명 바벨

7-9급

káng

손(扌)으로 꾸린(工) 짐을 어깨에 메니 **짐 멜 강**

扛 káng 동 (어깨에) 메다

6급

gōng

연장(工)으로 치며(攵) 닦으니 **칠 공, 닦을 공**

攻击 gōngjī 동 공격하다

进攻 jìngōng 동 공격하다, 진공하다[↔ 防御 fángyù 동 방어하다/
防守 fángshǒu 동 수비하다/退却 tuìquè 동 (군대가) 퇴각하다]

6급

貢

gòng

일꾼(工)이 재물(贝)을 만들어 바치니 **바칠 공**

贡献 gòngxiàn 동 바치다, 헌납하다, 공헌하다

7~9급

弓
gōng

등이 굽은 활을 본떠서 활 궁

弓 gōng 몡 활

7~9급

躬
gōng

몸(身)을 활(弓)처럼 몸소 구부리며 일하니 몸소 궁, 구부릴 궁

✚ 몸소(亲自 qīnzì) – 직접, 손수

鞠躬 jūgōng 통 허리를 굽혀 절하다

[이합 동사] '鞠躬'은 '鞠(굽히다)+躬(몸, 절)'이 합쳐진 이합 동사로 목적어를 취할 수 없음.

7~9급

夷
yí

큰(大) 활(弓)을 들고 싸우려고만 하는 오랑캐니 오랑캐 이
또 오랑캐를 멸하여 평온하니 멸할 이, 평온할 이

✚ 东夷西戎南蛮北狄(dōngyí xīróng nánmán běidí) – 중국은 자기나라를 천하의 중심이라는 데서 중국(中国 Zhōngguó)이라 칭하고 나머지는 모두 오랑캐로 보아, 방향에 따라 동쪽 오랑캐는 이(夷 yí), 서쪽 오랑캐는 융(戎 róng), 남쪽 오랑캐는 만(蛮 mán), 북쪽 오랑캐는 적(狄 dí)이라 불렀답니다.

化险为夷 huàxiǎnwéiyí 성 위험한 상태를 평온하게 하다

433

7~9급

弘

hóng

활(弓) 시위를 **내**(厶) 앞으로 당긴 듯 넓고 크니

넓을 홍, 클 홍

弘扬 hóngyáng 〔통〕 널리 알리다, 발전 시키다, 드높이다

7~9급

弛

chí

활(弓) 시위가 **또한**(也) 늘어나 느슨하니 느슨할 이

松弛 sōngchí 〔형〕 늘어지다, 느슨하다, 헐겁다

7~9급

弥

彌 瀰

mí

활(弓)로 찢어진 곳을 **이렇게**(尔) 두루 채우니

두루 미, 채울 미

✚ 尔 ěr(爾: 이러할 이, 너 이)

弥补 míbǔ 〔통〕 메우다, 보완하다

弥漫 mímàn 〔통〕 (연기·먼지·냄새 등이) 자욱하다, 가득하다

6급

粥

zhōu

쌀(米)을 **활**(弓)과 **활**(弓)처럼 부드럽게 갈아 끓인 죽이니 죽 죽

粥 zhōu 〔명〕 죽

7-9급

yā

두 줄기가 하나로 합쳐진 가닥이니 가닥 **아**

또 가장귀지게 묶은 머리모양이니 가장귀 **아**

✦ 가닥 – 한군데서 갈려 나온 낱낱의 줄
✦ 가장귀 – 나뭇가지의 갈라진 부분. 또는 그렇게 생긴 나뭇가지

丫头 yātou 몡 시녀, (활발하고 귀여운) 여자아이

7-9급

tì

물(氵) 중 손아래 **아우(弟)**처럼 아래로 흐르는 눈물이니 눈물 **체**

✦ 弟 dì/tì/tuí(아우 제, 제사 제)

鼻涕 bítì 몡 콧물

7-9급

tì

형이 **아우(弟)**의 머리털을 **칼(刂)**로 깎으니 머리털 깎을 **체**

剃 tì 통 (칼로 수염·머리카락 등을) 깎다, 밀다

6급

fó/fú

일반 **사람(亻)**이 **아닌(弗)** 도를 깨친 부처니 부처 불 (fó)

또 부처는 사람과 비슷하니 비슷할 불 (fú)

✦ 弗 fú – 하나의 활(弓)로 동시에 두개의 화살(丨丨)은 쏘지 않으니 '아닐 불'
　　또 글자가 미국 돈 달러($)와 비슷하니 '달러 불'
✦ 부처(佛陀 fótuó) – '깨달은 자'를 뜻하는 산스크리트어 '붓다(Buddha)'의
　음역으로, 석가모니(释迦牟尼 Shìjiāmóuní)에 대한 존칭으로 사용되며, 중
　국어로 '성인(圣人 shèngrén)'과 비슷하지만 '성(圣 shèng)'은 깨달음이나
　수행을 표현할 수 없어 당시 '부처'라는 단어를 사용하여 번역했다고 함

佛 fó 몡 부처

佛教 fójiào 몡 불교

仿佛 fǎngfú 뷰 마치~인 듯하다, 마치~과/와 같다

沸

fèi

물(氵)이 **아닌(弗)** 듯 끓어 용솟음치니 끓을 **비**, 용솟음칠 **불**

+ ㅣ gǔn('뚫을 곤'이지만 여기서는 화살로 봄)

沸腾 fèiténg 〔동〕 떠들썩하다, 들끓다

沸沸扬扬 fèifèiyángyáng 〔성〕 의견이 분분하다, (사건 등으로) 분위기가 떠들썩하다

---

441 ▶ **矢 秩跌迭** – 矢와 失로 된 한자
　　　시　질 질 질

矢

shǐ

화살을 본떠서 화살 **시**

有的放矢 yǒudìfàngshǐ 〔성〕 과녁을 겨누고 활을 쏘다, 목표가 명확하다, 목표를 정하고 일을 하다

秩

zhì

볏(禾)단을 **잃어(失)**버리지 않도록 쌓는 차례니 차례 **질**
또 **벼(禾)** 같은 곡식으로 **잃어(失)**버리지 않고 주었던 녹봉이니
녹봉 **질**

+ 차례로 쌓아 놓으면 양을 분명히 알 수 있으니 잃어버렸는지도 금방 알 수 있지요.
+ 녹봉(俸禄 fènglù) – 옛날 관리들의 봉급
+ 失 shī(잃을 실), 俸 fèng(봉급 봉), 禄 lù(禄: 봉급 록)

秩序 zhìxù 〔명〕 질서, 순서

跌

diē

발(⻊)길을 **잃듯(失)** 헛디뎌 넘어지니 넘어질 **질**

跌 diē 〔동〕 떨어지다, 넘어지다, 내리다[↔ 涨 zhǎng 〔동〕 올라가다]

실수(失) 없도록 돌아**가며**(辶) 번갈아들게 바꾸니
번갈아들 **질**, 바꿀 **질**
또 번갈아들며 자꾸 하니 자꾸 **질**

+ 번갈아들다 – 한 번씩 차례에 따라 갈아들다.

迭起 diéqǐ 图 자꾸 나타나다

dié

---

442 ▷ 矣唉挨 簇 – 矣로 된 한자와 簇
의 애 애 족

내(厶)가 쏜 **화살**(矢)이 목표에 다다랐다는 데서,
문장의 끝에 쓰여 완료를 나타내는 어조사니 **어조사 의**

+ 厶 sī/mǒu(사사로울 사, 나 사)

矣 yǐ 图 문장의 끝에 쓰여 완료를 나타냄['了 le'와 같은 의미의 어기 조사]

yǐ

입(口)으로 **사사로이**(厶) 떨어지는 **화살**(矢)처럼 안타까움을
나타내는 어조사니 **어조사 애**

+ 唉가 4성으로 발음될 때는 '에휴, 어허, 참' 등의 슬픔이나 안타까움을 나타
냅니다.

唉 āi 圀 (탄식·한숨을 나타내는 소리) 아이 참, 어휴, (응답할 때) 네, 예

āi/ài

손(扌)으로 **사사로이**(厶) 날아온 **화살**(矢)을 잡아야하듯
무슨 일을 당하니 당할 **애** (ái)
또 **손**(扌)에 **사사로이**(厶) **화살**(矢)을 잡고 접근하니
접근할 **애** (āi)

挨 ái 图 ～을/를 받다, ～을/를 당하다
挨打 áidǎ 图 매 맞다
挨着 āizhe 图 가까이하다, 잇대다

ái/āi

cù

대(竹) 중 **겨레**(族)처럼 한 곳에 모여 사는 조릿대니

모일 족, 조릿대 족

✚ 조릿대(淡竹叶 dànzhúyè) – 조리를 만들 때 쓰는 가늘고 연한 대로 한곳에 모여 삶
✚ 族 zú(가족 족, 겨레 족)

簇拥 cùyōng 통 많은 사람들이 빼곡히 둘러싸다

---

443 **疾嫉** – 疾로 된 한자
질 질

jí

병(疒) 중 **화살**(矢)처럼 빨리 번지는 병이니 **병 질, 빠를 질**

✚ 疒 nè(병들 녁)

疾病 jíbìng 명 질병, 병

jí

여자(女)는 **병**(疾)처럼 잘 시기하니 **시기할 질**

嫉妒 jídù 통 질투하다, 시기하다

zhēng

눈(目)을 **다투듯(争)** 크게 뜨니 눈 크게 뜰 정

+ 争 zhēng – 사람(⺈)이 오른손(⺕)에 갈고리(亅)도 들고 다투니 '다툴 쟁'
[번체] 爭 – 손톱(爫)도 세우고 오른손(⺕)에 갈고리(亅)도 들고 다투니 '다툴 쟁'
+ ⺈[人 rén(사람 인)의 변형으로 봄], ⺕[크(고슴도치 머리 계, 오른손 우)의
변형으로 봄], 亅 jué(갈고리 궐), 爫 zhǎo[爪 zhǎo/zhuǎ(손톱 조, 발톱 조,
발 조)가 부수로 쓰일 때의 모양]

睁 zhēng 图 (눈을) 크게 뜨다

zhēng

대(⺮)로 **다투듯(争)** 부딪치며 소리 나도록 만든 쟁이나 풍경이니
쟁 쟁, 풍경 쟁

+ 쟁(筝 zhēng) – 중국의 발현 악기로 춘추 전국 시대에 진나라에서 유행하여
진쟁(秦筝 qínzhēng)이라고도 하며, 우리나라의 가야금에 속함
+ 풍경(风铃 fēnglíng) – 처마 끝에 다는 작은 종

风筝 fēngzheng 图 연

6급

废
(廢)

fèi

집(广)에 총을 **쏘면(发)** 부서지고 폐하니 **부서질 폐, 폐할 폐**

✦ 폐하다 – ① 있던 제도·기관·풍습 등을 버리거나 없애다. ② 해 오던 일을
중도에 그만두다. ③ 물건 등을 쓰지 아니하고 버려두다.
✦ 广 ān/guǎng(집 엄, 넓을 광, 廣 : 많을 광), 发 fā/fà(發: 쏠 발, 일어날
발, 髮: 머리털 발)

作废 zuòfèi 통 (효력을 잃어) 폐기하다

7–9급

旷
(曠)

kuàng

햇(日)살처럼 **넓게(广)** 퍼져 넓고 텅 비니 **넓을 광, 빌 광**

旷课 kuàngkè 통 (학생이) 무단 결석하다. 수업을 빼먹다

이합 동사 '旷课'는 '旷(그르치다)+课(수업)'가 합쳐진 이합 동사로 목적어를
취할 수 없음.

7–9급

庸

yōng

집(广)에서 **손(彐)**으로 **송곳(丨)을 쓰는(用)** 일처럼 보통이니
쓸 용, 보통 용
또 어느 분야에 뛰어나지 못하고 보통이면 어리석으니
어리석을 용

✦ 彐[크(고슴도치 머리 계, 오른손 우)의 변형으로 봄], 丨 gǔn('뚫을 곤'이
지만 여기서는 송곳으로 봄), 用 yòng(쓸 용)

庸俗 yōngsú 형 저속하다, 비속하다[↔ 高尚 gāoshàng 형 고상하다]

中庸 zhōngyōng 명 중용, 평범함

7-9급

仗

zhàng

사람(亻)이 **어른(丈)**이 되면 갖추는 의장이나 무기니
의장 **장**, 무기 **장**
또 무기를 들고 싸우니 싸울 **장**

+ 丈 zhàng – 많이(ナ) 지팡이(乀)에 의지하는 어른이니 '어른 장'
   또 어른 키 정도의 길이니 '길이 장'
+ 丈은 길이의 단위로, 1丈은 10척
+ 의장(仪仗 yízhàng) – ① 옛날, 제왕이나 관리들이 행차할 때 위엄을 보이
   기 위해 격식을 갖추어 세우는 병장기 물건으로, 깃발·우산·부채·무기
   등을 들고 호위함 ② 국가 경축 행사나 외국 사절에 대한 환영·환송식때
   호위하는 무기나 시위대 앞에 열거된 큰 깃발과 표어를 말함
+ ナ[十 shí(열 십, 많을 십)의 변형으로 봄], 乀 fú('파임 불'이지만 여기서는
   지팡이로 봄), 仪 yí(儀: 의식 의)

打仗 dǎzhàng 图 싸우다, 전쟁하다

[이합동사] '打仗'은 '打(싸우다, 치다)+仗(전쟁, 전투)'가 합쳐진 이합 동사로
   목적어를 취할 수 없음.

7-9급

杖

zhàng

나무(木)로 만들어 주로 **어른(丈)**이 짚는 지팡이니 지팡이 **장**
또 지팡이로 쓸 수 있는 막대기니 막대기 **장**

禅杖 chánzhàng 图 스님이 사용하는 지팡이
拐杖 guǎizhàng 图 지팡이, 단장[短杖]

7-9급

卑

bēi

찢어진(丿) 갑옷(甲)을 입은 **많은(十)** 병사들처럼 낮고 천하니
낮을 **비**, 천할 **비**

+ 丿 piě['삐침 별'이지만 여기서는 찢어진 모양으로 봄], 甲[甲 jiǎ(첫째 갑,
   첫째 천간 갑, 갑옷 갑)의 변형으로 봄]

卑鄙 bēibǐ 图 무시하다, 경멸하다[↔ 崇敬 chóngjìng 图 숭배하고 존경하다]
自卑 zìbēi 图 열등감을 가지다, 스스로 낮추다[↔ 自满 zìmǎn 图 자만하다]

7-9급

碑

bēi

돌(石)을 깎아 **낮게(卑)** 세운 비석이니 비석 **비**

碑 bēi 图 비석
墓碑 mùbēi 图 묘비
里程碑 lǐchéngbēi 图 이정표
纪念碑 jìniànbēi 图 기념비
口碑 kǒubēi 图 입소문, 평판

jiān

7-9급

힘이 약한 **여자**(女)는 **방패**(干)처럼 자신을 보호하기 위해
간사할 수도 있으니 **간사할 간**

+ 통 姦 jiān – 세 여자(女女女)를 사귄 듯 간사하게 간음하니 '간사할 간,
　　　　　　간음할 간'
+ 干 gān/gàn – 손잡이 있는 방패를 본떠서 '방패 간'
　　　　　　또 방패처럼 마른 줄기니 '마를 건, 줄기 간'
　　　　　　또 방패 들고 일하는 간부니 '일할 간, 간부 간'

奸诈 jiānzhà 형 간사하다, 거짓으로 남을 속이다

gān/gǎn

6급

나무(木)를 **방패**(干)처럼 사용하는 지레나 막대니
지레 간, 막대 간

+ 지레 – 무거운 물건을 쳐들어 움직이는 데 쓰는 막대기. 지렛대

杆 gān 명 나무막대기, 자루, 대

杠杆 gànggǎn 명 지렛대, 지레

gān

6급

몸(月)에서 **방패**(干) 구실을 하는 간이니 **간 간**

+ 간은 몸의 화학공장으로 몸에 필요한 여러 효소를 만들고, 몸에 들어온 독
　을 풀어주는 역할을 한다고 하지요.

肝 gān 명 간

kān

6급

(옛날에는) **방패**(干) 같은 널빤지에 **칼**(刂)로 글을 새겨
책을 펴냈으니 **책 펴낼 간**

+ 활자가 없던 시대에는 널빤지에 칼로 글자를 새겨 책을 펴냈지요.

报刊 bàokān 명 신문과 잡지 같은 정기 간행물

gān

7-9급

대(⺮) 중에 **방패**(干)처럼 휘두를 수 있는 장대니 **장대 간**

+ 장대(竿子 gānzi) – 대나무나 나무로 다듬어 만든 긴 막대기

竹竿 zhúgān 명 대나무 장대

7-9급

旱

hàn

해(日)를 방패(干)로 막아야 할 정도로 가무니 가물 **한**

旱 hàn 圈 가물다 圈 육지, 가뭄

干旱 gānhàn 圈 메마르다, 가물다

旱灾 hànzāi 圈 (장기간 가뭄이나 적은 비로 인한) 재해

7-9급

捍

hàn

손(扌)으로 물대며 **가뭄**(旱)을 막아 지키니 막을 **한**, 지킬 **한**

捍卫 hànwèi 圄 지키다, 수호하다

7-9급

焊

hàn

불(火)로 **가물게**(旱) 바싹 말려 땜질하니 말릴 **한**, 땜질할 **한**

焊 hàn 圄 땜질하다, 용접하다

7-9급

罕

hǎn

그물(罒)처럼 구멍 난 것으로 **방패**(干) 삼음은 드무니 드물 **한**

＋ 방패는 무엇을 막기 위한 것인데 그물처럼 구멍 난 것으로 방패를 삼음은
드문 일이지요.

＋ 罒[罒 wǎng(그물 망, = 网, 网)]

罕见 hǎnjiàn 圈 보기 드물다

稀罕 xīhan 圈 희한하다 圄 흔하지 않아서 좋아하다

443

7-9급

xū/yù

입(口)의 **입술**(二)에 입김을 **내며**(丿) 탄식하니 탄식할 우 (xū)
또 탄식하듯이 소리 내어 부르니 부를 우 (yù)

✦ 于 yú – 입술(二)에서 입김을 내며(丿) 소리하는 어조사니 '어조사 우'
✦ 二 èr('둘 이'지만 여기서는 입술의 모양으로 봄), 丿 jué('갈고리 궐'이지만
  여기서는 입김이 나오는 모양으로 봄)

吁吁 hūyù 통 (동정이나 지지를) 호소하다, 구하다

6급

yǔ

지붕(宀)과 **들보와 기둥**(于)이 있는 집을 본떠서 집 우
또 집처럼 만물이 존재하는 우주니 우주 우

✦ 들보(房梁 fángliáng) – 기둥과 기둥 사이를 잇는 나무
✦ 우주(宇宙 yǔzhòu) – 지구를 포함한 천체의 무한한 공간을 말함
✦ 于 yú('어조사 우'지만 여기서는 들보와 기둥의 모양으로 봄)

宇航员 yǔhángyuán 명 우주 비행사

7~9급

秤

秤

chèng

벼(禾) 같은 곡식을 매달고 저울대를 **평평하게(平)** 하여 다는
저울이니 저울 **칭**

+ 옛날 저울은 한쪽에 물건을 매달고 다른 쪽의 저울대에 평평하게 추를 놓아
서 무게를 달았지요.
+ 平 píng(平: 평평할 평, 평화 평)

秤 chèng 명 저울[대저울을 가리킴]

7~9급

坪

坪

píng

흙(土)을 **평평하게(平)** 고른 들이니 들 **평**
또 들의 면적을 재는 단위인 평이니 평 **평**

+ 중국은 토지나 방의 면적 단위를 평(坪 píng)으로 사용하며, 1평은 약 3.3㎡
입니다. 우리나라, 일본, 대만에서도 사용됩니다.

草坪 cǎopíng 명 평탄한 잔디밭

7~9급

抨

抨

pēng

손(扌)으로 **공평하지(平)** 않음을 비난하고 탄핵하니
비난할 **평**, 탄핵할 **평**

+ 탄핵(弹劾 tánhé) - 신분 보장이 되어 있는 공무원의 위법 행위에 대하여
국가 기관의 심판으로 직무상 범죄를 처벌하거나 파면하는 행위

抨击 pēngjī 동 비난하다, 비평하다

7~9급

萍

萍

píng

풀(艹) 중 **물(氵)**에 **평평하게(平)** 떠서 사는 부평초니 부평초 **평**
또 부평초처럼 정착하지 못하고 떠도니 떠돌 **평**

+ 부평초(浮萍 fúpíng) - 청평초(青萍 qīngpíng)라고도 하며, 초록색의 작은
타원형 모양으로 연못이나 논의 물 위에 떠서 사는 풀로, 올챙이가 먹는 풀
이라고 하여 개구리밥이라고도 함
+ 浮 fú(뜰 부)

萍水相逢 píngshuǐxiāngféng 성 (모르던 사람을) 우연히 만나서 알게 되다

中国语汉字

찾아보기

▶ 각 페이지에 뒤의 숫자는 **제목번호**입니다.

cuán	攒	찬	220	chǎo	炒	초	332	chāng	猖	창	126
cuàn	窜	찬	386	chóu	酬	수	030	chāng	昌	창	198
chá	禅	선	336	chóu	稠	조	098	cháng	倘	상	065
chà	诧	타	304	chóu	仇	구	299	cháng	嫦	항	171
chà	岔	차	411	chóu	筹	주	376	cháng	嫦	상	171
chà	刹	찰	414	chóu	畴	주	376	chǎng	敞	창	345
chě	扯	차	249	chóu	绸	주	382	chàng	畅	창	199
chè	撤	철	217	chǒu	瞅	추	101	chēng	撑	탱	215
chī	痴	치	306	chān	搀	참	128	chéng	澄	징	112
chí	驰	치	134	chān	掺	참	219	chéng	橙	등	112
chí	匙	시	403	chán	馋	참	128	chéng	惩	징	251
chí	弛	이	439	chán	缠	전	095	chéng	呈	정	260
chǐ	耻	치	249	chǎn	铲	산	256	chěng	逞	령	247
chǐ	齿	치	250	chǎn	铲	찬	256	chèng	秤	칭	450
chǐ	侈	치	433	chǎn	阐	천	289	chóng	崇	숭	337
chì	赤	적	036	chàn	颤	전	167	chǒng	宠	총	153
chì	翅	시	147	chén	陈	진	052	chú	橱	주	045
chì	斥	척	417	chén	辰	진	088	chǔ	储	저	082
chāo	绰	작	270	chén	辰	신	088	chù	畜	축	380
chāo	钞	초	332	chén	臣	신	276	chuō	戳	착	148
cháo	巢	소	031	chén	尘	진	329	chuò	绰	작	270
cháo	嘲	조	192	chèn	趁	진	271	chuāi	揣	췌	111

(뒤의 숫자는 제목번호)
찾아보기

453

huá	哗	화	405	huàn	焕	환	435	jí	疾	질	443
huá	猾	활	126	huàn	痪	탄	435	jí	嫉	질	443
huō	豁	활	378	hūn	昏	혼	051	jǐ	脊	척	177
huò	霍	곽	024	hún	浑	혼	054	jì	迹	적	035
huò	惑	혹	184	hún	魂	혼	160	jì	忌	기	184
huò	祸	화	342	hùn	混	혼	084	jì	寂	적	228
huò	豁	활	378	huāng	荒	황	029	jì	祭	제	335
huái	淮	회	140	huáng	皇	황	261	jì	剂	제	413
huái	槐	회	159	huáng	煌	황	261	jiā	佳	가	010
huái	徊	회	166	huáng	凰	황	279	jiā	嘉	가	315
huī	辉	휘	054	huǎng	谎	황	029	jiá	颊	협	181
huī	徽	휘	353	huǎng	恍	황	074	jiǎ	贾	가	350
huǐ	毁	훼	282	huǎng	晃	황	074	jià	稼	가	097
huì	秽	예	098	huàng	晃	황	074	jià	嫁	가	170
huì	贿	회	178		**J**			jiāo	礁	초	146
huì	慧	혜	185	jī	稽	계	098	jiāo	焦	초	146
huì	讳	휘	314	jī	畸	기	274	jiāo	椒	초	228
huì	绘	회	383	jī	讥	기	277	jiāo	娇	교	326
huì	卉	훼	430	jī	饥	기	277	jiāo	骄	교	326
huàn	幻	환	379	jī	缉	집	383	jiāo	跤	교	356
huàn	患	환	386	jí	棘	극	048	jiāo	浇	요	429
huàn	唤	환	435	jí	吉	길	193	jiáo	嚼	작	210

〈뒤의 숫자는 제목번호〉
찾아보기

457

458

(뒤의 숫자는 제목번호) 찾아보기

뒤의 숫자는 제목번호
찾아보기

463

xuē	靴	화	405	yà	讶	아	398	yán	炎	염	034
xué	穴	혈	297	yǎ	雅	아	398	yán	岩	암	056
xuān	喧	훤	168	yǎ	哑	아	401	yán	阎	염	077
xuán	悬	현	185	yē	椰	야	211	yán	沿	연	281
xuán	玄	현	379	yě	野	야	096	yǎn	衍	연	067
xuán	旋	선	389	yě	冶	야	155	yǎn	掩	엄	200
xuàn	炫	현	379	yè	液	액	016	yàn	宴	연	001
xūn	熏	훈	039	yè	咽	열	109	yàn	燕	연	037
xūn	勋	훈	312	yāo	妖	요	170	yàn	焰	염	077
xún	旬	순	001	yáo	窑	요	298	yàn	咽	연	109
xún	巡	순	031	yáo	谣	요	369	yàn	雁	안	144
xún	循	순	066	yáo	遥	요	369	yāng	殃	앙	434
xùn	汛	신	020	yào	耀	요	074	yāng	秧	앙	434
xùn	驯	순	134	yào	钥	약	391	yáng	洋	양	129
xùn	逊	손	246	yōu	悠	유	185	yáng	杨	양	394
xùn	讯	신	402	yōu	忧	우	188	yǎng	仰	앙	117

Y

				yòu	佑	우	065	yǎng	氧	양	129
yā	鸦	아	136	yòu	诱	유	100	yǎng	痒	양	129
yā	丫	아	440	yān	咽	인	109	yàng	漾	양	129
yá	崖	애	011	yān	咽	연	109	yōng	佣	용	346
yá	涯	애	011	yān	咽	열	109	yōng	庸	용	445
yá	芽	아	398	yān	淹	엄	200	yǒng	咏	영	015

(뒤의 숫자는 제목번호) 찾아보기

좋은 책을 만드는 길, 독자님과 함께 하겠습니다.

중국어 한자암기박사 2 심화학습
- 읽으면 저절로 외워지는 기적의 암기공식

개정1판1쇄 발행	2024년 02월 20일 (인쇄 2023년 12월 22일)
초 판 발 행	2017년 05월 10일 (인쇄 2017년 03월 21일)
발 행 인	박영일
책 임 편 집	이해욱
저 자	박원길 · 박정서
편 집 진 행	박은경
표지디자인	김지수
편집디자인	조은아 · 장성복
발 행 처	(주)시대고시기획
출 판 등 록	제10-1521호
주 소	서울시 마포구 큰우물로 75 [도화동 538 성지 B/D] 9F
전 화	1600-3600
팩 스	02-701-8823
홈 페 이 지	www.sdedu.co.kr

I S B N	979-11-383-4686-3(13720)
정 가	23,000원

중국어
2

유튜브 영상을 통해 효과적인 '중국어 한자 암기 훈련'을
학습할 수 있습니다.

www.youtube.com ➜ '중국어 한자암기박사' 검색 ➜ 훈련 채널 이동